John Henry Mackay

Die Anarchisten, Kulturgemälde aus dem Ende des 19. Jahrhunderts

John Henry Mackay

Die Anarchisten, Kulturgemälde aus dem Ende des 19. Jahrhunderts

ISBN/EAN: 9783744697163

Hergestellt in Europa, USA, Kanada, Australien, Japan

Cover: Foto ©Thomas Meinert / pixelio.de

Weitere Bücher finden Sie auf **www.hansebooks.com**

John Henry Mackay.

Die Anarchisten.

Kulturgemälde aus dem Ende des 19. Jahrhunderts.

Volksausgabe.

Mit einem Vorwort und dem Bilde des Verfassers.

(Erstes bis fünftes Tausend.)

Berlin.
Magazin für Volks-Litteratur.
F. Harnisch & Co.
1893.

John Henry Mackay,

der Verfasser der „Anarchisten", wurde am 6. Februar 1864 in Greenock in Schottland geboren, kam aber nach dem Tode seines Vaters schon in frühester Kindheit nach Deutschland, wo er erzogen wurde. Nach einem verunglückten Versuch, sich für einen anderen als seinen eigenen Beruf zu interessiren, hörte er auf den Universitäten zu Kiel, Leipzig und Berlin fünf Semester Philosophie, Kunst- und Litteraturgeschichte und veröffent-lichte zugleich seine ersten Schriften: Anfang 1885 eine Dichtung aus seiner Heimath „Kinder des Hochlands", der in den nächsten beiden Jahren der Versuch eines Trauerspiels, der erste Band seiner „Dichtungen", eine Novellensammlung „Schatten", sowie das soziale Gedicht „Arma parata fero!", welches sofort von dem Verbot des Sozialistengesetzes getroffen wurde, folgten. -- 1887 ging der Verfasser desselben nach London; er betrat das Ausland wieder, in welches ihn bereits mehrfach größere Reisen geführt, um im Verlauf der nächsten fünf Jahre immer nur zeitweilig nach Deutschland zurückzukehren. Im Sommer dieses Jahres noch zu sehr mit der Fertigstellung seiner Berliner Novellen „Moderne Stoffe", der Liebes-dichtung „Helene", welche anonym erschien, der ersten Folge seiner Dichtungen „Fortgang", sowie mit Uebersetzungen aus dem Englischen „Jenseits der Wasser" beschäftigt, lernte er erst im Herbst die soziale Be-wegung kennen, schrieb während dieses ereignißreichen und merkwürdigen Winters die unter dem Abbild der Fackelhand sofort veröffentlichten und Aufsehen erregenden Gedichte seines „Sturm" und faßte den Plan des großen Kulturgemäldes, zu dessen Ausführung er die Ruhe und Einsamkeit der Schweiz aufsuchte. Eindringlichere und weitgehendere Studien brachten ihn hier zu jenen Resultaten, welche den ursprünglichen Entwurf des Werkes sehr veränderten und seine Ausführung so verzögerten, daß es erst drei Jahre später, 1891, in Rom, vollendet wurde. Im Verlauf dieser, wieder vielfach auf Reisen verbrachten Jahre, erschien außer einer durch zwölf Gedichte ergänzten Neuauflage von „Sturm" die zweite Folge der Dich-tungen unter dem Titel: „Das starke Jahr". — Die „Anarchisten" wurden noch im Jahre ihres Erscheinens meisterhaft von George Schumm in Boston ins Englische, nicht ohne Vermeidung großer Irrthümer 1892 von Louis de Hessem ins Französische übersetzt.

Vorrede zur Volksausgabe.

Mit dem Erscheinen einer wohlfeilen Volksausgabe meiner „Anarchisten" verwirklicht sich mir ein immer gehegter Lieblingswunsch den die Umstände bei der Drucklegung des Werkes selbst nicht zuließen und dessen Erfüllung sich seitdem alle jene Schwierigkeiten entgegengestellt haben, welche bei der Ungunst der heutigen Verhältnisse jede freiheitliche Handlung zu einer Unmöglichkeit zu machen sich verschworen zu haben scheinen.

Die Schwierigkeiten sind überwunden und von Neuem tritt, nachdem zwei Jahre vergangen, mein Werk an die Oeffentlichkeit, sich heute vor Allem an Jene wendend, denen es bisher unzugänglich gewesen ist: an die deutschen Arbeiter.

* * *

Zu ihnen ein erstes und voraussichtlich auf lange hinaus letztes, kurzes Wort zu sprechen, darf ich mir nicht versagen. So fest hat sich in den deutschen Arbeitern — mit dem Wachsen der sozialdemokratischen Partei — im Verlauf der letzten Jahrzehnte die Ueberzeugung eingewurzelt, daß die Befreiung der Arbeit, welche gleichbedeutend ist mit der Schwächung und dem Tod der Privilegien des Kapitals, nur möglich ist, wenn dies letztere den Händen des Einzelnen entzogen und auf dem Wege gewaltsamer Enteignung „Eigenthum der Gesellschaft" geworden ist, und so unerschütterlich scheint mir dieser Glaube geworden zu sein, daß ich nicht sehe, was anders sie von diesem Irrthum abzubringen im Stande sein könnte, als die Erfahrung. Wie bitter diese Erfahrung und wie groß die Enttäuschung sein wird, ahnt nur der, der gleich mir weiß, daß jede Unterbindung wirthschaftlicher Bewegungsfreiheit zugleich eine Verstärkung des traurigen Zustandes gegenseitiger Abhängigkeit bedeutet

Aber möge sie gemacht werden, wenn es denn nicht anders sein kann! . . .

Freilich: die großen Demagogen unserer Tage, die sonst so klein sind, wird dann der Tod der ungeheuren Verantwortlichkeit, welche sie auf sich geladen, enthoben haben und vergebens werden ihre opferfreudigen Kämpfer suchen, sie zur Rechenschaft zu ziehen für das, was sie versprochen und immer wieder — versprochen.

Den Kindern dieser Kämpfer wird, vor die traurigste Nothwendigkeit gestellt, nichts anderes mehr übrig bleiben, als ihr Heil endlich in der Freiheit, und nur in der Freiheit allein, zu suchen.

*　　　　*

Drei große Feinde hat der Arbeiter als Feinde zu erkennen und zu überwinden: die Politiker, die Philantropen und — sich selbst. Erst wenn er eingesehen haben wird, daß die Knechte, um die Herren zu verdrängen, nicht erst selbst zu Herren von Knechten geworden sein müssen und daß die Erreichung dieses Zieles — des Zieles aller und jeder Politik — ihn um keinen Schritt seiner wirthschaftlichen Befreiung näher bringt, da diese allein eine Folge harmonischer Entwickelung im sozialen Organismus sein kann; erst wenn er sich von jenen neuen und letzten Predigern einer alten, in ihren Todeszuckungen sich noch einmal aufbäumenden Religion, den Weltverbesserern und Utopisten mit den heißen Köpfen und den lauwarmen Worten, den Ethikern und Moralisten jeder Art, losgemacht hat, die da alle nicht begreifen können und wollen, daß es nicht die Menschen, sondern die Verhältnisse zu ändern gilt, aus welchen heraus die Menschen „gut" und „böse" werden; erst wenn er durch und durch begriffen haben wird, daß nichts auf der Welt ihm zu helfen im Stande ist, als er selbst, und diese Erkenntniß ihn zu neuen, durch kein „Klassenbewußtsein" mehr getrübten, gründlicheren Erwägungen der Bedingungen, unter welchen er lebt und leidet, und damit zu ganz verändertem und aussichtsreicherem Handeln treibt, erst dann, sage ich, kann er hoffen, die Ketten seiner Abhängigkeit zu brechen und von sich zu werfen.

*　　　　*

Die Besprechungen, welche meinem Werke und seinen Uebersetzungen so reichlich zu Theil geworden sind, haben ihm nichts nehmen

und mir nichts geben können. Die Absicht, auf einige derselben zu
antworten, gab ich auf; ich überzeugte mich, daß der Liebe Müh'
doch umsonst sein würde. Von den Kommunisten wurden keine
anderen, als die alten Argumente vorgebracht — daß ich sie auf's
Neue widerlegen würde, durften sie selbst nicht erwarten; den professionellen Kritikern der Litteratur waren die hier behandelten Fragen
völlig verschlossen — ein Verständniß daher nicht zu erwarten; die
große Tagespresse, die „Dirne der öffentlichen Meinung", schwieg
natürlich — sie wußte warum; und die meisten von den Organen
der sozialdemokratischen Presse, welche sich das Werk unter ausdrück-
licher Zusicherung einer Besprechung von Zürich senden ließen, kamen
in ihrer feigen Servilität und jammervollen Abhängigkeit noch rechtzeitig von einem Entschlusse zurück, dessen Ausführung an allerhöchster
Stelle ein nicht unbegründetes Mißfallen erregt haben würde.

Den Wenigen, die ernsthaft gelesen, über was sie schrieben,
dankte ich im Stillen.

So schwieg ich auf Alles. Nur ein einziges Mal schloß ich
klatschend einen schamlosen Mund, der die ungeheuerliche Lüge gegen
mich anwandte, zu sagen, die revolutionären Kommunisten seien von
mir als Räuber und Mörder geschildert worden, während dieses ganze
Buch nur ein einziger Protest gegen den gesetzmäßigen Diebstahl, den
privilegirten Raub und den sanktionirten Mord des Staates ist. Daß
ich heute — angesichts so vieler starrender Bajonette und rasselnder
Säbel — mehr wie je von der völligen Aussichtslosigkeit eines
gewaltsam geführten Kampfes für die Sache der Arbeit überzeugt
bin, bekenne ich ebenso ungescheut, wie die stets neue Freude, welche
ich empfinde, wenn ich höre, daß es meinen Worten gelungen ist, den
Einen und Anderen vor unbesonnenem Vorgehen bewahrt, d. h. den
Klauen der Gewalt: der Verfolgung und dem Gefängniß entrissen und
für die Taktik des passiven Widerstandes — den siegreichen Kampf
einer hoffentlich nicht mehr so fernen Zukunft — gewonnen zu haben.
Wie berechtigt diese Freude ist, wird mir dann am meisten klar, wenn
ich sehe, wie unausgesetzt weiter vom sicheren Auslande her durch
ebenso unsinnige und thörichte, wie zwecklose und feige Handlungen
Sicherheit und Leben der „Genossen" auf's Spiel gesetzt wird.

Die Volksausgabe der „Anarchisten" ist unverändert geblieben. Bei einer Stelle empfand ich indessen die Verpflichtung, nicht sie zu ändern, sondern sie so durch einige ergänzende Zeilen zu erklären, daß sie hinfort keinem Mißverständniß, welches einigemale glaubte sich als Beschuldigung geberden zu dürfen, mehr ausgesetzt ist.

* *

Ich habe auf die von vielen Seiten an mich gerichtete Frage zu antworten: warum ich, um meinen Ideen eine weitere Verbreitung zu geben, nicht agitire, nicht propagandire, nicht in den Versammlungen spreche und diskutire, und vor Allem, weßhalb ich nicht auf dem einzigen Wege, auf welchem die Mehrzahl der Menschen heute allein noch erreichbar ist, dem der Presse, zu diesen gehe.

Ich erwidere darauf: weil ich es nicht kann; weil ich es nicht könnte, auch wenn ich es wollte. Die Gaben der Menschen sind verschieden. Ich bin ein Künstler, vielleicht nicht „durch und durch", denn mein Interesse gehört Vielem im Leben, doch so Manches lastet auf mir, von dem ich mich, ich fühle es, nur befreien kann in dichterischem Schaffen. Die Herausgabe und Leitung einer Zeitung aber würde mich tödten, und ein Hervordrängen meiner Person in den lauten, rohen Kampf des Tages und seiner Meinungen wäre mir vollends unmöglich.

Man erwarte also nichts von mir, als „von Zeit zu Zeit ein Buch". Vielleicht, daß ich die hier begonnene Arbeit direkt wieder aufnehme; aber so lange die großen, klaren Grundlinien der Weltanschauung des Anarchismus noch so wenig begriffen worden sind, so lange der Boden, auf dem sie sich aufbaut, noch ein so unbetretener ist, so lange noch immer wieder anzukämpfen ist gegen das völlige und in seiner Allgemeinheit beispiellose Mißverstehen des Wortes allein, so lange drängt mich nichts zu umfassenderen und begründeteren Darlegungen.

Möge daher vorerst dies Werk noch einmal seine ungeschwächte Kraft erproben und das Bollwerk der Voreingenommenheit von Neuem berennen, immer dieselbe Stelle, bis ein Weg sich öffnet.

Ich habe meine letzte Lanze für die Freiheit noch nicht gebrochen. Aber die Wahl meiner Lanzen, ich muß sie mir immer vorbehalten.

* *

Das letzte Wort den Freunden der Freiheit: meinen bekannten, meinen unbekannten Freunden . . .

Alles, sie mögen davon überzeugt sein, wird auch hier gethan werden, wenn die Zeit dazu gekommen ist: mit den rechten Männern werden sich auch die rechten Wege, und dann auch die Mittel, sie zu beschreiten, finden. Nach dem so glänzend gegebenen Beispiel meines großen amerikanischen Freundes, dessen Sein und Wirken allein schon genügen müßte, um keinen Augenblick die Hoffnung sinken zu lassen, wird sich auch hier eine Propaganda entfalten, gewiß aus kleinen Anfängen heraus, aber unternommen und in's Werk gesetzt mit jener aus Wissen, Erkenntniß, Ueberlegung, Entschlossenheit, Zähigkeit und Muth geborenen Ueberlegenheit, welche zwar gelangweilt und ermüdet, nicht aber entmuthigt und beirrt werden kann, da sie nicht zu über-reden, sondern einzig und allein zu überzeugen bestrebt ist.

Dann wird dieses Buch ein Anfang gewesen sein . . Das wünscht Keiner heißer, als ich.

* • • •

Nur der versteht die Freiheit, welcher sie liebt. Wer sie aber — und das ist alle Zukunft — liebt als die Nothwendigkeit seines Lebens, der muß sie auch, durch alle Irrthümer hindurch, verstehen lernen . . .

Aus dem Wirrwarr und dem Widerstreit der Meinungen hebt sich klar, verständlich, siegreich allein am Ende unseres Jahrhunderts die Lehre von der Souveränität des Individuums.

Wer wagt es zu läugnen, daß sie das Ziel aller menschlichen Entwickelung ist?

Barbarei und Knechtschaft vergangener Zeiten haben uns endlich zu der Erkenntniß gebracht, daß Kultur und Zivilisation erst in jenem Zustand der Gesellschaft ihre höchsten Triumphe zu feiern im Stande sind, in welchem mit dem letzten Vorrecht auch die Gewalt, welche es schützte, der Staat, geschwunden ist: dem Zustande gleicher Freiheit, wo ein verfeinerter und höchstgesteigerter Egoismus auch den Letzten gelehrt hat, daß seine Freiheit wächst und abnimmt mit der Freiheit des Anderen, daß er in demselben Maße unabhängiger wird, als er seinem Nächsten erlaubt, unabhängig von ihm zu sein.

Vergebens werden wir weiter versuchen, uns den letzten Konsequenzen zu entziehen, zu denen die Logik des Denkens uns mit unfehlbarer Sicherheit und unaufhaltsamer Kraft treibt.

Denn wir dürsten nach Glück, dem Glück auf Erden. Und nicht eher — den trüben Fanatikern des Kommunismus, wie den schwankenden Machthabern der Gewalt gleich zum Trotz — werden wir ruhen, bis wir uns dieses Glück, welches die Freiheit ist, errungen haben.

Berlin, im Frühjahr 1893.

John Henry Mackay.

Einleitung.

Das Werk der Kunst hat für den Künstler zu sprechen, der es schuf: die Arbeit des betrachtenden Forschers, welcher hinter ihr zurücktrat, erlaubt ihm zu sagen, was ihn trieb, sich zu äußern.

Der Vorwurf der Arbeit, welche ich vollende, verlangt von mir, sie mit einigen Worten zu begleiten.

✳

Zuvor das Eine: wer mich nicht kennt und in den folgenden Blättern etwa sensationelle Enthüllungen in der Art jener verlogenen Spekulationen auf die Urtheilslosigkeit des Publikums erwartet, aus welchen dasselbe seine ganze Kenntniß der anarchistischen Bewegung schöpft, der gebe sich nicht die Mühe, über diese erste Seite hinaus zu lesen.

Auf keinem Gebiet des sozialen Lebens herrscht heute eine heillosere Verworrenheit, eine naivere Oberflächlichkeit, eine gefahrdrohendere Unkenntniß, als auf dem des Anarchismus. Die Aussprache des Wortes schon ist wie das Schwenken eines rothen Tuches — in blinder Wuth stürzen die Meisten auf dasselbe los ohne sich Zeit zu ruhiger Prüfung und Ueberlegung zu lassen. Sie werden auch dieses Werk zerfetzen, ohne es verstanden zu haben. Mich werden ihre Stöße nicht treffen.

✳

London und die Ereignisse des Spätjahrs 1887 haben mir als Hintergrund meines Gemäldes gedient.

Als ich im Anfang des darauf folgenden Jahres noch einmal für einige Wochen auf den Schauplatz zurückkehrte, hauptsächlich um meine East End = Studien zu vervollständigen, ahnte ich nicht, daß gerade die von mir zu eingehenderer Schilderung gewählte Gegend durch die Frauenmorde Jack „des Aufschlitzers" bald nachher in Aller Munde sein würde.

Das Kapitel über Chicago wurde nicht abgeschlossen, ohne daß ich auch das dicke Bilderbuch für große Kinder, mit welchem seitdem der Polizei=Kapitän Michael Schaack den infamen Mord seiner Regierung zu rechtfertigen suchte: „Anarchy and Anarchists" (Chicago, 1889), einer Durchsicht unterzogen hätte. Es ist nichts weiter, als ein — nicht unwichtiges — Dokument stupider Brutalität sowohl, wie raffinirter Eitelkeit.

Die Namen von Lebenden sind von mir in bewußter Absicht nirgends genannt; der Näherstehende wird trotzdem fast überall unschwer die Züge erkennen, welche mir Vorbilder gewesen sind.

✳

Zwischen der Niederschrift des ersten und letzten Kapitels liegen drei Jahre. Immer neu auftauchende Zweifel zwangen mich immer wieder, oft auf lange hinaus, zur Unterbrechung der Arbeit. Ich begann sie vielleicht zu früh; zu spät beende ich sie nicht.

Nicht jede Seite der Frage konnte ich erschöpfen; meist war es mir nicht vergönnt mehr zu geben, als die Schlußsätze oft langer Gedankenreihen. Die völlige Unvereinbarkeit anarchistischer und kommunistischer Weltanschauung, die Zwecklosigkeit und Schädlichkeit gewaltsamer Taktik, sowie die Unmöglichkeit irgend einer „Lösung der sozialen Frage" durch den Staat wenigstens hoffe ich bewiesen zu haben.

❊

Das neunzehnte Jahrhundert hat die Idee der Anarchie geboren. In seinen vierziger Jahren wurde der Grenzstein zwischen der alten Welt der Knechtschaft und der neuen der Freiheit gesetzt. Denn es war in diesem Jahrzehnt, daß P.=J. Proudhon die titanische Arbeit seines Lebens mit: „Qu'est-ce que la propriété?" (1840) begann und Max Stirner sein unsterbliches Werk: „Der Einzige und sein Eigenthum" (1845) schrieb.

Sie konnte vergraben werden unter dem Staube zeitweiligen Rückschrittes der Kultur. Aber sie ist unvergänglich.

Sie ist bereits wieder erwacht.

Seit zehn Jahren schon kämpft in Boston, Maff., mein Freund Benj. R. Tucker mit der unbesieglichen Waffe seiner „Liberty" für Anarchie in der neuen Welt. Oft habe ich in den einsamen Stunden meiner Kämpfe meinen Blick auf das funkelnde Licht gerichtet, welches von dort aus die Nächte zu erhellen beginnt . . .

❊

Als ich vor nun drei Jahren die Gedichte meines „Sturm" der Oeffentlichkeit übergab, begrüßten mich freundliche Stimmen als den „ersten Sänger der Anarchie".

Ich bin stolz auf diesen Namen.

Aber ich bin zu der Ueberzeugung gelangt, daß es heute nicht so sehr darauf ankommt, Begeisterung für die Freiheit zu erwecken, als vielmehr von der unbedingten Nothwendigkeit ökonomischer Unabhängigkeit, ohne welche sie ewig der wesenlose Traum der Schwärmer bleiben wird, zu überzeugen.

In diesen Tagen der wachsenden Reaktion, welche in dem Siege des Staats-Sozialismus ihren Höhepunkt erreichen wird, ist die Forderung unabweisbar für mich geworden, hier auch der erste Verfechter der anarchistischen Idee zu sein.

Ich hoffe, ich habe meine letzte Lanze für die Freiheit noch nicht gebrochen.

Rom, im Frühjahr 1891.

Erstes Kapitel.

Im Herzen der Weltstadt.

Ueber London hin begann sich ein naßkalter Oktoberabend zu breiten. Es war der Oktober desselben Jahres, in welchem noch nicht fünf Monate vorher jene albernen Feierlichkeiten der fünfzigjährigen Regierungszeit einer Frau, welche sich „Königin von Großbritannien und Irland und Kaiserin von Indien" nennen ließ, in Szene gesetzt waren, nach denen das Jahr 1887, das „Jubilee Year" genannt wurde.

An diesem Abend — es war der letzte einer Woche — suchte sich durch wirre, enge und fast leere Gassen ein Mann aus der Richtung von Waterloo Station her nach der Eisenbahnbrücke von Charing Croß seinen Weg. Als er langsam, wie ermüdet von einem stundenweiten Gange, die Holztreppe, welche zu dem schmalen, neben den Schienen sich hinziehenden Fußgängerpfad der Brücke führt, hinaufgestiegen und ungefähr über die Mitte des Flusses angelangt war, trat er in eine der runden Ausbuchtungen nach der Wasserseite hin und stand dort eine Weile, während er die Menschen hinter sich vorbeitreiben ließ. Es war mehr eine Gewohnheit als eigentliche Ermattung, welche ihn Halt machen und die Themse hinunterblicken ließ. Da er trotz seines bereits dreijährigen Aufenthaltes in London nur selten „jenseits der Themse" gewesen war, so versäumte er nie, bei Ueberschreitung einer der Brücken den großartigen Anblick, den London von einer jeden unter ihnen bietet, wieder in sich aufzufrischen.

Es war noch eben hell genug, daß er bis nach Waterloo Bridge hin zu seiner Rechten die dunklen Massen der Lagerhäuser und auf dem Spiegel der Themse zu seinen Füßen die Reihen der aneinandergekuppelten weitbauchigen Frachtkähne und Flöße erkennen konnte, doch flammten bereits überall die Lichter des Abends in das dunkle, gähnende Chaos dieser ungeheuren Stadt hinein. Wie parallele Linien zogen sich die beiden Laternenreihen auf Waterloo Bridge hin und jedes der Lichter warf seinen scharfen, flimmernden Schein tief und lang nieder · in die zitternde, dunkle Fluth, während zur Linken in terrassenförmigem Aufstieg die ungezählten kleinen Flammen, welche die Embankments und den Strand mit seiner Umgebung allabendlich erhellten, aufzuleuchten begannen. Der ruhig Dastehende sah drüben auf der Brücke die vorüberhuschenden Lichter der Cabs; er hörte hinter sich die Züge der Südostbahn rasselnd und dröhnend in die Halle von Charing Croß hineinrasen und wieder hinaus; sah unter sich die trägen Wellen der Themse mit fast unhörbarem Plätschern an der tief sich herabziehenden dunkelschwarzen Schlammmasse lecken; und indem er sich zum Weitergehen wandte, öffnete sich vor ihm — von weißen Fluthen elektrischen Lichtes taghell durchleuchtet — die Riesenhalle des Bahnhofs von Charing Croß, dieser Mittelpunkt eines Tag und Nacht nicht rastenden Getriebes . . .

Er dachte an Paris, seine Heimathstadt, als er langsam weiterschritt. Welcher Unterschied zwischen den breiten, flachen und hellen Ufern der Seine und diesen starren, ragenden Massen, auf welche selbst die Sonne keinen Schimmer von Freude zu zaubern vermochte!

Er sehnte sich zurück nach der Stadt seiner Jugend. Aber er hatte London lieben gelernt mit der leidenschaftlichen, eifersüchtigen Liebe des Trotzes.

Denn man liebt London entweder oder man haßt es . . .

Wieder blieb der Wanderer stehen. So hell war die riesige Halle erleuchtet, daß er die Uhr an ihrem Ende deutlich erkennen konnte. Die Zeiger standen zwischen der siebenten und achten Stunde. Das Leben auf dem Fußwege schien sich vermehrt zu haben, als ob eine Menschenwelle von diesseits nach jenseits hinüber gespült würde. Es war, als ob der Zögernde sich nicht losreißen könne. Er betrachtete einen Augenblick das unablässige Spiel der Signalarme an dem Einfahrtspunkte der Halle; dann versuchte er über die Schienen hinweg und durch das Gewirr von Eisenpfosten und Waggons Westminster Abbey mit seinen Blicken zu erreichen; aber er konnte nichts als das schimmernde Zifferblatt am Thurm von Parliament House erkennen und die dunklen Umrisse gigantischer Steinmassen, welche sich drüben erhoben. Und überall hingewirrt die tausend und abertausend Lichter . . .

Wieder wandte er sich nach der freien Seite, an welcher er vorher gestanden hatte. Unter seinen Füßen rollten dumpfbrausend die Züge der Metropolitan Railway hin; die ganze Weite des Viktoria Embankment lag bis Waterloo Bridge halbhell erleuchtet unter ihm. Starr und ernst hob sich die Nadel der Cleopatra in die Höhe.

Zu dem Manne herauf drang das Lachen und Singen der Burschen und Mädchen, welche allabendlich die Bänke der Embankments belegt halten. „Do not forget me — do not forget me" war der Refrain. Ihre Stimmen klangen hart und schrill. „Do not forget me" — überall konnte man es im Jubilee Year in London hören . . . Es war das Lied des Tages.

Wer das Gesicht des eben über den Brückenrand Gebeugten jetzt beobachtet hätte, dem wäre ein seltsamer Ausdruck von Härte nicht entgangen, welcher es plötzlich beherrschte. Der Fußgänger hörte nichts mehr von dem verhaltenen, hier gedämpften Lärm und dem trivialen Gesang. Ein Gedanke hatte ihn wieder beim Anblick der gewaltigen Quai-Anlage zu seinen Füßen gepackt: wie viel Menschenleben mochten wohl unter diesen weißen Granitquadern, so sicher und unüberwindlich aufeinandergethürmt, zermalmt sein? Und er dachte wieder jener schweigenden, unbelohnten, vergessenen Arbeit, welche all' das Große, das er um sich sah, geschaffen.

Schweiß und Blut werden abgewaschen und der Einzelne erhebt sich lebend und bewundert auf den Leichen von Millionen Ungenannt-Vergessenen . . .

Als stachele ihn dieser Gedanke auf, schritt Carrard Auban weiter. Indem er die Steinbögen am Ende der Brücke durchmaß, die Ueberreste der alten Hungerford Suspension Bridge, sah er zu Boden und ging schneller. Wieder, wie immer, lebte er in den Gedanken, welchen auch er die Jugend seines Lebens gewidmet hatte, und wieder packte ihn die grenzenlose Größe dieser Bewegung, welche die zweite Hälfte des neunzehnten Jahrhunderts die „soziale" genannt hat: dorthin Licht zu tragen, wo noch das Dunkel herrscht — in die duldenden, unterdrückten Massen, deren Leiden und langsames Sterben „den Anderen" das Leben giebt . . .

Aber als Auban die Brückentreppen niedergestiegen war und sich in Villiers Street, jener merkwürdigen kleinen Straße, welche vom Strand nach dem Stadtbahnhof von Charing Croß hinabführt, befand, wurde er wieder von dem ihn umrauschenden Leben gefesselt. Unaufhörlich drängte es sich an ihm vorbei: dieser wollte noch den Zug erreichen, der eben Jene, welche so eilig dem Strand zueilten — verspätete Theaterbesucher, die sich vielleicht wieder in den Entfernungen Londons geirrt —, ausgespien hatte; hier redete eine Prostituirte auf einen Herrn im Seidenhut ein, den sie mit einem Wort und einem Blick ihrer müden Augen hierher gelockt hatte, um mit ihm über den „Preis" handelseinig zu werden, und dort drängte eine Schaar hungriger Gassenkinder ihre schmutzigen Gesichter an die Scheiben eines italienischen Waffelbäckers, gierig jede Bewegung des unermüdlich Arbeitenden verfolgend — Auban sah Alles: er hatte dieselbe Aufmerksamkeit eines im Beobachten geübten Auges für den zehnjährigen Jungen, welcher den Vorübereilenden einen Penny abzubetteln suchte, indem er vor ihnen her auf dem feuchten Straßenpflaster Rad schlug, und für die verkommenen Züge jenes Burschen, welcher sofort, als er stehen geblieben war, sich an ihn drängte und ihm die neueste Nummer der „Matrimonial News" — „für alle unentbehrlich, welche zu heirathen wünschen" — aufzuschwatzen suchte, — aber sich sofort dem Nächsten zuwandte, als er sah, daß er keine Antwort erhielt.

Auban ging langsam weiter. Er kannte dieses Leben zu gut, als das es ihn noch verwirrt und betäubt hätte; und doch packte und interessirte es ihn immer wieder aufs Neue mit seiner ganzen Gewalt. Er hatte während dieser Jahre Stunden und Tage seinem Studium gewidmet, und immer und überall fand er es neu und interessant. Und je mehr er ihre Strömungen, ihre Abgründe und ihre Untiefen kennen lernte, desto mehr bewunderte er diese einzige Stadt . . . Seit einiger Zeit war diese Zuneigung, welche mehr war wie Anhänglichkeit, und weniger eigentlich wie Liebe, zu einer leidenschaftlich-erregten geworden. London hatte ihm zu viel — weit mehr als dem Bewohner und dem Besucher — gezeigt; und nun wollte er Alles sehen. Die Unruhe dieses Wunsches hatte ihn denn auch an dem heutigen Nachmittag hinübergestoßen auf das jenseitige Themseufer, zu stundenlangen Wanderungen in Kennington und Lambeth — jenen Vierteln eines entsetzlichen Elends — um ihn müde und zugleich entmuthigt und erbittert zurückkehren zu lassen, und ihm jetzt am Strand den Widerschein wie die Kehrseiten jenes Lebens zu zeigen.

Er stand nun an dem Eingang des dunklen und öden Tunnels, welcher unter Charing Croß durch auf Northumberland Avenue zuläuft. Die schrillen und zitternden Töne eines Banjo schlugen an sein Ohr; eine Gruppe von Vorübergehenden hatte sich zusammengeschaart: in ihrer Mitte schlug ein Knabe in zerrissenem Karrikaturkostüm und mit überrußtem Gesicht — wer hat die bizarren Gestalten dieser „Neger-Komödianten" nicht schon an den Straßenecken Londons ihre lärmenden Singtänze aufführen sehen? — sein Instrument, während zu den Tönen desselben ein Mädchen mit jener mechanischen Gleichgültigkeit tanzte, welche keine Ermüdung zu kennen scheint. Auban warf, indem er sich vorbeidrängte, auch in das Gesicht dieses Kindes einen Blick: Gleichgültigkeit und zugleich eine gewisse Ungeduld lag auf ihm.

„Sie ernähren ihre ganze Familie, die armen," murmelte er. In der nächsten Minute hatte sich die Menge zerstreut und das kleine Paar sich zur nächsten Straßenecke durchgedrängt, dort Spiel und Tanz von Neuem zu beginnen, bis der Policeman sie forttrieb, der gehaßte, der gefürchtete.

Auban durchschritt den Tunnel, dessen Steinboden von Schmutz übersät war und aus dessen Ecken eine verpestete Luft aufstieg. Er war fast leer; nur hin und wieder schlich eine unerkennbare Gestalt an den Wänden hin und an ihm vorüber. Aber Auban wußte, daß an naßkalten Tagen und Nächten hier, so gut wie an hunderten anderer Durchgänge, ganze Reihen von Unglücklichen lagen, dicht aneinander und gegen die kalten Wände gepreßt, und immer gewärtig, im nächsten Augenblick vom „Arm des Gesetzes" auseinander getrieben zu werden: Haufen von Koth und Lumpen, verkommen in Hunger und Schmutz, die „Parias der Gesellschaft", die in Wahrheit Willenlosen . . .

Und während er die Stufen am Ende des düsteren Ganges empor-
stieg, stand vor ihm plötzlich wieder jene Szene, welche er vor nun
etwa einem Jahre an diesem selben Orte erlebt hatte, mit einer so
erschreckenden Deutlichkeit, daß er unwillkürlich stehen blieb und sich
umsah, als müsse sie sich leibhaftig vor seinen Augen wiederholen: —

Es war an einem feuchtkalten Abend, gegen Mitternacht, die
Stadt in Nebel und Rauch wie in einen undurchsichtigen Schleier gehüllt. Er war hierhergegangen, um einzelnen der Obdachlosen die
wenigen Kupferstücke zu geben, welche sie brauchten, um die Nacht über
in einem der Lodging-Häuser, statt in der eisigen Kälte der Nacht, zu
verbringen. Als er diese Stufen niedergeschritten war, — der Tunnel
war überfüllt mit Menschen, welche, nachdem sie alle Stadien des
Elends durchgemacht hatten, am letzten angelangt waren, — sah er
vor sich ein Gesicht auftauchen, welches er nie wieder vergessen hatte:
die von Aussatz und blutigen Geschwüren entsetzlich entstellten Züge
eines Weibes, welches — an der Brust einen Säugling — ein
vierzehnjähriges Mädchen an der Hand nach sich mehr schleppte als
zog, während ein drittes Kind, ein Junge, sich an ihren Rock anklammerte.

„Zwei Schilling nur, Gentleman — zwei Schilling nur.“ Er
war stehen geblieben, um sie zu fragen.

„Zwei Schilling nur — sie ist noch so jung, aber sie wird
Alles thun, was Sie wollen —“ und dabei zog sie das Mädchen
näher, welches sich zitternd und weinend abwendete.

Ein Schauder überlief ihn. Aber die flehende und wimmernde
Stimme des Weibes ertönte weiter.

„Bitte, nehmen Sie sie doch mit. Wenn Sie es nicht thun, so
müssen wir draußen schlafen — nur zwei Schilling, Gentleman, nur
zwei Schilling, sehen Sie nur, sie ist so hübsch.“ Und wieder riß
sie das Kind an sich.

Auban fühlte, wie das Entsetzen ihn überschlich. Er wandte sich
unbewußt und unfähig, ein Wort hervorzubringen, zum Gehen.

Aber er hatte noch keinen Schritt gethan, als sich das Weib
plötzlich schreiend vor ihn auf den Boden hinwarf, das Mädchen
losriß und sich an ihn anklammerte.

„Gehen Sie nicht fort! Gehen Sie nicht fort!" schrie es in entsetzlicher Verzweiflung. „Wenn Sie es nicht thun, so müssen wir verhungern — nehmen Sie sie mit — hierher kommt sonst Niemand mehr, und auf den Strand dürfen wir nicht, — thun Sie es doch — thun Sie es doch!"

Aber, als er sich, ohne es zu wollen, umsah, sprang die vor ihm Liegende plötzlich auf.

„Rufen Sie keinen Policeman! Nein, rufen Sie keinen Police= man!" rief sie ängstlich-schnell. Da, als sie aufstand, gewann Auban seine Ruhe wieder. Er griff wortlos in die Tasche und reichte ihr hin, was er an Geld erfaßte.

Das Weib stieß einen Freudenschrei aus. Wieder nahm sie das Mädchen am Arm und stellte es vor ihn hin.

„Sie wird mit Ihnen gehen, Gentleman, — sie wird Alles thun, was Sie wollen" — fügte sie flüsternd hinzu. Auban wandte sich ab und ging so schnell wie möglich durch die Reihen der Schlafenden und Betrunkenen dem Ausgange zu; Keiner hatte der Szene geachtet.

Als er am Strand war, fühlte er, wie sein Herz jagte und seine Hände zitterten.

Acht Tage nach diesem suchte er Abend für Abend in dem Tunnel von Charing Croß und seiner Umgebung nach dem Weibe und ihren Kindern, ohne sie wieder finden zu können. Es hatte etwas in den Augen des Mädchens gelegen, das ihn beunruhigte. Aber der Augenblick war zu kurz gewesen, als daß er hätte erkennen können, was dieser Abgrund von Furcht und Elend verbarg — —

Dann vergaß er über dem ungeheuren Jammer, welcher sich ihm täglich zeigte, diese eine Szene, und täglich sah er wieder auf den Straßen die Kinder der Armuth — Kinder von dreizehn und vierzehn Jahren — sich darbieten — und er war unfähig, zu helfen.

Wer war bemitleidenswerther, die Mutter oder die Kinder? Wie groß mußte das Elend sein, wie entsetzlich die Verzweiflung, wie wahnsinnig der Hunger, der beiden? Aber mit Abscheu spricht die Frau der Bourgeoisie von dem „Scheusal von Mutter" und von dem

„verkommenen Kinde", — die Pharisäerin, welche unter der Hand desselben Elends genau denselben Weg gehen würde. — —

Mitleid! Jämmerlichste unserer Lügen! Unsere Zeit kennt nur Ungerechtigkeit. Es ist heute das größte Verbrechen, arm zu sein. Gut so. Um so schneller muß die Erkenntniß kommen, daß die einzige Rettung darin besteht, dieses Verbrechen zu unterlassen.

„Die Wahnsinnigen", murmelte Auban vor sich hin, „die Wahn= sinnigen — sie sehen alle nicht, wohin Mitleid und Liebe uns gebracht haben —." Seine Augen waren umschattet, wie von der Erinnerung an die Kämpfe, welche diese Erkenntniß ihm auferlegt hatte.

Wie deutlich er heute Abend beim Durchschreiten des Tunnels wieder die wimmernde, verzweifelte Stimme des Weibes und ihr drängendes: „Do it! do it!" zu hören glaubte! Und aus dem trüben Dunkel tauchten wieder die scheuen, krankhaften Augen des Kindes auf.

Er kehrte um und durchschritt abermals den Tunnel. Bevor er sich jedoch dem Strand zuwandte, bog er in eine der Seitenstraßen ein, welche sich nach der Themse hinunterziehen. Er kannte sie alle: — diese Gassen, diese Winkel, diese Ein= und Durchgänge: hier war der nüchtern=graue Hinterbau des Theaters, dessen Frontseite den Strand mit Licht überschwemmte; und jenes schmale, dreistöckige Haus mit den blinden Fenstern war eines jener berüchtigten Absteigequartiere, hinter deren Mauern sich allnächtlich Szenen der Verworfenheit abspielen, welche sich auch die sinnlich=entartetste Phantasie nicht auszumalen wagt. Hier wohnte noch das Elend, und in jener nächsten, stillen Straße schon der Wohlstand — und so wirkten sich beide durch einander bis zu der kleinen Kirche von Savoy inmitten ihrer kahlen Bäume — und bis zu den vornehmen, verschlossenen Bauten des Temple mit seinen herrlichen Gärten . . .

Auban kannte Alles: sogar den ewig-leeren, breiten, gewölbten Gang, der unter den Straßen durch nach den Embankments führt und von dessen verlassener, geheimnißvoller Stille aus das Leben des Strand sich anhört, wie das ferne Rauschen einer immer letzten und immer ersten Welle auf ödem Sandufer . . .

Die Kälte wurde mit der vorrückenden Stunde empfindlicher und sickerte in der nebligen Feuchtigkeit Londons nieder. Auban begann müde zu werden und wollte nach Hause. Er bog zum Strand ab.

Der „Strand"! West-End und City verbindend lag er vor ihm da, erhellt von den ungezählten Lichtern seiner Läden, durchrauscht von einer nie stockenden und nie endenden Menschenfluth: zwei getheilte Ströme, der eine hinauf- nach St. Pauls, der andere hinunterwogend nach Charing Croß. Zwischen beiden der betäubende Wirrwarr eines ununterbrochenen Verkehrs von Wagen: ein 'Bus, schwerfällig, übersät mit bunten Reklamen, beladen mit Menschen, hinter den andern; ein Hansom, leicht, behend auf den Zweirädern dahinhuschend, hinter dem andern; dröhnende Lastwagen; rothe, geschlossene Postwagen der Royal-Mail; starke, breite Forewheelers; und dazwischen sich durchwindend, in der dunklen Masse kaum erkennbar, dahinsausende Bycicles . . .

Das East-End ist die Arbeit und die Armuth, aneinander ge-kettet durch den Fluch unserer Zeit: die Knechtschaft; die City ist der Wucherer, der die Arbeit verkauft und den Gewinn einzieht; das West-End ist der vornehme Nichtsthuer, der sie verbraucht. Der Strand ist eine der' schwellendsten Adern, durch welche das gelb-gewordene Blut rinnt; er ist der Rival von Oxford Street, und sträubt sich dagegen, von ihr besiegt zu werden. Er ist das Herz von London. Er trägt einen Namen, den die Welt kennt. Er ist eine der wenigen Straßen, in welchen du Menschen aus allen Stadt-theilen siehst: der Arme trägt seine Lumpen und der Reiche seine Seide hierher. Wenn du dein Ohr öffnest, kannst du Sprachen der ganzen Welt hören: die Restaurants haben italienische Eigenthümer, deren Kellner französisch mit dir sprechen; unter den Prostituirten sind mehr als die Hälfte Deutsche, die entweder hier untergehen oder sich soviel erwerben, daß sie in ihr Vaterland zurückkehren und dort „an-ständig" werden können

Am Strand liegen die mächtigen Gerichtshöfe, und man weiß nicht, ob man Schauspieler oder Verrückte vor sich hat, wenn man die Richter in ihren langen Mänteln und ihren weißgepuderten Perrücken mit den zierlich-albernen Zöpfen   alles äußerliche Würde-Abzeichen einer würdelosen Komödie, die jeder vernünftige Mensch

innerlich verlacht und verachtet, und die Jeder mitspielt, wird er geladen, — wenn man sie in seine hohen Thorbögen hineineilen sieht;
der Strand vereinigt eine verwirrende Anzahl von Behörden, von
deren Existenz du nie in deinem Leben gehört hast, wenn sie dir genannt werden, in seinem kalten Somerset-Haus; und der Strand hat
seine Theater, mehr Theater, wie irgend eine Straße der Welt.

So ist er der erste Gang des Fremden, der am Bahnhof von
Charing Croß anlangt, und den seine meist engen und aufeinander
gepreßten Häuser enttäuschen; so wird er dessen letzter sein, wenn er
London verläßt, der, dem er seine letzte Stunde schenkt.

Auban tauchte unter in das Menschengewoge. Jetzt, wo er an
Adelphi vorbeiging und das elektrische Licht die Straße — die Gasflammen weit überstrahlend — mit seinem hellweißen Licht über-
schimmerte, konnte man sehen, daß er leicht hinkte. Es war fast
unbemerkbar, wenn er schnell ging, aber wenn er langsam dahin-
schlenderte, zog er den linken Fuß nach und stützte sich fester auf
seinen Stock.

Am Bahnhof von Charing Croß hatte sich das Leben gestaut.
Auban stand einige Augenblicke an einer der Einfahrten. Der Eingang zu Villiers Street, welche er wenige Minuten vorher unterhalb
gekreuzt hatte, war belagert von Blumenverkäuferinnen, welche theils
hinter ihren halbgeleerten Körben fröstelnd und müde kauerten, theils
die Vorübereilenden mit ihrem unaufhörlichen: „Penny a bunch!“
zum Kauf ihrer kümmerlichen Blumenbündel zu verlocken suchten. Ein
Policeman trieb Eine von ihnen roh zurück; sie hatte sich mit einem
Schritte auf das Pflaster gewagt, und sie durften keine Linie über
die Grenze der Seitenstraße hinaus. Das gellende Durcheinander-
schreien der Zeitungsjungen, welche ihre letzten Spezial-Editions los
sein wollten, um noch in „Gatti's Hungerford Palace“ Charlie
Coborn — den „inimitable“ — in seinen „Two lovely black
eyes“ bejubeln zu können, wäre unerträglich gewesen, wenn es nicht
von dem Wagengerassel auf den Steinen des Vorhofes von Charing
Croß, welches der mit Asphalt und Holzpflaster verwöhnte West-
Ender fast nicht mehr kennt, und dem heisern Rufen der Omnibus-
Kondukteure übertönt worden wäre.

Mit einer Sicherheit, welche nur ein langes Vertrautsein mit
dem Straßenleben der Großstadt verleiht, benutzte Auban die erste
Sekunde, in welcher die Wagenreihen einen Durchgang zeigten, um
die Straße zu überschreiten, und während sich hinter ihm in der
nächsten die Fluthen schlossen, ging er an der Kirche von St. Martin
vorbei, warf einen Blick auf den tobtenstill daliegenden Trafalgar
Square, durchschritt die enge und dunkle Green Street, ohne sich im
Geringsten um den Cabby zu kümmern, der ihm von seinem Bock
aus mit unterdrückter Stimme zurief, er habe ihm „etwas zu sagen"
— etwas von einer „jungen Dame" — und befand sich nach drei
Minuten an den erleuchteten Eingängen der „Alhambra", von welchen
verspätete Besucher sich nicht abweisen lassen wollten, da sie noch
einen Stehplatz in dem erfüllten Hause zu erlangen hofften. Auban
ging gleichgültig vorüber, ohne einen Blick auf die schillernden
Photographien der üppigen Balleteusen — Reklame-Proben aus dem
neuen Monstre-Ballet „Algeria", welchem halb London zuströmte —
zu werfen.

Der Garten in der Mitte von Leicester Square lag in Dunkel
gehüllt. Die Statue Shakespeare's war nicht mehr erkennbar von den
Gittern aus. „There is no darkness but ignorance" — stand
dort. Wer las es? . . .

An der Nordseite des Square herrschte lautes Leben. Auban
mußte sich durch Schaaren französischer Prostituirten, deren lautes
Lachen, Schreien, Schelten Alles übertönte, durchdrängen. Ihre überladenen und geschmacklosen Toiletten, ihre schamlosen Anerbietungen,
ihre unaufhörlichen Bitten: — „Chéri, chéri —", mit denen sie
sich an jeden Vorübereilenden drängten und ihn verfolgten, erinnerten
ihn an die Mitternachtsstunden der Außen-Boulevards von Paris.

Ueberall schien ihm seine Zeit die entstellteste Seite ihres
Gesichtes zu zeigen.

Vor ihm her gingen zwei junge Engländerinnen. Sie waren
kaum älter wie sechszehn Jahre. Ihre aufgelösten und von der Nässe
feuchten blonden Haare hingen lang über den Nacken hinab. Als sie
sich umwandten, zeigte ihm ein Blick in ihre müden, blassen Züge,
daß sie schon lange so gewandert waren — immer dieselbe kurze

Strecke, Abend für Abend —; an einer Straßenecke erzählte eine
Deutsche im Kölner Dialekt einer andern mit weitschallender Stimme
— alle Deutschen schreien in London — sie habe seit drei Tagen
nichts Warmes und seit einem überhaupt nichts gegessen: die Geschäfte
würden immer schlechter; und an der nächsten entstand ein Zusammen-
lauf von Menschen, in welchen Auban hineingestoßen wurde, so daß
er die Szene mit ansehen mußte, welche sich abspielte: eine Alte,
welche Streichholzschachteln verkaufte, war mit einem der Frauenzimmer
in Streit gerathen. Sie schrieen einander an. „Da" — brüllte
die Alte und spie in das Gesicht der vor ihr Stehenden, aber in
derselben Sekunde hatte sie die Beschimpfung zurück empfangen. Einen
Augenblick standen beide sprachlos vor Wuth. Die Alte steckte zitternd
ihre Schachteln in die Tasche. Dann schlugen sie sich gegenseitig
unter dem Beifallsgebrüll der Umstehenden die Nägel in die Augen
und wälzten sich schimpfend auf dem Boden umher, bis einer der
Zuschauer sie auseinander riß, worauf sie ihre Sachen — die eine
ihren zerbrochenen Schirm, und die andere ihren Fetzen von Hut —
auf[lasen] und der Haufe sich lachend nach allen Seiten zerstreute.

Auban ging weiter, dem Piccadilly Circus zu. Diese Szene —
eine unter unzähligen — was war sie weiter, als ein neuer Beweis
dafür, daß die Methode, das Volk in Rohheit zu erhalten, um dann
von dem „Mob" und seiner Verkommenheit zu sprechen, noch immer
vortrefflich anschlug?

Musikhallen und Boxereien — sie füllen die paar freien Stunden
der ärmeren Klassen Englands aus, an den Sonntagen Gebete und
Predigten —: vortreffliche Mittel gegen „das gefährlichste Uebel der
Zeit" — das Erwachen des Volkes zu geistiger Selbstthätigkeit.

Auban stieß unwillkürlich heftig mit dem Stocke, dessen Griff
er fest umspannt hielt, auf den Boden.

Der Square, den er eben verlassen, Piccadilly und Regents
Street — sie sind allabendlich und allnächtlich die belebtesten und
frequentirtesten Märkte lebendigen Fleisches für London. Hierhin wirft
die Noth der Weltstadt, unterstützt von den „zivilisirten" Staaten des
Festlandes, ein Angebot, welches sogar eine unersättliche Nachfrage
übersteigt. Von dem Anbruch der Dämmerung bis hinunter zum

Aufflimmern des neuen Tages beherrscht die Prostitution das Leben
dieser Zentralpunkte des Verkehrs und scheint die Axe zu sein, um
welche es sich ausschließlich dreht.

Wie wundervoll bequem — dachte Auban — machen es sich
doch die Herren Leiter unseres öffentlichen Lebens! Wo ihre Vernunft
vor dem Scheunenthor steht und sie nicht weiter können, gleich heißt
es: ein nothwendiges Uebel. Die Armuth — ein nothwendiges Uebel;
die Prostitution — ein nothwendiges Uebel. Und doch giebt es kein
weniger nothwendiges und kein größeres Uebel, als sie selbst! Sie
sind es, die Alles ordnen wollen und Alles in Unordnung bringen;
Alles leiten wollen und Alles von den natürlichen Wegen ablenken;
Alles fördern wollen, und alle Entwicklung hemmen . . . Sie lassen
dicke Bücher schreiben, das sei immer so gewesen, und müsse immer
so sein, und um doch etwas zu thun, wenigstens scheinbar, begeben
sie sich an die Reformarbeit". Und je mehr sie reformiren, desto
schlimmer wird es ringsumher. Sie sehen es, aber sie wollen es nicht
sehen; sie wissen es, aber sie dürfen es nicht wissen! Weshalb? Sie
würden sonst unnütz — und heutzutage muß sich doch Jedermann
nützlich machen. Mit dem „materiellen Dahinleben" ist es nicht mehr
gethan. „Betrogene Betrüger! vom ersten bis zum letzten," sagte
Auban lächelnd vor sich hin; und es lag fast keine Bitterkeit mehr in
seinem Lachen.

Aber dieser Mann, welcher wußte, daß es nie und nirgendwo
Gerechtigkeit auf der Erde gab, und der den Glauben an eine
himmlische Gerechtigkeit als die bewußte Lüge erkaufter Priester ver-
achtete, oder als die bewußt- und gedankenlose Hingabe an diese Lüge
fürchtete, ahnte, so oft er die Hand in die eiternde Wunde der Prostitution
legte, mit Schaudern, daß hier ein Weg war, auf welchem langsam,
unendlich langsam, eine träge Gerechtigkeit von den Leidenden zu den
Lebenden hinaufkroch.

Was ist dem Besitzenden das Volk — das Volk, welches „nicht
zu gut behandelt werden darf", damit es nicht übermüthig wird?
Gleichberechtigte Menschen mit den gleichen Wünschen an das Leben,
wie sie selbst? Thörichte Schwärmereien! Eine Arbeitsmaschine, welche
besorgt werden muß, damit sie ihren Dienst thun kann. Und es fiel

Auban die Strophe aus einem englischen Liede ein: „Unsere Söhne dienen ihnen bei Tage, unsere Töchter dienen ihnen bei Nacht — —"

Ihre Söhne — gut genug zur Arbeit. Aber in der Entfernung — in der Entfernung. Ein Druck der Hand, die für sie arbeitet? Arbeit ist ihre Pflicht. Und diese Hände sind so schmutzig — von der Arbeit eines ewig währenden Tages.

Ihre Töchter — gut genug, als Abzugskanal für den trüben Strom ihrer Lüste zu dienen, der sich sonst über die unbefleckten und reinerhaltenden Seelen der eigenen Mütter und Töchter ergießen würde. Ihre Töchter bei Nacht! Was kauft das Geld vom Hunger und der Verzweiflung nicht?!

Aber hier — hier allein! — zieht die so Geopferte ihre Mörder hinein in den Strudel ihres Verderbens.

Wie eine dunkle, drohende Wolke breitet sich über unser ganzes geschlechtliches Leben — das hier zügellos rasende, dort in die Unnatur der Ehe gepferchte — ein Heer furchtbarer Krankheiten aus, bei deren Namen Jeder erbleicht, der sie hört, da Keiner vor ihnen sicher ist. Und wie es einen bereits unübersehbaren Theil der Jugend unserer Tage durchfressen hat, so steht es schon wie die Erfüllung eines unausgesprochenen Fluches über einer noch im Schlummer liegenden Generation.

Auban wurde gezwungen aufzusehen. Aus dem Restaurant des London Pavillion, dessen Gasfackeln ihre Lichtströme über Piccadilly Circus hinwarfen, taumelte eine Schaar von jungen Männern der jeunesse dorée. Auf ihren geistlosen, brutal-verlebten Gesichtern stand ihre ganze Beschäftigung nur allzudeutlich: Sport, Weiber und Pferde. Sie waren natürlich in full dress: aber die Cylinderhüte waren eingedrückt und aus den schwarzen Fräcken sahen von Whisky und Zigarrenasche beschmutzte und zerknitterte Hemden hervor. Unter rohem Gelächter und zynischen Ausrufen umstellten die Einen einige der Halbweltlerinnen, während die Andern nach Hansoms schrieen die eilfertig angefahren kamen; die sich kreischend wehrenden Frauenzimmer wurden hineingeschoben und das Singen der Trunkenen erstarb in dem Fortrollen der Wagen.

Auban überschaute den Platz. Dort vor ihm — Piccadilly hinunter — dehnte sich eine Welt des Reichthums und des Wohllebens aus: die Welt der aristokratischen Paläste und der großen Klubs, der luxuriösen Läden und der fashionablen Kunst — das ganze übersättigte und raffinirte Leben der „großen Welt" . . . das Trugleben des Scheins . . .

Der Blitz der kommenden Revolution muß hier zuerst einschlagen. Es kann nicht anders mehr sein . . .

Als Auban die Straße überschritt, fiel ihm die zerlumpte Gestalt eines alten Mannes auf, der unabläſſig, so oft der Wagenverkehr es zuließ, den Uebergang von den Spuren der Wagen und Pferde reinigte, und jedesmal, wenn sein Besen die Arbeit gethan, beſcheiden auf die Aufmerksamkeit derer wartete, deren Füße er vor einer Berührung mit dem Schmutze bewahrt hatte: und es kam Auban die Lust an, zu sehen, wie viele diesen Dienst überhaupt bemerken würden. Er lehnte sich etwa fünf Minuten an den Laternenpfahl vor dem Eingangbogen von Spiers und Ponds Restaurant am Criterion, und schaute der unermüdlichen Arbeit des Alten zu. In diesen fünf Minuten überschritten etwa dreihundert Personen trockenen Fußes die Straße. Den Alten sah Keiner.

„Ihr macht keine guten Geschäfte?" fragte er ihn, als er ihm näher kam.

Der Alte griff in die Tasche seines zerfetzten Rockes und zeigte ihm vier Kupferstücke.

„Das ist Alles in drei Stunden." — „Das ist nicht genug für Euer Nachtlager", sagte Auban und legte ein Sixpencestück hinzu.

Und der Alte sah ihm nach, wie er langsam mit seinen mühsamen Schritten über den Platz ging.

Hinter Auban versanken die Lichter des Platzes, die hellen gleichmäßigen Häuser des Quadrants von Regents Street; und während sich die Weite hinter ihm verengerte und der brausende Lärm sich verlor, schritt er sicher weiter und immer weiter hinein in das dunkle, geheimnißvolle Straßengewirr von Soho . . .

    *   *   *

Um dieselbe Stunde — die neunte war nicht mehr fern —
kam von Osten aus der Richtung von Drury Lane her auf Wardour
Street zu mit der unsichern Schnelligkeit des Ganges, welche verräth,
daß man sich in einer fremden und unbekannten Gegend befindet und
doch gerne schnell ein bestimmtes Ziel erreichen möchte, ein Mann von
etwa vierzig Jahren in der unauffälligen Kleidung eines Arbeiters,
welche sich in London nur durch die Einfachheit von der des Bürgers
unterscheidet. Als er — überzeugt, daß er bei weiterem Forteilen in
der eingeschlagenen Richtung schwerlich bald seine Ungeduld befriedigen
würde — stillstand und vor einem der zahllosen Public-Häuser einen
der dort herumstehenden Burschen nach seinem Wege fragte, zeigte
dessen vergebliches Bemühen, die erbetene Auskunft möglichst klar und
verständlich zu machen, daß der Frager ein Ausländer sein mußte.

Indessen schien dieser dennoch die Erklärungen verstanden zu
haben, denn er schlug eine von der vorher genommenen völlig verschiedene Richtung ein. Er wandte sich dem Norden zu. Nachdem
er noch zwei oder drei der gleich dunklen, schmutzigen und einander
völlig gleichenden Straßen durchgangen hatte, befand er sich plötzlich
in dem betäubenden Lärm einer jener Verkaufsstraßen, in denen die
Bevölkerung der ärmern Viertel am Samstag Abend mit dem Lohn
der vergangenen Woche ihre Bedürfnisse der folgenden Tage einhandelt.
Die Seiten der Straße waren besetzt mit zwei endlosen Reihen von
sich dicht hinter einander drängenden Wagentischen und Gestellen, dicht
beladen mit jedem von den tausend Erfordernissen des täglichen
Lebens, und zwischen ihnen ebenso wie auf den engen Trottoirs an
den geöffneten und überfüllten Läden vorbei drängte und quetschte sich
eine unruhige und feilschende Masse, deren Schreien und Lärmen nur
von dem gellenden Durcheinanderrufen der anpreisenden Verkäufer
übertönt wurde. Die Straße war in ihrer ganzen Länge von dem
flackernden Scheine unzähliger Petroleumflammen in eine blendende
Helle, eine Helle, wie sie das Licht des Tages nie hierher brachte,
getaucht; die feuchte Luft erfüllt mit einem dicken und qualmenden
Rauch; der Boden übersät mit zertretenen Abfällen aller Art, welche
das Gehen auf dem glitschrigen, unregelmäßigen Steinpflaster noch
erschwerten.

Der Arbeiter, welcher nach dem Wege gefragt hatte, war in das Gewühl hineingerathen und drängte sich durch, so schnell es ging. Er hatte kaum einen Blick für die rings aufgespeicherten Schätze: die Bänke mit den großen, rohen, blutigen Fleischstücken; die hochbespeicherten Karren mit Grünkraut jeder Sorte; die Tische, voll von altem Eisen und Kleidern; die langen Reihen von einander gebundenem Schuhwerk, welche sich über ihm fort und über die Straße spannten; für den ganzen undurchdringlichen Wirrwar des Kleinhandels, welcher ihn um= toste und umdrückte. Als sich unter dem Schimpfen der Menge ein Karren rücksichtslos durch das Gewühl stieß, nahm er die Gelegenheit wahr, hinter ihm herzugehen, und kam so schneller, wie er gehofft hatte, an die Ecke der nächsten Kreuzstraße, wo sich das Leben wieder vertheilte und einen Augenblick des Stillstehens ermöglichte.

Da, als er sich umsah, erblickte er auf der andern Seite der Straße plötzlich Auban. Ueberrascht, seinen Freund so unverhoffter Weise und in dieser Gegend zu sehen, eilte er nicht sogleich zu ihm; und dann — als er schon die Straße halb überschritten hatte — trat er in das Gedränge zurück, von dem Gedanken getrieben: Was thut er hier? — Er blickte in der nächsten Minute aufmerksam zu ihm hinüber.

Auban stand mitten in einer Reihe von halbbetrunkenen Männern, welche den Eingang des Public=Hauses umlagerten, in der Hoffnung, von einem ihrer Bekannten eingeladen zu werden: — „Have a drink!" Er stand da, etwas vornübergebeugt, mit beiden Händen auf seinen zwischen die Kniee geklemmten Stock sich stützend und unverwandt in das an ihm vorbeitreibende Gewühl starrend, als warte er darauf, aus ihm ein bekanntes Gesicht auftauchen zu sehen. Seine Züge waren ernst; um den Mund lag eine scharfe Falte und seine tiefliegenden Augen hatten einen starren und trüben Blick. Seine glattrasirten Wangen waren mager und die scharfe Nase gab den Zügen seines schmalen und feinen Gesichtes den Ausdruck starker Willensfähigkeit. Ein dunkler weiter Mantel fiel nachlässig an der ungewöhnlich langen und schmalschultrigen Gestalt nieder, und als ihn der Andere von der gegenüberliegenden Straßenecke aus so dastehen sah, fiel ihm zum erſten Male auf, daß er ihn ſeit Jahren nie anders geſehen hatte, als in demſelben weiten Anzug von demſelben bequemen Schnitt und derſelben einfachſten, dunklen Farbe. Genau ſo ſchlicht und doch ſo auffällig war ſeine äußere Erſcheinung geweſen, als er ihn — wie lange war es her: ſechs oder ſieben Jahre ſchon? — in Paris kennen gelernt hatte, und genau ſo unverändert wie damals mit denſelben gleichen ſcharfen und trüben Zügen, die höchſtens bläſſer und grauer geworden waren, ſtand er heute da drüben, nachläſſig und unbekümmert in grübelnden Gedanken inmitten des ſich überhaſtenden und freud=loſen Treibens des Samstag=Abends von Soho.

Da kam er auf ihn zu: ſtarr gradausblickend. Aber er ſah ihn nicht und wollte an ihm vorübergehen.

„Auban!“ rief der Andere.

Der Gerufene fuhr nicht zuſammen, aber er wandte ſich langſam zur Seite und ſah mit einem leeren und abweſenden Blick in das Geſicht des ihn Rufenden, bis der Andere ihn am Arm packte:

„Auban!“

„Otto?!“ fragte der Angerufene da, aber ohne Erſtaunen. Und dann, faſt flüſternd, und in dem belegten, halb noch im Grauen be=legten Tone des Erwachenden, der von ſeinem ſchweren Traume erzählt, leiſe, um ihn nicht zur Wirklichkeit zu wecken: „Ich dachte an etwas Anderes: — an das Elend, wie groß es iſt, wie ungeheuer, und wie langſam das Licht kommt, wie langſam —.“

Der Andere ſah ihn erſtaunt an. Aber ſchon lachte Auban jäh erwacht auf und in ſeinem gewohnten beherrſchten Tone fragte er dann:

„Aber in aller Welt, wie kommſt·du aus deinem Eaſt End nach Soho?“ —

„Ich habe mich verlaufen. Wo iſt denn eigentlich Oxford Street? Dort, nicht wahr?“

Aber Auban nahm ihn lächelnd an der Schulter und drehte ihn um.

„Nein dort. — Paß auf: vor uns liegt der Norden der Stadt, die ganze Länge von Oxford Street; hinter uns der Strand, den du wohl kennst; dort, wo du herkommst — du kommst doch von Osten? — ist Drury Lane, und das frühere Seven Dials, von dem du gewiß schon gehört hast. Seven Dials, die frühere Hölle der Armuth; jetzt „zivilisirt". Hast du noch nicht die berühmte Vogel= händlerstraße gesehen? — Sieh," fuhr er fort, ohne eine Antwort abzuwarten, und machte mit seiner Hand eine Bewegung nach Osten hin, in diesen Straßen bis Lincolns Inn Fields drängt sich ein großer Theil des Elends von West End. Was glaubst du wohl, was man nicht geben würde, könnte man es ausmisten und nach dem Osten drängen? — Was nützt es, daß sie weite Straßen durch= schlagen, genau so wie Haußmann, der Seinepräfekt, es in Paris gethan hat, um den Revolutionen so leichter begegnen zu können, was nützt es? Es drängt sich nur dichter aufeinander. Es vergeht kein Samstag=Abend, an dem ich dieses Viertel zwischen Strand und Regents Street und Lincolns Inn, zwischen Strand und Oxford Street nicht durchschreite — es ist ein Reich für sich und ich habe hier reichlich so viel gesehen wie im East End. — Bist du zum ersten Male hier?"

„Doch, wenn ich nicht irre. War denn nicht früher der Club hier?"

„Ja. Aber näher an Oxford Street. — Uebrige nswohnen hier eine Menge Deutsche   nach Regents Street zu in den besseren Straßen —."

„Wo ist denn das Elend am schlimmsten?"

„Am schlimmsten?" Auban dachte einen Augenblick nach. — „Wenn du in Drury Lane einbiegst — die Courts der Wild Street; dann das schreckliche Gewirr von fast zusammenbrechenden Häusern in der Nähe des Old=Curiosity=Shop, den Dickens beschrieben hat, mit den schmutzbedeckten Durchgängen; überhaupt die Nebenstraßen von Drury Lane, besonders im Norden, an den Queen Streets; und weiter hieher vor Allem die frühern Dials, die Hölle der Höllen —."

„Kennnst du alle Straßen hier?"

„Alle."

„Aber du kannst nicht viel auf ihnen sehen. Die Tragödien der Armuth spielen sich hinter den Mauern ab."

„Aber doch der letzte Akt — wie oft! — auf der Straße."

Sie waren langsam weiter gegangen. Auban hatte seinen Arm in den des Andern gelegt und stützte sich müde auf ihn. Trotzdem hinkte er stärker wie vorher.

„Und wo gehst du hin, Otto?" fragte er.

„Zum Club. Willst du nicht mit?"

„Ich bin etwas müde. Ich war den ganzen Nachmittag drüben." Dann, da ihm einfiel, daß der Andere in diesen Worten nur einen Vorwand für eine Ablehnung sehen möchte, fügte er schneller hinzu: „Aber ich gehe schon mit; es ist eine gute Gelegenheit; sonst komme ich in nächster Zeit doch nicht hin. — Wie lange wir uns überhaupt nicht gesehen haben! —"

„Ja, fast drei Wochen schon nicht!"

„Ich lebe immer mehr für mich. Du weißt es ja. Was soll ich in den Clubs? Diese langen Reden, immer über dasselbe: was sollen sie nützen? Das Alles ist nur ermüdend."

Er merkte wohl, wie unangenehm es dem Andern war, was er sagte, und wie sich dieser gleichwohl mit der Richtigkeit seiner Worte abzufinden suchte.

„Ich bin noch immer, wie früher, jeden Sonntag Nachmittag von fünf Uhr an zu Hause. Weshalb kommst du nicht mehr?"

„Weil bei dir alles Mögliche zusammenkommt: Bourgeois, und Sozialdemokraten, und Litteraten, und Individualisten —."

Auban lachte auf. „Tant mieux. Die Diskussionen können dadurch nur gewinnen. Die Individualisten sind doch die schrecklichsten nicht wahr, Otto?"

Sein Gesicht war völlig verändert. Eben noch finster und verschlossen, zeigte es jetzt einen herzlichen Zug von Freundschaft und Freundlichkeit.

Aber der Andere, welcher mit Otto angeredet war und welcher Trupp hieß, schien davon nur unangenehm berührt zu werden, und er nannte einen Namen, der zwar von Aubans Stirn nicht die Ruhe, aber völlig von seinen Lippen das Lächeln scheuchte.

„Fünfzehn Jahre! Und wegen nichts!" sagte der Arbeiter grollend und empört.

„Aber warum lieferte er sich auch so unvorsichtig in die Hände seiner Feinde? Er mußte sie doch kennen."

„Er wurde verrathen!"

„Weshalb vertraute er sich Andern an?" fragte Auban wieder. „Jeder ist von vornherein verloren, der auf Andere baut. Auch das wußte er. Es war ein zweckloses Opfer!"

„Ich glaube, du hast keinen Begriff von der Größe seines Opfers und seiner Hingabe," grollte Trupp.

„Lieber Otto, du weißt recht gut, daß mir überhaupt das Gefühl des Verständnisses für alle sogenannten Opfer abgeht. Was hat das Unterliegen des Genossen, des besten, des ehrlichsten vielleicht von allen, für einen Nutzen gehabt? Sage mir das?"

„Es hat den Kampf erbitterter gemacht. Es hat die Einen aus ihrer Lethargie aufgerüttelt, die Andern — uns — mit neuem Haß erfüllt. Es hat" — und seine Augen flammten, während Auban fühlte, wie der Arm, den er hielt, in krampfhaftem Zorn erbebte, es hat in uns den Schwur erneuert, für jeden Gefallenen am Tage der Abrechnung hundertfache Sühne zu fordern!"

„Und dann?"

„Dann, wenn diese verfluchte Ordnung dem Boden gleich ge= macht ist, dann wird sich die freie Gesellschaft auf den Trümmern erheben."

Auban sah wieder auf den heftig Sprechenden nieder, mit dem traurigen, ernsten Blick, mit dem er ihn vorhin begrüßt hatte. Er wußte ja, daß in der zerrissenen Brust dieses Mannes nur Ein Wunsch und nur Eine Hoffnung noch lebten, die Hoffnung auf den Ausbruch der „großen", der letzten Revolution!

So waren sie vor Jahren über die Boulevards von Paris ge= gangen, und hatten sich berauscht an den tönenden Worten der Hoffnung; und während Auban längst allen Glauben verloren hatte, nur den einen nicht: an die langsam, langsam wirkende Macht der Vernunft, welche endlich jeden Menschen dahin führen wird, für sich, statt für Andere zu sorgen, und so mehr und mehr auf sich selbst zurückgekommen war, hatte sich der Andere ebenso mehr und mehr in den Fanatismus einer Verzweiflung hinein verloren, welcher sich täglich von Neuem das schimmernde Gespenst der „goldenen Zukunft" vor Augen zauberte und den letzten Halt an der Wirklichkeit aus den Händen gab, welche sich sehnsüchtig und vertrauend um den Nacken der Liebe schmiegten.

„In fünfzehn Jahren," so brach jetzt wieder lodernd die Flamme der Hoffnung aus seinen Worten, „kann viel geschehen!" —

Auban antwortete nicht mehr. Er war machtlos diesem Glauben gegenüber. Langsam gingen sie weiter. Die Straßen wurden leerer und stiller. Es lag noch immer dieselbe brütende Feuchtigkeit in der undurchsichtbarer werdenden Luft, wie vor drei Stunden. Der Himmel war eine nebelgraue Wolkenmasse. Die Laternen brannten unstät-flackernd. Zwischen den beiden Männern lag das Schweigen der Entfremdung.

Sie waren auch äußerlich sehr verschieden.

Auban war größer und hagerer, Trupp muskulöser und proportionirter. Dieser trug einen kurzen, braunen Vollbart, während jener stets mit peinlicher Sorgfalt rasirt war.

Waren sie allein, so sprachen sie stets, wie auch an diesem Abend, französisch miteinander, welches Trupp ohne Mühe, wenn auch nicht ganz korrekt, Auban aber so schnell sprach, daß selbst die Franzosen oft Mühe hatten, ihm zu folgen. Seine Stimme hatte einen seltsamen Klang von Härte, welcher zuweilen der Wärme seiner Lebhaftigkeit, öfter aber noch einer feinen Ironie wich. —

Vor ihnen begann das Gewirr der kleinen und engen Gassen sich zu lichten. Sie stiegen einige Stufen hinauf. Da lag Oxford Street!

„In fünfzehn Jahren," brach Auban das Schweigen, „haben die Ketten der Knechtschaft in den Ländern des Kontinents die Handgelenke der Völker fast durchschnitten, so daß sie sich zum Schlag nicht mehr heben können. Hier werden dieselben Hände in gleicher Zeit gefesselt sein, wie der Mund, der jetzt noch protestirt und sich müde redet."

„Ich kenne die Arbeiter besser als du. Bis dahin werden sie sich längst erhoben haben."

„Um mit Kanonen, die selbstthätig in jeder Sekunde einen, und in einer Minute sechzig Schüsse abgeben, niedergemäht zu werden. Ja. Ich kenne die Bourgeoisie besser und ihre Leute."

Sie standen in Oxford Street: in nächtigem Licht und Leben.

„Da sieh' hin — glaubst du, dies Leben — so ineinander= gewirrt, so verbissen, so enorm komplizirt — fällt mit einem Schlag und durch Einzelner Willen?"

„Ja" sagte Trupp und zeigte nach Osten. „Dort liegt die Zukunft."

Aber Auban fragte: „Was ist die Zukunft? Die Zukunft ist der Sozialismus. Die Tödtung des Individuums in immer engeren Grenzen. Die gänzliche Unselbständigkeit. Die große Familie. — Lauter Kinder, Kinder . . . Aber auch das muß durchgemacht werden."

Er lachte bitter und indem er dem Blick seines Freundes folgte: „Dort liegt — Rußland!" Dann schwiegen Beide wieder.

Oxford Street dehnte sich aus — eine unübersehbare Linie von verschwimmendem Licht und brausendem Dunkel hinauf und hinunter.

„Es giebt drei London," sagte Auban, gepackt von dem Leben, „drei: London am Samstag=Abend, wenn es sich betrinkt, um die folgende Woche zu vergessen; London am Sonntag, wenn es seinen Rausch im Schooß der allein seligmachenden Kirche ausschläft; und London, wenn es arbeitet und arbeiten läßt — an den langen, langen Tagen der Woche.'

„Ich hasse diese Stadt," sagte der Andere.

„Ich liebe sie!' sagte Auban leidenschaftlich.

„Wie anders war Paris!"

Und die gemeinsamen Erinnerungen tauchten auf.

Aber Auban drängte vorwärts.

„Wir kommen nie zum Club."

Sie überschritten geradewegs Orford Street und gingen die nächste Querstraße nach Norden hinauf. Auban stützte sich wieder stark auf den Arm seines Freundes.

„Aber sage jetzt, wie geht es Euch?"

„Es geht ganz gut, trotzdem wir immer noch keinen „Vorstand" haben. Erinnerst du dich noch, welcher Lärm sich erhob, als wir seiner Zeit den Club ganz nach kommunistischem Prinzip einrichteten: ohne Vorstand, ohne Beamten, ohne Statuten, ohne Programm und ohne festgesetzte Zwangsbeiträge? Völliger Untergang in Unordnung wurde uns prophezeit und sonst noch alles Mögliche. Aber wir kommen noch immer ganz gut zurecht und in unseren Verhandlungen geht es ganz so zu wie in anderen, wo die Glocke des Präsidenten regiert — es redet immer Einer nach dem Andern, wenn er etwas zu sagen hat."

Auban lächelte.

„Ja," sagte er, „das können die Ordnungsschreier nicht verstehen, wie vernünftige Menschen zusammenkommen und zusammenbleiben können, um sich über ihre gemeinsamen Interessen zu besprechen, ohne daß der Einzelne seine Zugehörigkeit in Rechten und Pflichten auf einem Wisch garantirt erhält. — Aber daraus, daß dieser Versuch nicht mißlungen ist, seht Ihr doch noch keinen Beweis für die Möglichkeit der Konstituirung der ganzen menschlichen Gesellschaft auf gleichen Grundlagen? Das wäre doch heller Wahnsinn."

„So, das wäre heller Wahnsinn? Wir finden das nicht. Wir hegen diese Hoffnung," betheuerte Trupp hartnäckig.

Auban fiel ein: „Was macht Euer Blatt?"

„Es geht langsam. Liest du es?"

„Ja. Aber doch nur selten. Ich habe das wenige Deutsch verlernt, das ich auf der Schule hörte."

„Wir redigiren es auch zusammen. Ohne Kommission, ohne Redakteur. An einem Abend der Woche kommen zusammen, die Lust und Zeit haben, und das Eingelaufene wird verlesen, besprochen und zusammengestellt."

„Deshalb ist der Inhalt aber auch so merkwürdig verschieden

und uneinheitlich.   Nein, hinter einem Blatte muß eine Persönlichkeit
stehen, eine volle, interessante Persönlichkeit —"

Trupp unterbrach ihn ungestüm.

„Ja, und dann hätten wir wieder das „Führerthum". Aus
einem Verwalter wird immer ein Regierer" — er sah nicht das bei-
stimmende Nicken Aubans — „hier im Kleinen, dort im Großen!
Unsere ganze Bewegung hat darunter furchtbar gelitten unter diesem
Centralismus. Wo im Anfang reine Begeisteruug war, ist [sie in
Selbstgefälligkeit aufgegangen; wirkliches Mitgefühl und Liebe in dem
Streben, selbst die Retter zu spielen. So haben wir denn überall
schon Oben und Unten, die Heerde und den Leithammel, auf der
einen Seite den Dünkel, auf der andern Seite gedankenlose und
fanatische Nachbeterei der Parteilehren —"

„Aber du hast mich in der That völlig mißverstanden. Als
ob ich je etwas Anderes geglaubt hätte! Ich mißtraue überhaupt
einem Jeden, der sich anmaßt, Andere vertreten, für Andere sorgen
und die Verantwortung für Anderer Angelegenheiten auf seine eigenen
Schultern nehmen zu wollen. Kümmere dich um deine eigenen Angelegenheiten und laß mich für die meinen sorgen — das ist ein
gutes Wort. Und wirklich Anarchismus."

„Ich bin auch Anarchist."

„Nein, mein Freund, das bist du nicht. Du vertrittst in jeder
Beziehung das Gegentheil der wirklich anarchistischen Ideen. Du bist
durch und durch Kommunist, nicht nur deinen Ansichten, sondern deinem
ganzen Empfinden und Wünschen nach."

„Wer will mir das Recht bestreiten, meine Ansichten anarchistisch
zu nennen?"

„Niemand. Aber ihr bedenkt nicht, welche unheilvolle Verwirrung entsteht durch das Zusammenwerfen so völlig verschiedener
Begriffe. Aber warum jetzt über die alte Frage streiten! Komm'
am Sonntag. Wir könnten wieder einmal diskutiren. Weshalb
nicht?"

„Meinetwegen. Du bist und bleibst ja doch der Individualist,
zu dem du geworden bist, seitdem du die soziale Frage „wissenschaftlich"

ſtudirt haſt! Ich wollte, du wäreſt noch derſelbe, der du warſt, als ich dich ſah in Paris, mein Lieber!"

"Nein ich nicht, Otto!" ſagte Auban und lachte laut auf.

Trupp war gereizt.

"Du weißt nicht, was du vertheidigſt! Iſt der Individualis= mus etwa nicht die Entfeſſelung aller ſchmutzigen Leidenſchaften des Menſchen, des Egoismus vor Allem, und hat er nicht all' dies Elend geſchaffen, — die Freiheit auf der einen —"

Auban blieb ſtehen und ſah den Sprechenden an.

"Heute Freiheit des Einzelnen? Heute, wo wir im kompli= zirteſten und brutalſten Kommunismus ſtecken, wie nie vorher? Heute, wo der Einzelne von ſeiner Geburt an bis zu ſeinem Tode vom Staat, von der Gemeinſchaft, mit Beſchlag belegt wird? — Geht die Welt zu Ende und ſage mir, wo ich dieſen Verpflichtungen ent= gehen und Ich ſein kann. Ich will hingehen in dieſe Freiheit, die ich vergebens geſucht habe, ſo lange ich lebe."

"Aber deine Anſichten geben der Bourgeoiſie nur neue Waffen in die Hand —"

"Wenn ihr die Waffen nicht ſelbſt gebraucht, die einzigen über= haupt, an die ich noch glaube. Nur dann. — Und ſicher: ſie, — dieſe langſam reifenden Ideen des Egoismus (mit Abſicht brauche ich dies Wort) —. ſie ſind in gleicher Weiſe gefährlich den heutigen Zuſtänden, wie ſie es ſein werden, wenn wir in den Hafen des Alles beglückenden Volksſtaates, in den verdichteten Kommunismus, eingelaufen ſind — gefährlicher als all' Eure Bomben und alle Bajonette und Mittrailleuſen der heutigen Machthaber."

"Du haſt dich ſehr verändert," ſagte Trupp ernſt.

"Nein, Otto. Ich habe mich nur ſelbſt gefunden."

"Wir müſſen darauf zurückkommen. Es muß ſich entſcheiden —"

"Ob ich noch zu Euch gehöre oder nicht?" Das iſt doch wohl nur eine Redensart. Denn der Freie — und du willſt doch die ganze, unbeſchränkte Autonomie des Individuums — kann nur ſich ſelbſt gehören."

Sie waren jetzt in Charlotte Street eingetreten, die in ihrer Länge und trüben Dunkelheit vor ihnen lag.

Sie bogen in eine der Nebenstraßen ein, in einen der fast menschenleeren und halbhellen Durchgänge, welche sich östlich nach dem Lärm von Tottenham Court Road hinziehen.

„Wir müssen jetzt deutsch sprechen," sagte Auban in dieser Sprache, welche aus seinem Munde ungeübt und fremd klang.

Sie standen still vor einem schmalen, hellangestrichenen Hause.

Ueber der Thür, auf der durch das dahinter flackernde Licht erhellten Scheibe stand der Name des Clubs.

Trupp stieß schnell die Thür auf und sie traten ein.

Zweites Kapitel.

Die elfte Stunde.

Am Abend des Freitags der nächsten Woche fuhr Carard Auban die endlos lange City Road mit dem Omnibus hinunter. Er saß neben dem Kutscher — einem Gentleman mit Seidenhut und tadellosem Aeußern — und verfolgte ungeduldig die allmählige Abnahme der Entfernung, welche ihn von seinem Ziele trennte. Er war erregt und mißgestimmt. Als der Wagen am Finsbury Square hielt, sprang er schnell ab, eilte das Pavement bis zur nächsten Querstraße hinunter, nachdem er einen orientirenden, prüfenden Blick auf die Lage der Straßen geworfen hatte, und befand sich nach wenigen Minuten an den Treppen von South Place Institute.

Schon von Weitem war eine ungewöhnlich starke Menschenansammlung bemerkbar. In Entfernungen von je einigen Schritten standen Polizisten. Die Thüren des dunklen, kirchenartigen Gebäudes waren weit geöffnet; als Auban sich mit dem Strom langsam hineindrängte, wechselte er mit einigen der Bekannten, welche sich dort aufgestellt hatten und die Zeitungen ihres Vereins oder ihrer Richtung verkauften, flüchtige Worte des Grußes. Aus den Antworten sprach öfters Erstaunen oder Freude, ihn zu sehen.

Er nahm mit, was er von den feilgebotenen Blättern erlangen konnte: „Commonweal" das interessante Organ der Socialist League; „Justice", das Parteiorgan der Socialdemocratic - Federation; und einige Nummern der neuen deutschen Zeitschrift „Londoner Freie Presse", dem Unternehmen einer Anzahl deutscher Sozialisten verschiedenster Richtung, welches einen Centralpunkt ihrer Ansichten bilden und der Propaganda unter dem deutschredenden Theil der Londoner

Bevölkerung dienen sollte. Auban kehrte nie von diesen Meetings zurück, ohne die Brusttasche mit Zeitschriften und Pamphleten ange= füllt zu haben.

An der inneren Eingangsthür wurde die Resolution des Abends vertheilt; große, klarbedruckte Quartblätter.

Der Saal war von ziemlich gleicher Breite und Tiefe; an den Wänden zog sich eine breite Galerie hin, welche bereits fast gefüllt war. Im Hintergrund befand sich eine mannshohe Empore, auf der eine Anzahl von Stühlen für die Sprecher aufgestellt war. Sie war noch leer. Der Saal machte den Eindruck einer zu kirchlichen Zwecken bestimmten Halle. Darauf deutete auch die Form der Bänke hin.

An diesem Abend jedoch war nichts bemerkbar von dem gleich= gültigen, mechanisch=stillen Treiben einer religiösen Versammlung. Eine aufgeregte, lebhaft bewegte, ihre Gedanken laut austauschende Menge nahm die Bänke ein. Auban übersah sie schnell. Er sah zahlreiche bekannte Gesichter. An der Ecke des Saales, in der Nähe der Platt= form, standen einige der Redner des Abends. Auban durchschritt die Reihen der sich stetig füllenden Bänke und ging auf die Gruppe zu. Mit Einzelnen wechselte er einen stillen Händedruck; Anderen nickte er zu.

„Nun, Sie werden doch auch sprechen, Mr. Auban?" wurde er gefragt.

Er schüttelte abwehrend den Kopf.

„Ich mag nicht englisch reden, überhaupt nicht reden. Das ist vorbei. Und was sollte ich sagen? Was man sagen möchte, darf man doch nicht aussprechen. — Es ist ein gemischtes Meeting?" fragte er dann leiser einen neben ihm Stehenden, den bekannten Agitator eines deutschrevolutionären Clubs.

„Jawohl, Radikale, Freidenkerische, Liberale — alles Mögliche. Sie werden sehen, die meisten Redner werden sich dagegen verwahren, Sympathie mit dem Anarchismus zu hegen."

„Haben Sie Trupp nicht bemerkt?"

„Nein, der wird wohl nicht kommen. Ich habe ihn noch nie auf einer dieser Versammlungen gesehen."

Auban sah sich um. Der Saal war bereits zum Ersticken ge=
füllt; die Gänge zwischen den Bänken dicht besetzt; um die große
Gruppenphotographie der Chicagoer Verurtheilten, welche im breiten
Goldrahmen unter dem Rednertische hing, drängte sich eine Anzahl
von Arbeitern. An dem Tische daneben machten sich mehrere Zeitungs=
Reporter ihre Papier=Pausen zurecht.

An den Eingängen wurde das Gedränge immer lebhafter. Die
Thüren waren weit geöffnet. An dem Schieben und Stoßen konnte
man sehen, daß große Massen noch Einlaß begehrten. Einzelne drängten
sich glücklich bis zu den vordersten Sitzen vor, wo noch Raum war,
wenn man zusammenrückte. Als Auban dies sah, sicherte auch er sich
schnell einen Platz, denn sein lahmes Bein erlaubte ihm nicht ein
stundenlanges Stehen.

Er stemmte seinen Stock auf und kreuzte die Füße. So blieb
er den ganzen Abend sitzen. Er konnte den ganzen Saal übersehen,
da er auf einer der seitlichen Bänke saß; die Rednerbühne lag dicht
vor ihm.

Er zog die Resolution aus der Tasche und las sie aufmerksam
und langsam durch, wie auch die Namenliste der Sprecher: „mehrere
der hervorragendsten Radikalen und Sozialisten.“ Er kannte? die
Namen und ihre Träger sämmtlich, obwohl er kaum einen von ihnen
im letzten Jahre wiedergesehen hatte.

„Das Recht der freien Rede“ stand auf der Tagesordnung.
„Sieben Männer wegen Abhaltung einer öffentlichen Versammlung
zum Tode verurtheilt.“ Die Resolution lautete: „ — daß die englischen
Arbeiter in dieser Versammlung eindringlich ihre Mitarbeiter in
Amerika auf die große Gefahr für die öffentliche Freiheit aufmerksam
zu machen wünschen, welche entsteht, wenn sie zugeben, daß Bürger
für den Versuch des Widerstandes gegen die Unterdrückung des Rechtes
auf öffentliche Versammlungen und der freien Rede bestraft werden,
da ein Recht, für dessen Erzwingung das Volk bestraft wird, dadurch
offenbar zu keinem Recht, sondern zu einem Unrecht wird.

„Daß das Schicksal der sieben Männer, über welche das Todes=
urtheil für Abhaltung einer öffentlichen Versammlung in Chicago, auf

welcher mehrere Polizisten bei dem Versuch der gewaltsamen Vertreibung des Volkes und der Unterdrückung der Sprecher getödtet wurden, verhängt ist, von größter Wichtigkeit für uns als englische Arbeiter ist, da ihr Fall heute der Fall unserer Kameraden in Irland und vielleicht morgen der unsere ist, wenn nicht die Arbeiter auf beiden Seiten der Atlantic einstimmig erklären, daß Alle, welche sich in die Rechte der Abhaltung öffentlicher Versammlungen und der freien Rede mischen, ungesetzlich und auf ihre eigene Gefahr hin handeln. Wir können nicht zugeben, daß die politischen Ansichten der sieben verurtheilten Männer mit dem hineingezogenen Prinzip irgend etwas zu thun haben, und wir protestiren gegen ihre Verurtheilung, welche, wenn sie ausgeführt wird, in Wirklichkeit das Abhalten von Versammlungen der Arbeiter in ihrem eigenen Interesse zu einem Hauptverbrechen in den Vereinigten Staaten von Amerika stempeln wird, da immer die Möglichkeit für die Autoritäten gegeben ist, eine Menge durch Gefährdung ihres Lebens zum Widerstand zu reizen. Wir erwarten von unsern amerikanischen Kameraden, seien auch ihre politischen Ansichten noch so verschieden, daß sie die unbedingte Freilassung der sieben Männer, in deren Personen die Freiheiten aller Arbeiter jetzt gefährdet sind, verlangen . . .‟

Als Auban geendet hatte, sah er neben sich einen alten Herrn mit langem, weißen Bart und freundlichen Gesichtszügen.

„„Mr. Marell,‟ rief er sichtlich erfreut, „Sie sind wieder hier? Welche Ueberraschung!‟

Sie schüttelten sich herzlich die Hände.

„Ich wollte sie nicht stören — Sie lasen.‟

Sie sprachen englisch zusammen.

„Wie lange sind Sie wieder hier?‟

„Seit gestern.‟

„Und waren Sie in Chicago?‟

„Ja, vierzehn Tage; dann in New York.‟

„Ich hatte sie nicht erwartet —‟

„Ich konnte es nicht mehr ertragen, so kam ich wieder.‟

„Sie sahen die Verurtheilten?‟   „Gewiß, oft.‟

Auban beugte sich zu ihm und fragte leise:

„Es ist keine Hoffnung?“

Der Alte schüttelte den Kopf.

„Keine. Die letzte liegt beim Gouverneur von Illinois, aber ich glaube nicht an ihn.“

Leise sprachen sie weiter.

„Wie ist die Stimmung?“

„Die Stimmung ist gedrückt. Die Knights of Labour und die Georgianer halten sich zurück. — Es ist überhaupt Manches anders, wie man es sich hier vorstellt. Die Aufregung ist stellenweise groß, aber die Zeit ist noch nicht reif.“

„Man wird Alles versuchen —“

„Ich weiß nicht. Jedenfalls wird Alles unmöglich sein —“

Sie schwiegen Beide. Auban sah ernster aus wie gewöhnlich. Aber was für ein Gefühl es war, welches seine Seele beherrschte, war auch jetzt nicht zu erkennen.

„Wie sind die Verurtheilten?“

„Sehr ruhig. Einige wollen keine Begnadigung, und sie werden in diesem Sinne sich aussprechen. Aber ich fürchte, die Andern hoffen immer noch —“

Es war nach acht Uhr. Die Versammlung begann ungeduldig zu werden; die Stimmen wurden lauter.

Auban fragte weiter, und der Alte antwortete mit seiner ruhigen, traurigen Stimme.

„Sie werden sprechen, Mr. Marell?“

„Nein, mein Freund, Es ist ein Anderer, Jüngerer da, er kommt auch von Chicago, und er will Einiges von dort erzählen.“

„Sind Sie morgen zu Hause?“

„Ja, kommen Sie. Ich werde ihnen die Verhandlungen geben und die neuesten Zeitungen. Ich habe viel mitgebracht. Alles, was ich auftreiben konnte. Viel. Sie werden, wenn Sie Alles lesen wollten, ein gutes Bild unserer amerikanischen Zustände bekommen.“

„Ein neuer Prozeß wird nicht bewilligt werden.“

„Hoffentlich nicht. Es würde ja nichts nützen, die Qual, die so schon unerträglich ist, würde nutzlos verlängert werden, es müßten neue, ungemessene Mittel vom Volke aufgebracht werden — noch einmal 50,000 Dollars, aus Arbeiter-Pfennigen zusammengehäuft — und wozu? — nein, die Hyäne will Blut —"

„Und das Volk?"

„Das Volk weiß selbst nicht, was es will. Einstweilen glaubt es noch nicht an den Ernst der Sache, und wenn der Elfte da ist, ist es zu spät —"

In ihr Gespräch mischte sich ein junger Engländer, der Marell von der Socialist League her kannte. Auban sah auf. Jener sagte ernst:

„Nein, ich glaube noch immer nicht daran. Man mordet am Ende des neunzehnten Jahrhunderts im Angesicht der Völker öffentlich nicht sieben Menschen, deren Unschuld so klar erwiesen wie der Tag ist; man schlachtet Tausende und Abertausende hin, aber man hat nicht mehr den Muth, in einem Lande mit den Institutionen der Staaten so nur auf die Gewalt zu pochen und die Gesetze zu ver- höhnen. Nein, sie thun es deshalb nicht, weil es von ihrem Stand- punkt aus ein Wahnsinn wäre, das Volk auf solche Weise aufzuklären und aufzurütteln. Nein, sie werden es nicht wagen! Sehen Sie hin, hier allein diese Viele und so täglich und täglich in allen freieren Ländern, hier und drüben, diese Versammlungen, diese Zeitungen, diese Fluth von Flugschriften! Wo ist der Mensch, der noch Vernunft und Herz hat und sich nicht empört — sind die Schaaren zu zählen, die drüben sich erheben? Ihr Wille sollte nicht stark genug sein, um jenen erkauften Schurken Furcht einzujagen, daß sie abstehen von ihrer Frevelthat? Nein, sie werden es nicht wagen, Comrade! Es wäre ihr eigenes Verderben?"

Die Beiden, zu denen er sprach, zuckten die Achseln. Was sollten sie ihm antworten? —

Sie hatten beide in dem Kampfe der beiden Klassen so viele Scheußlichkeiten von denen begehen sehen, welche die Gewalt in Händen haben, daß sie sich fragen mußten, was es sein würde, das sie noch in Erstaunen und Entrüstung zu setzen vermöchte? —

Auban sah, wie die Hände des Alten zitterten, in denen er einen grauen, abgetragenen Hut hielt, und wie er dieses leichte Zittern,

3

in welchem sich seine ganze innere Erregung kundgab, dadurch zu verbergen suchte, daß er nachlässig mit ihm spielte.

„Sie glauben, den Anarchismus ins Herz zu treffen, wenn sie einige seiner Vertreter hängen," sagte er nun. Auban merkte, daß er jetzt nicht näher auf das Gespräch eingehen wollte, und schwieg.

Aber er dachte weiter: „Was ist Anarchismus?" — Die in Chicago Verurtheilten? — Ihre Ansichten waren theils sozialdemokratisch, theils kommunistisch, nicht zwei hätten auf irgend eine ihnen vorgelegte und die Grundideen betreffende Frage gleichlautend geantwortet — und doch nannten sich alle und wurden alle „Anarchisten" genannt aber wann hatte der Individualismus trotziger gesprochen als aus den Worten jenes jungen Kommunisten, welcher seinen „Richtern" zugedonnert hatte: „Ich verachte Euch, ich verachte Eure Gesetze, Eure „Ordnung", Eure Gewaltherrschaft" — und: „Ich bleibe dabei: wenn man uns mit Kanonen bedroht, werden wir mit Dynamit= Bomben antworten" —?

Und weiter der Greis, der neben ihm saß! Auch er nannte sich „Anarchist" . . . Und was predigte er immer und immer wieder in seinen zahllosen Flugschriften? Die Liebe.

„Was ist Anarchie?" — fragte er. Und antwortete: „Es ist ein Gesellschaftssystem, in welchem keiner die Handlungen seines Nachbarn stört; wo Freiheit frei von Gesetz ist; wo Vorrecht nicht existirt; wo Gewalt nicht der Ordner menschlicher Handlungen ist. — Das Ideal ist das zweitausend Jahre früher von dem Nazarener verkündete: die allgemeine Brüderlichkeit der ganzen menschlichen Familie. — Und schmerzlich rief er immer wieder aus: „Rache ist die Lehre, gepredigt von der Kanzel, von der Presse, von allen Klassen der Gesellschaft! — Nein, Liebe! Liebe! Liebe! predigt! . . ."

Auban, welcher sich an diese Worte erinnerte, dachte daran, wie gefährlich es doch war, so allgemein, so verschwommen, so ohnehin zu Denen zu sprechen, welche noch so wenig verstanden, den Sinn und den Werth der Worte zu prüfen. So ballte sich mehr und mehr das Unvereinbare und das Fremde zu einem Knäuel zusammen, vordessen Lösung Viele zurückschreckten, welche sonst gerne den einzelnen Fäden nachgegangen wären . . .

Auban hatte den alten Herrn erst vor kurzem kennen gelernt.
Es war auf einer Debatte gewesen, in welcher über die Unterschiede
des individualistischen und des kommunistischen Anarchismus disputirt
wurde. Mr. Marell war der einzige gewesen, welcher — wie er
selbst glaubte — den ersteren vertrat. Seine Darlegungen hatten
Auban interessirt. Er hatte in ihnen trotz ihrer Inkonsequenz manches
seinen eigenen Ergebnissen Verwandte gefunden. So waren sie mit
einander bekannt geworden und hatten sich einige Male gesehen, bevor
jener nach Amerika zurückkehrte, um dort, wie er sagte, noch zu thun,
was in seinen Kräften stand. Da er nie über sich sprach, wußte
Auban nicht, welcher Art diese Bemühungen sein sollten, und nach
dem, was er heute Abend von ihm gehört hatte, konnte er ersehen,
daß auch sie erfolglos geblieben waren. Jedenfalls schien dieser
Mann ein sehr ausgezweigtes Netz von Verbindungen aller Art in
der Hand zu haben, denn er kannte sowohl alle bei dem Prozeß der
Acht betheiligten Persönlichkeiten, als auch war er über die Aus-
dehnung der anarchistischen Lehren in Amerika, wie es schien, genau
unterrichtet.

Seine Flugblätter waren sämmtlich mit „der Unbekannte" unterzeichnet. — In London fiel der Alte wenig auf. Er sprach selten
öffentlich, und die Fluth der revolutionären Bewegung Londons treibt
zu viele Persönlichkeiten heute an die Oberfläche, um sie morgen wieder
zu verschlingen, als daß in diesem beständigen Kommen und Gehen
dem flüchtig Vorüberziehenden besondere Aufmerksamkeit geschenkt
werden könnte.

Er fragte den Engländer jetzt nach einigen der Anwesenden.
Auban lehnte sich zurück.

„Wer ist das?"

Er zeigte auf eine Frau in einfachem, dunklen Kleide, welche
in ihrer Nähe saß. Ihre ausgeprägten Züge verriethen lebendigstes
Interesse an allem, was um sie her vorging, und sie sprach lebhaft
und lachend mit ihrer Nachbarin.

„Ich weiß nicht," antwortete der Engländer. Aber dann erinnerte
er sich, sie einmal in einem der deutschen Klubs gesehen zu haben,
und er fügte hinzu:

3*

„Ich weiß nur, daß sie eine Deutsche ist, eine deutsche Sozialistin. Ehrgeizig, aber ein gutes Herz. Sie hat lange in Berlin für die Abschaffung der ärztlichen Untersuchung der Prostituirten gewirkt."

Der wißbegierige Alte fragte den vor ihm Stehenden weiter.

„Und wer ist das, mit dem sie jetzt spricht?"

Der Engländer sah hin. Es war ein junger Mann, den er ebenfalls nur flüchtig kannte.

„Ich glaube, das ist ein Dichter," sagte er. Sie lächelten Beide.

„Er hat ein soziales Gedicht geschrieben."

„Haben Sie es gelesen?"

„O nein, ich lese nicht deutsch."

„Er sieht weder aus wie ein Dichter, noch wie ein Sozialist. Glaubt er, mit seinen Gedichten die Welt verbessern zu können? — Er wird eines Tages sehen, wie nutzlos sie sind und daß die Menschen zuerst Brot haben müssen, ehe sie an anderes zu denken im Stande sind. Wenn man nichts zu essen hat, hört die Poesie auf."

Der Jüngere lächelte über den Eifer des Alten, welcher un= gestört fortfuhr, während Auban die Menge musterte:

„Man kann die zartesten Liebesgedichte schreiben und wie ein Metzgermeister den blutigsten Scheußlichkeiten zusehen. Und man wird hingehen und eine Jubel=Hymne auf die „tapferen Krieger" dichten, die Mörder, welche bluttriefend aus den Schlachten kommen. Man kann die „Leiden der Völker" besingen und in der nächsten Stunde der „gnädigen Frau" im Ballsaale die Hand küssen, welche kurz vorher den Bedienten geohrfeigt hat. Aber worüber sprechen wir denn? Sagen Sie mir lieber, wer jener Mann dort ist?"

„Einer von unseren Parlaments=Kandidaten. Ein charakterloser Lump. Ein Schreier. Wenn er die Macht hätte, würde er ein Tyrann sein. Aber auch so verdirbt er genug."

* * *

Sie wandten jetzt beide ihre Aufmerksamkeit der Versammlung zu. Auban war noch immer in Gedanken versunken. Die Stühle auf der Empore hatten sich besetzt mit den Vertretern und Abgesandten aller Vereinigungen, welche das Massen=Meeting einberufen hatten.

Man saß einige Frauen unter ihnen. — Den Chair hatte ein blasser, etwa vierzigjähriger Mann in der Tracht eines Priesters der Hochkirche eingenommen. Er wurde mit Beifall begrüßt, als seine Erwählung zum Chairmann mitgetheilt wurde. Auban kannte ihn, es war ein christlicher Sozialist, der seit langen Jahren unter den Armen des East End wirkte. Wegen seiner Gesinnungen war ihm das Recht der Ausübung seines Berufes entzogen worden. Die Kirche ist der größte Feind jedes Charakters.

Er eröffnete jetzt die Versammlung. Er sagte, daß dieselbe aus Menschen der verschiedensten Lebensanschauungen zusammengesetzt sei, aus Radikalen und Anti=Sozialisten so gut, wie aus Anarchisten und Sozialisten, die aber in dem einen Wunsche sich vereinigt hätten, gegen die Unterdrückung des Rechtes der freien Rede zu protestiren. Er sei kein Anarchist, wie die in Chicago Verurtheilten, er habe eine starke Abneigung gegen ihre Doktrinen, aber er fordere für ihre Aus= leger und Anhänger genau dieselbe oder eine noch größere Freiheit, wie er sie selbst — der Priester einer christlichen Kirche — für die Kundgebung seiner eigenen Ansichten für sich in Anspruch nehme. Für alle sei das Recht das gleiche, dem, was sie als Wahrheit er= kannt hätten und für Wahrheit hielten, zu dienen, und darum verlange er im Namen seines Gottes und im Namen der Menschlichkeit die Freilassung dieser Männer.

Als er geendet hatte, wurde eine große Anzahl von Telegrammen, Zustimmungs=Adressen und Briefen aus allen Gegenden Englands verlesen. Viele derselben wurden mit Jubel aufgenommen.

Auban wußte, daß manche dieser Vereinigungen ihre Mitglieder nach Tausenden zählten; er hörte unter den verlesenen Namen einige von größtem Einfluß. Männer der Feder, deren Werke jedermann las — was thaten sie alle, die ebenso wie er selbst von der Ruchlosig= keit jenes Urtheils überzeugt waren? Sie beruhigten ihr Gewissen mit einem Protest. Was hätten sie thun können? Ihr Einfluß, ihre Stellung, ihre Macht — sie wären vielleicht stark und eindringlich genug gewesen, die Ausübung jener That unmöglich zu machen einer erregten und zum Bewußtsein gekommenen allgemeinen Entrüstung gegenüber. Aber ihr Name und ihr Protest, er verhallte hier vor

ben Wenigen wirkungslos. Auch sie waren die Knechte ihrer Zeit,
sie, die ihre wahren Herrscher hätten sein können.

Aus seinen Gedanken wurde Auban durch eine Stimme auf=
gerüttelt, welche er oft vernommen hatte. Neben dem Tische auf der
Plattform stand eine kleine, schwarz gekleidete Frau. Unter der
Stirne, welche halb von dichtem, kurz geschnittenem Haar wie von
einem Kranze bedeckt war, leuchteten schwarze, begeisterte Augen. Die
weiße Halskrause und das überaus einfache, fast mönchische, lang
niederwallende Gewand schienen einem vergangenen Jahrhundert an=
zugehören. Nrr wenige aus der Versammlung schienen sie zu kennen;
wer sie aber kannte, der wußte, daß sie die treueste, thätigste und
leidenschaftlichste Vorkämpferin des Kommunismus in England war.
Auch sie nannte sich Anarchistin.

Sie war keine hinreißende Sprecherin; aber in ihrer Stimme
lag jener Stahlklang unerschütterlicher Ueberzeugung und Ehrlichkeit,
welcher den Hörer oft mehr packt als die glänzendste Vortragskunst.

Sie gab ein Bild aller jener Ereignisse, welche in Chicago der
Verhaftung und Verurtheilung der Genossen vorhergegangen waren.
Klar — Schritt für Schritt — zogen dieselben an den Augen der
Hörer vorüber . . .

Sie erzählte von dem Entstehen und Wachsen der Achtstunden=
Bewegung in Amerika, von den Bemühungen früherer Jahre den
achtstündigen Arbeitstag bei der Regierung durchzusetzen; von ihren
Erfolgen . . . Sie erklärte, wie es gekommen war, daß die Revolutionäre
von Chicago sich der Bewegung angeschlossen hatten, ohne sich über
ihre Bedeutung und ihren eigentlichen Werth zu täuschen; von den
unermüdeten Bestrebungen der Internationalen Arbeiter=Association;
und wie jene Männer, welche jetzt ihren Tod vor Angen sahen, an
die Spitze der Strömung getrieben wurden . . .

Sie versuchte dann, jene ungeheure Aufregung zu schildern,
welche den Maitagen des vorigen Jahres voranging: die fieberhafte
Spannung in den Kreisen der Arbeiter, die erwachende Angst in
denen der Ausbeuter . . . Die reißende Zunahme der Streikenden,
bis zu jenem Tage, dem ersten Mai, der, von allen erwartet, die
Entscheidung herbeiführen sollte . . .

Dann ließ sie die Maitage selbst vor den Augen der Versammlung emporsteigen: „ — mehr als 25000 Arbeiter legen an ein und demselben Tage ihre Arbeit nieder; in Zeit von drei Tagen hat sich ihre Zahl verdoppelt. Der Streik ist ein allgemeiner. Die Wuth der Kapitalisten ist nur mit ihrer Angst vergleichbar. Allabendlich werden an vielen Orten der Stadt Meetings abgehalten. Die Regierung entsendet ihre Büttel und läßt in eine dieser friedlichen Zusammenkünfte feuern: fünf Arbeiter bleiben auf der Stelle . . .

„Wer hat die Mörder dieser Männer zur Rechenschaft gezogen? — Niemand.‟

Sie machte eine Pause. Man hörte ihre innere Erregung aus dem Klange ihrer Stimme heraus, als sie fortfuhr:

„Am folgenden Abend wird von den Anarchisten auf dem Haymarket ein Meeting einberufen. Es ist ordentlich; die Ansprachen der Redner sind trotz dem Vorhergegangenen so wenig aufreizend, daß der Mayor von Chicago — bereit, bei dem ersten ungesetzlichen Wort die Versammlung aufzulösen — dem Polizei-Inspektor bedeutet, er könne seine Leute nach Hause schicken. Aber statt dessen läßt derselbe sie abermals gegen die Versammelten anrücken. In diesem Augenblick fliegt von unbekannter Hand eine Bombe in die Reihen der Angreifer. Die Polizei eröffnet ein mörderisches Feuer . . .

„Wer hat die Bombe geworfen? — Vielleicht die Hand eines Verzweifelten, der sich so gegen die neue Niedermetzelei vertheidigen wollte; vielleicht — es war die in den Arbeiterkreisen Chicagos vorherrschende Meinung — einer der beauftragten Agenten der Polizei selbst: wer kennt nicht die Mittel, zu denen unsere Gegner greifen, um uns zu vernichten? — War es so, dann hat er seine Sache wohl besser gemacht als man selbst erwartet hatte.

„Wer hat die Bombe geworfen? — Wir wissen es so wenig, wie jene acht Männer es wissen, die in dem ungeheuren Entsetzen, welches sich nach dieser Stunde über Chicago breitete, aufs Geradewohl herausgegriffen wurden, da sie die bekanntesten Namen in der Bewegung trugen, obwohl mehrere von ihnen überhaupt auf der Versammlung nicht zugegen gewesen waren. Aber was that das? Es hinderte den Gerichtshof ebenso wenig, sie gefangen zu nehmen, als es ihn hinderte, sie der geheimen Verschwörung für schuldig zu erklären, trotzdem sich Einige unter ihnen nie vorher gesehen hatten.

„Weshalb sind sie verurtheilt?“ schloß sie. „Nicht weil sie ein Verbrechen begangen haben, — nein, weil sie die Anwälte der Armen und Unterdrückten gewesen sind! Nicht weil sie Mörder sind, — nein, weil sie es gewagt haben, dem Sklaven über die Gründe seiner Sklaverei die Augen zu öffnen. Diese Männer, deren tabelloser Charakter sogar nicht von den gehässigsten Angriffen der „Organe der öffentlichen Meinung“ beschmutzt werden konnte, werden gehängt, weil sie selbstlos, wahr und treu ihren Ueber= zeugungen gedient haben in einer Zeit, in welcher unangetastet nur der bleibt, welcher als Lügner mit den Lügnern geht!“

Sie schwieg. Alles hatte gespannt zugehört. Jetzt klatschten viele.

Auban verfolgte sie mit seinen durchbringenden Blicken, wie sie die Trepe der Empore in den Saal hinunterstieg und sich, als sie alle Bänke besetzt fand, unbekümmert und gleichgültig auf den Stufen derselben niederließ. Es war, als wollte er durch die Hand, welche sie wie in körperlichen Schmerzen vor die Augen breitete, hindurchsehen in die Tiefe ihrer Seele, um auch hier die Bestätigung seiner tiefsten Ueberzeugung zu finden, welche die letzte war, die zu erwerben ist: die Selbstsucht alles Seienden. Und auch hier scheute er sich nicht einen Augenblick, sich zu gestehen, daß diese Frau glück= licher sein mußte in diesem Leben voll Mühe, Aufopferung und Entsagung, als sie es gewesen wäre, wenn sie jenes weitergelebt hätte, welches sie in Wohlhabenheit und Sorglosigkeit hatte aufwachsen lassen, und welches sie verlassen hatte, um — wie sie und alle andern glaubten, — der „Sache der Menschheit“ zu dienen, während sie auch da nur, wenn auch völlig unbewußt, dem Rufe ihres eigenen Glückes gefolgt war.

Das minutenlange Rauschen und Sprechen im Saale legte sich und Aubans Blicke und Gedanken wandten sich wieder der Tribüne zu, von welcher die Stimme des Chairman den Namen des nächsten Redners herabrief.

„Sehen Sie dort,“ sagte Mr. Marell zu Auban. „Dieser

junge Mann kommt von Chicago. Er wird Ihnen Einiges von dort erzählen. Er ist erst heute von Liverpool hier eingetroffen."

Auban hörte gespannt zu; der Amerikaner erzählte einige der wenig bekannten Details des Prozesses, welche das ganze Verfahren gegen die Angeklagten besser kennzeichneten als alles andere. Er beschrieb die Hergänge bei der Zusammensetzung der Jury, indem er die Worte des Bailiff anführte: „Ich habe diesen Fall in Händen und weiß, was ich zu thun habe. Diese Leute werden auf alle Fälle gehängt. Ich lade solche Männer zur Wahl, welche die Vertheidiger verwerfen müssen — bis sie bei denen angelangt sind, welche sie wahllos annehmen müssen . . ." Er schilderte die Persönlichkeiten der Staatszeugen, jenen verlogenen Schuft, der von der Polizei Geld erhalten hatte, um alles zu sagen, was diese wollte . . . die beiden andern Belastungszeugen, denen man die Wahl gestellt hatte, entweder mitgehängt zu werden oder frei auszugehen und die „Wahrheit" zu sagen. „Werden solche Menschen nicht Alles sagen, was man von ihnen verlangt, wenn sie Tod oder Freiheit vor Augen haben?" rief der Redner, und laute Zustimmungsrufe aus allen Theilen des Saales folgten seinen Worten. Als er dann die Worte jenes brutalen und berüchtigten Polizeihauptmanns wiedergab: „— wenn ich nur tausend dieser Sozialisten und Anarchisten in einem Bündel gleichzeitig zusammen hätte, mit ihren verdammten Weibern und ihrer Brut, ich würde kurzen Prozeß mit ihnen machen"; und als er von jener ehrlosen „paid and packed jury", welcher für ihre „Dienste" von den Geldprotzen Chicagos durch den Mund eines ihrer Organe die Belohnung von hunderttausend Dollars angeboten war, brach ein ungeheurer Sturm von Entrüstung und Verachtung los. Zwischenrufe wurden laut, Drohungen hörbar, und noch wogte die Aufregung zwischen den Reihen der Versammlung, als schon der junge Amerikaner abgetreten war und einem kleinen Mann, gekleidet in langen Gehrock, mit dichtem und langem Vollbart, sich lichtendem Haupthaar und unverkennbar slavischem Typus Platz gemacht hatte; und die Rufe der Entrüstung und des Unwillens verwandelten sich plötzlich in jubelnde Zurufe des Erkennens und der Verehrung, der Begeisterung und der Zuneigung.

Gewiß waren unter den Tausenden nicht Viele, welche diesen Mann nicht kannten, der vertrauter begrüßt wurde, als irgend einer der englischen Leader; die nicht schon vernommen hatten von seinen merkwürdigen Schicksalen, seiner wunderbaren Flucht aus den Festungen Petersburgs, die ihn nach Frankreich und dort von neuem in das Gefängniß führen sollte, um ihn endlich hier in England eine letzte Zufluchtsstätte finden zu lassen — vernommen in jener sich widersprechenden, sich durchkreuzenden Weise, welche eine Person in den ferner stehenden Kreisen von selbst mit dem Schimmer des Fremden und Ungewöhnlichen umgiebt; welche nicht wußten, was dieser Mann für die „Sache" gethan hatte und noch that. Seine Schriften, verstreut in den revolutionären Organen des „anarchistischen Kommunismus" aller Sprachen, waren es, die seit einer Reihe von Jahren für die kommunistischen Anarchisten die unerschöpfliche und oft einzige Quelle ihrer Propaganda bildeten. Jeder kannte sie; jeder las sie wieder. Seine Kraft, die er einst der geheimen inneren Bewegung in Rußland gewidmet hatte, gehörte nun der internationalen an; und gewiß hatte diese ebenso viel an ihm gewonnen, als jene an ihm verlieren mußte. Diese Kraft war unersetzlich, und weil jeder dies wußte, dankte es ihm jeder, der ihn sah.

Er war Kommunist. Das Blatt, welches in Paris in französischer Sprache erschien und welches er, dem der Aufenthalt dort unmöglich gemacht war, von London aus leitete, nannte sich „kommunistisch-anarchistisch". Er hatte es versucht in geistvollen Aufsätzen, welche in einer der bedeutendsten Monatsschriften Englands erschienen, die „wissenschaftlichen Grundlagen" seines Ideals zu geben, welches er glaubte Anarchie nennen zu dürfen. Aber auch aus diesen Arbeiten, welche einen ungefähren Begriff von dem Umfange der Kenntnisse ihres Verfassers in Bezug auf alle Fragen des Sozialismus und von seiner enormen Belesenheit gaben, war es Auban nicht gelungen, sich ein Bild von der Möglichkeit dieser Theorien in der Wirklichkeit zu machen. Und er sah auch aus dem WahnGlauben an diese neue und doch so alte Religion nichts sprießen als eine neue Mißernte von Unfreiheit, Unordnung und innerlichstem Elend . . .

Während dessen hatte der, dem diese Gedanken galten, in
nervöser Erregung — wie unzählige Male mochte er schon so an
dem Ufer des brausenden Menschen-Meeres gestanden haben! —
darauf gewartet, daß sich der Beifallssturm legen möchte, der zu ihm
hinaufbrauste. Nun begann er in jenem harten, klaren Englisch des
Russen, der die Sprachen aller Länder spricht, in denen er lebt.
Man glaubte ihn erst nicht verstehen zu können; nach drei Minuten
war es unmöglich, ein Wort seines lebendigen und hinreißenden
Vortrages zu verlieren. „Als was erscheinen die Vorgänge in
Chicago?" fragte er. Und er gab die Antwort: „Als eine Rache
an Gefangenen, die gemacht sind in dem großen Kampf zwischen
den beiden großen Klassen. Wir protestiren dagegen als gegen eine
Grausamkeit und eine Ungerechtigkeit. Es ist die Schuld unserer Gegner,"
rief er, „wenn solche Verbrechen den Kampf immer furchtbarer,
immer erbitterter, immer unversöhnlicher machen. Es ist das keine
Angelegenheit, welche nur das amerikanische Volk angeht: das Unrecht, an den besitzlosen Arbeitern jenes Landes verübt, trifft uns
mit gleicher Wucht. Die Arbeiterbewegung ist ihrem ganzen Wesen
nach international; und die Arbeiter jedes Landes haben die Pflicht,
ihre Mitarbeiter in einem anderen aufzurufen und zu unterstützen im
Widerstande gegen solche Verbrechen, welche an ihnen selbst begangen
werden."

Er sprach nicht sehr lange; aber was er sagte, erregte ihn wie
die Hörer gleichmäßig stark. Der unentrinnbare Ernst seiner Worte,
sein blitzendes Auge, seine bebende Leidenschaftlichkeit erweckten in
dem Gleichgültigen eine Ahnung von der Bedeutung einer Sache,
die er nicht verstand, und stärkte in deren Bekennern den Glauben
an ihre Gerechtigkeit und an ihre Größe. In demselben Moment,
in dem er geendet, hatte er schon den Platz verlassen, als wolle er
sich dem neu ausbrechenden Beifall entziehen, und saß im nächsten
wieder ernst und bleich unter den Zuhörern, gespannt mit ihnen die
Worte seines Nachredners verfolgend, welcher — als Delegirter eines
großen Londoner liberalen Klubs — darauf aufmerksam machte, daß
jene Ereignisse, welche heute drüben geschehen, morgen schon hier im
eigenen Lande sich ereignen könnten . . .

Auban vernahm nicht mehr, was dieser und jeder der noch nachfolgenden Redner sagte. Er war in Gedanken versunken. Noch immer saß er so unbeweglich wie vor einer Stunde da, die Füße über den vorgestreckten Stock gekreuzt, die Hände auf den Griff desselben gestemmt, und starrte vor sich hin. Die Stimmen der Redner, das Gemurmel wie das Beifalls-Rufen und -Klatschen der Menge — das Alles klang wie aus einer weit abliegenden Ferne zu ihm her. Er war oft in den letzten Tagen — beim Durchwandern brausender Straßen — von diesem Gefühl der Abwesenheit überwältigt worden; dann dachte er an jene Tage, in welchen die Menschheit aufathmend einmal wieder sich befreit hatte von einem ihrer Tyrannen, und an die Tage, in welchen dessen werthloses und fluchbeladenes Leben gerächt wurde an vielen unschätzbar-theuren. Und er dachte an die Heldengestalten jener Märtyrer, an ihre schweigenden Opfer und an ihr nur einem Gedanken geweihtes Leben. Er dachte an sie, so oft er einen von denen sah, auf deren Stirnen noch der Schatten jener Tage zu liegen schien. Aber nicht mehr vermochte es ihm über Alles groß und beneidenswerth scheinen, so zu leben und so zu sterben. — Verflüchtigt hatte sich jene Leidenschaftsgluth, welche seine ganze Jugend verzehrt hatte und welche in Asche gelegt war unter den kalten Hauchen des Verstandes, welcher unaufhörlich und rastlos alle unsere wirren Gefühle bekämpft, bis er uns mit dem Glauben an die Gerechtigkeit auch den letzten genommen hat, und nun selbst als der einzig berechtigte Leiter und Lenker unseres Lebens geworden ist.

Zu viel Blut hatte er fließen sehen, als daß er nicht gewünscht hätte, die Erfolge des Friedens endlich zu erblicken. Aber wie war das möglich, wenn das Ziel immer verschwommener, die Wünsche immer unmöglicher und die Leidenschaften immer mehr entfesselt wurden?! —

Wieder sollten sich jene Tage, an welche er dachte, nun in Wirklichkeit wiederholen! Wieder das Blut der Unschuldigen in Strömen fließen, um die ungezählten Verbrechen, begangen von der Macht an der Schwachheit, der Willenlosigkeit, der Einsichtslosigkeit, zu verbergen! Was wollten doch alle diese Menschen, die hier so begeistert schienen, so überzeugende Worte der Wahrheit fanden?

Protestiren? Wann hatte sich das privilegirte Unrecht, welches die Macht der Gewalt sich kaufte, je um Proteste gekümmert? —

Warum unterlagen sie? Weil sie die Schwächeren waren. Aber was ist Schuld? Ist es nicht ebenso große Schuld, schwach zu sein, als stark zu sein, wenn es überhaupt eine Schuld giebt? Weshalb waren sie nicht die Stärkeren?

Mit der grausamen Härte seiner durchdringenden Logik prüfte und sezirte er weiter. Der Schmerz, der hier so beredt aus allen Mienen und allen Worten sprach: zusehen zu müssen dem Verbrechen, war er nicht doch geringer als der, den der Versuch, es thatsächlich zu verhindern, bereitet hätte? Weshalb sonst gaben sie sich alle hier zufrieden, zu protestiren und nur zu protestiren?

Gewiß, sie hätten die Stärkeren sein können. Aber weshalb anders waren sie es nicht, als weil sie die Schwächeren waren?

Es war eine große Leere und Kälte in ihm nach der auf= lodernden Leidenschaft. Es war ihm, als schwebe er in einer eisigen Luftewigkeit ohne Raum und Grenze und versuche in der Angst des Todes sich an dem Haltlosen zu halten. — —

Der alte Herr, welcher neben ihm saß, sah in diesem Augen= blick in Aubans Gesicht. Es war aschgrau und in seinen Augen loderte ein zusammensinkendes Feuer.

Auf der Empore trat unterdessen unermüdlich ein Redner nach dem andern auf. Die Erregung schien noch im Wachsen zu sein, obwohl gewiß in dem ganzen weiten Saale nicht einer war, der nicht von ihr bereits ergriffen war, mit Ausnahme jener Reporter vielleicht, welche geschäftsmäßig ihre Blätter mit Notizen füllten.

Auban hörte nichts mehr. Einmal hatte er sich halb erhoben, als habe er sich entschlossen, zu sprechen. Aber er hatte gesehen, daß die Reihe der Sprecher noch nicht erschöpft war, und er gab es auf, jenes Wort zu sagen, welches heute Abend nicht gesagt werden sollte. —

Nur einmal noch in der folgenden letzten Stunde schaute er auf. Der Name eines Mannes war genannt worden, den England in die Geschichte seiner Dichtkunst des 19. Jahrhunderts längst neben die glänzendsten unverwischbar eingetragen hatte; den das Kunstgewerbe

einen seiner Erneurer und thätigsten Förderer nannte; und der
endlich einer der gründlichsten Kenner und hervorragendsten Vertreter
des englischen Sozialismus war. Dieser merkwürdige und einzige
Mann — Dichter, Maler und Sozialist in einer Person und
Meister in Allem — hatte trotz seiner weißen Haare die Lebendig=
keit und Frische eines Jünglings. Unvergeßlich war noch immer
für Auban einer seiner zahllosen Vorträge, die er heute in irgend
einem der kleinen Klubsäle der Socialist League=Branchen in
London vor Hunderten und morgen in Edinburgh oder Glasgow
auf öffentlichen Versammlungen vor Tausenden hielt, geblieben:
„The coming society". Und nie hatte sich vor Aubans Augen
verlockender und begehrlich=täuschender das Bild der „freien Gesell=
schaft" hingestellt als unter dem Banne dieser Worte, denen der
Dichter Zauber und Schönheit, der Künstler Plastik und Fülle und
der Denker Beweiskraft und Ueberzeugung zu leihen versuchte. „Wie
schön es wäre, wenn es so sein könnte — wie alles aufgelöst wäre
in Harmonie und Frieden —" hatte er damals gedacht.

Ein alter Barde und Patriarch und doch wieder der natürlichste,
gesündeste alte Engländer — der self made man — in blauem,
hemdlosem Kragen und bequemstem Anzuge stand er da und erzählte
mehr, als er sprach, von den Tagen von Chicago.

Der Beifall, mit dem sein Kommen und Abtreten begrüßt
wurde, gab Zeugniß von der Popularität dieses Mannes, dessen
Lebendigkeit und Thatkraft für die Sache der sozialen Bewegung
keine Ermüdung zu kennen schien. —

Die zehnte Stunde war lange vorüber, als der Chairman sich
erhob, um mit seiner klaren, lauten Stimme die Resolution zu ver=
lesen. Die Hände flogen in die Höhe — keine erhob sich bei der
Gegenfrage — die Resolution war einstimmig angenommen. Ein
Kabeltelegramm wurde nach New York gesandt, wo am folgenden
Tage aus demselben Anlaß ein demonstratives Meeting stattfinden
sollte — es brachte die Wünsche der hier Versammelten über das
Meer. —

Dann begann der Saal sich langsam zu leeren. Die lebhaft
sprechende, aufgeregte Menge schob sich allmälig durch die Thüren

in's Freie, die Reporter packten ihre Blätter zusammen, Einzelnes noch mit einander vergleichend, die Tribüne wurde leer. Nur jene Frau, welche zuerst gesprochen hatte, stand noch bei dem Chairman, die Atheistin und Kommunistin neben dem Priester der Kirche und dem christlich-sozialen Demokraten.

Wahrscheinlich ließ sie sich noch einige Namen und Notizen für ihr kleines, allmonatlich in vierseitiger Stärke erscheinendes Blatt geben. Als Auban jene beiden sah, dachte er, wie innerlich sich ihre Anschauungen berührten und wie es doch nur Scheinwände waren, was sie zwischen sich sahen. Und ferner: wie unvereinbar schroff er selbst gerade dem, was jene verband, gegenüberstand.

Nachdem er sich herzlich von dem alten Herrn, welcher noch von dem jungen Amerikaner zurückgehalten wurde, verabschiedet hatte, ging er langsam und allein hinaus.

*   *   *

An der Thür standen noch die Genossen mit ihren Blättern, deren Namen sie riefen.

Auban erkannte einen unter ihnen, welcher der „Autonomie" angehörte, einen jungen Mann mit blondem Bart und freundlichen Zügen. Er fragte ihn nach Trupp und erhielt die Bestätigung, daß er nicht dagewesen war. — Als er hinaustreten wollte, erhielt er einen Schlag auf die Schulter. Er wandte sich um. Vor ihm stand ein seltsamer alter Mann, dessen Gesicht man wohl nicht mehr vergaß, wenn man es einmal gesehen hatte. Es war alt, eingefallen, durchfurcht und scharf geschnitten, der Mund lag zurück, so daß das unrasirte Kinn hart hervortrat, die Oberlippe war von einem kurz-geschnittenen, struppigen Bart bedeckt, die Augen hinter einer großen Stahlbrille verborgen, aber in Augenblicken der Erregung blitzend und diesem alten Antlitz, welches Kummer und Mühsal verändert hatten, um seine charakteristischen Eigenschaften, ohne sie verwischen zu können, nur schärfer hervortreten zu lassen, noch immer etwas Kühnes verleihend. — Sonst aber schien die Gestalt dieses Alten gedrückt unter der schwer niederziehenden Wucht einer mächtigen, überfüllten Ledertasche, welche an seiner Seite hing. Um den Hals trug er ein viel geknotetes, buntfarbiges Wollentuch, welches das Hemb verdeckte und welches er auch im heißesten Sommer so wenig ablegte, wie den abgetragenen braunen Mantel.

„Halloh, alter Freund," rief Auban und schüttelte ihm die Hand, „seid ihr auch da? — Kommt, wir wollen ein Glas trinken."

Der Alte nickte.

„Aber kein Ale, comrade, kein Brandy, nur eine Lemonade —"

„Seid ihr denn Temperenzler geworden?" fragte Auban lächelnd. Aber der Alte ging bereits voran.

Sie traten in das große Public-House an der nächsten Straßenecke. Die geräumige Privatabtheilung am Ende desselben war ziemlich leer, während die übrigen überfüllt waren. Auban erkannte eine Gruppe von englischen Sozialisten, die ebenfalls soeben dem Meeting beigewohnt hatten. Man schüttelte sich die Hände.

Dann nahm er dem Alten seine Tasche ab, bestellte und sie setzten sich auf eine der Bänke.

Es wurde keine Versammlung von Sozialisten in London abgehalten, ohne daß dieser Alte auf ihr zu sehen war. Seit wie langen Jahren? Keiner wußte es. Aber jeder kannte ihn. Der eine oder andere hatte auch wohl schon gelegentlich eine seiner originellen Reden oder Ansprachen gehört und gefragt, wer denn dieser alte, grauhaarige Mann mit den scharfen Zügen sei, der mit so jugendlicher Leidenschaftlichkeit seine wilden Anklagen gegen das Bestehende schleuderte und mit so jugendlicher Wärme sein Ideal der Brüderlichkeit und Gleichheit vertheidigte; dann mochte er die Antwort erhalten haben, es sei ein alter Kolporteur, der seinen Unterhalt durch den Verkauf sozialistischer Broschüren und Zeitschriften verdiene.

Wer er aber wirklich war, wußten nur wenige.

Er erzählte gern, und so hatte er einmal zu Auban gesagt, daß er schon an der Chartistenbewegung theilgenommen; und Auban wußte auch, daß seine Broschüren und Elaborate unter den Millionen Büchern des Britischen Museums, dieses einzigen wirklich sozialen Institutes der Welt, genau so sorgfältig gebunden, nummerirt und katalogisirt zu finden waren, wie die seltenste Handschrift vergangener Jahrhunderte.

„Nun, was habt Ihr Neues?" fragte er, als sie sich gesetzt hatten.

Der Alte zog seine Ledertasche heran und packte aus. Sorglos und unbekümmert um die Umstehenden, streute er seine Zeitschriften und Blätter um sich her, während er für Auban aussuchte, was dieser noch nicht besaß, und mit seiner lauten Stimme seine originellen Urtheile über den Werth und Unwerth des Einzelnen abgab.

„Was ist denn das?" fragte Auban und griff nach einem kleinen Heft, das seine Aufmerksamkeit erregte. — „Impeachment of the Queen, Cabinet, Parliament and People. Fifty years of brutal and bloody Monarchy." Auban sah erstaunt auf die Ausstattung dieses seltsamen Opus: es war mit durchweg gleichgroßen, groben Buchstaben gesetzt, welche nur zum kleinen Theil klar, aber dennoch bei ihrer unverhältnißmäßigen Größe stets erkennbar heraus= gekommen waren; da das Papier von dem unregelmäßigen Druck durchschlagen war, war immer nur eine Seite bedruckt und je zwei Blätter zusammengeklebt; und da das Ganze — acht solcher Blätter stark — mühsam und unregelmäßig mit der Scheere beschnitten war, so betrachtete es Auban mit einiger Verwunderung. Er las einige Zeilen, welche, unter seltsamer Verwendung der Absätze und Inter= punktionszeichen, eine leidenschaftliche Anklage im Lapidarstyl gegen die Königin bildeten. — „Revolt, workers, revolt! Heads off!!" — las er mit centimeterhohen Buchstaben auf einer der folgenden Seiten.

„Was ist denn das?!" fragte er.

Ueber das Gesicht des Alten zog ein Lächeln. „Das ist mein Jubiläums=Geschenk für die Königin," rief er.

„Aber warum denn in dieser primitiven Form?"

Der Alte schüttelte seinen grauen Kopf.

„Look here!" sagte er und nahm seine Brille ab. „Meine alten Augen sehen nichts mehr. Da muß ich mich behelfen und große Lettern nehmen, die ich fühlen kann, mit den Fingerspitzen, eine nach der andern. — Da ist kein Druckfehler, nur die Inter= punktion —"

„Und Ihr habt das selbst gedruckt?"

„Gesetzt mit den Fingern ohne Augen, — und ohne Manuscript,

4

aus dem Kopf — gedruckt ohne Presse, immer nur eine Seite, geheftet und herausgegeben —"

„Aber das war eine Riesenarbeit."

„Schadet nichts. Aber es ist gut. Das muß der Arbeiter lesen!"

Auban sah staunend auf den unförmlichen Druck und dachte mit einer Art von Bewunderung an die ungeheure Mühe, welche das Zustandebringen dieser wenigen Blätter dem Alten gemacht haben mußte. Ob es wohl im Zeitalter der Marinoni-Pressen noch ein zweites solches Druckwerk gab, so grotesk in seinem Aeußern, an die Anfänge Gutenberg'scher Buchdruckerkunst erinnernd? Auban las: „Fünfzig Jahre immer wachsender Wohlstandsvöllerei und Verbrechen, begangen von den königlichen, aristrokratischeu und verdammens- werthen Klassen —" so begannen sie, und setzten sich fort in einer wirr durcheinander gerathenen Aufzählung der Kosten der Kriege, einer wahllosen, meist aus persönlicher Erinnerung zusammengehäuften Menge von Namen, um mit einer heftigen Verwünschung zu enden: „Oh, die Flüche von tausend gemordeten, verhungerten Menschen mögen über dich kommen, Viktoria Guelph, auf deine brutale und blutige Monarchie —", und mit wachsendem Erstaunen las Auban auch die letzte Seite, aus welcher ihm in ungefügten und wirren Worten eine heiße Empörung entgegenloderte.

Auch die Engländer, welche den Alten kannten, waren neu- gierig näher getreten. Man nahm ihm lachend ab, was er an Exemplaren bei sich hatte.

Dann packte der Alte seine Sachen wieder in die Tasche, warf sie mit einem kräftigen Ruck über die Schulter, stülpte seine Hüte — er trug stets zwei Filzhüte über einander gezogen; es war das eine seiner unverwüstlichen Eigenheiten — auf den grauen Kopf und verließ mit lautem, hartem Lachen, von Auban begleitet, den Ort. Sie gingen zusammen nach Moorgate-Station. Der Alte sprach fortwährend, halb für sich und so undeutlich, daß Auban auch die andere Hälfte nur schwer verstehen konnte; aber er kannte ihn und ließ ihn ruhig gewähren, machte der Alte doch stets auf solche Weise seinem Grolle Luft.

Auch als er sich schon mit einem festen Händedruck verabschiedet hatte, sah Auban ihn noch, wie er gestikulirend und vor sich hinredend weiterging. Dann verschwand er in dem treibenden Strom, und Auban trat an das Schalter von Moorgate-Station.

*   *   *

Auf der mittleren Plattform des unterirdischen Riesenraumes fand er sich wieder mit einer Anzahl Bekannten zusammen, welche wartend dastanden und sich unterhielten. Einige der Sprecher des heutigen Abends waren unter ihnen. Auban setzte sich müde auf eine der Bänke.

Züge rasten ein und aus; die Holztreppen hinab und hinauf drängten und polterten die Massen. Die Halle war durchzogen von dem weißgrauen Rauch und Dampf der Maschinen. Er strich über die Plattformen und die dort Stehenden hin, kräuselte sich um die unzähligen geschwärzten Pfeiler, Balken und Pfosten, legte sich schmeichelnd wie ein Schleier an die Decke hochoben, und suchte sich endlich durch die Luftöffnungen seinen Weg hinaus auf die Straße, in das Leben, in den Lärm und in das Getöse von London hinaus —

„Well, comrade," wurde der ihnen Nachsehende plötzlich von dem neben ihm Sitzenden, einem englischen Schriftsteller sozialer Aufsätze und Werke, gefragt, „was denken Sie über Chicago?"

Er war Auban nicht sympathisch, und daß dieser nie ein Hehl aus seinen Sympathien und Antipathien machte, war ihm nicht unbekannt. Trotzdem drängte er sich bei jeder Gelegenheit an ihn heran. Auban wußte ganz gut, daß er wie Alles, so auch die entsetzlichen Vorgänge, nach denen er fragte, kühlen Herzens verarbeiten würde. Er sah ihm unhöflich und ohne zu antworten in's Gesicht.

Dem Andern war dieser starre und gleichgültige Blick unerträglich.

„Well", sagte er wieder, „denken Sie nicht, daß der Bourgeoisie keine Schändlichkeit gegen das Volk zu schändlich ist, wenn es die Erhaltung ihrer elenden Vorrechte gilt —?"

„Certainly, Sir," sagte Auban, „würden Sie, wenn Sie an das Ruder gelangt sind, etwa eine andere Taktik befolgen?" — und

4*

er ſah zu dem Frager empor, mit ſeinem ſarkaſtiſchen und über=
legenen Lächeln, deſſentwegen er ſo verhaßt war bei Allen, die er
nicht liebte. Und ohne ein weiteres Wort ſtand er auf, nickte und
ſtieg ſchwer und langſam in den heranbrauſenden Zug, der ihn nach
einer Minute voll Lärm, Wirrwarr und Thürenſchlagen mit raſender
Eile in der Richtung nach Kings Croß forttrug.

———

Drittes Kapitel.

Die Arbeitslosen.

—

Nun hatte die Weltstadt an der Themse, die „größte Warze der Erde", wieder ihr alljährliches Schauspiel: den unheimlichen Anblick jener Schaaren, welche nur ein Uebermaß von Elend — das Schreckgespenst des Hungertodes — aus ihren Höhlen zu treiben vermochte, um sich im Herzen der Stadt, auf jenem weltberühmten Platze, welcher der Erinnerung an vergangene Tage „des Ruhms und der Größe" geweiht ist, mit der Frage zu beschäftigen: „Was thun, um morgen noch zu leben? Wie diesen langen Winter ohne Arbeit und ohne Brot überstehen?" . . .

Denn diese Unglücklichen, die längst gelernt hatten, daß es für sie keine Rechte auf der Erde gab: weder auf einen Fußbreit ihres Bodens, noch auf das geringste ihrer Güter — sie hatten jetzt auch ihr letztes „Recht": das Recht, sich für Andere todtschinden zu dürfen, verloren, und standen Gesicht an Gesicht mit jenem Schreckbild, welches der treueste Begleiter der Armuth durch ihr ganzes Leben ist, dem Hunger.

Die Verzweiflung war es, die diese Menschen, deren Bescheiden= heit und Genügsamkeit so groß war, daß sie aufhörte, begreiflich zu sein, hinaustrieb unter die Augen des öffentlichen Lebens.

Der feuchte, unfreundliche Oktober ging zu Ende. Die Tage wurden kürzer und die wilden Stunden des nächtlichen Lebens länger.

Schon in den Morgenstunden füllte sich die weite, kalte Fläche von Trafalgar Square mit den Gestalten des Elends.

Aus allen Theilen der Stadt kamen sie her: glücklich, wen die Noth noch nicht zur Aufgabe der eigenen Wohnung, des Schmutz= loches im Keller oder im fünften Stock, und des Winkels von

Zimmer gezwungen hatte; glücklich auch der noch, welcher im Laufe des Tages mit Hülfe eines guten Zufalles so viel hatte auftreiben können, um in einem der Lodging-Häuser Unterkunft zu finden — aber auf den meisten dieser kranken, bleichen und müden Gesichter war nur zu deutlich erkennbar, daß sie die kalte Nacht durch auf einer Bank am Themse-Embankment oder in einem Thorweg oder Durchgang von Covent Garden „geruht" hatten.

Die „Unemployed!" Ja, sie machten wieder viel von sich reden in diesem Jahr der Gnade! Seit 35 Jahren traten sie nun schon so Jahr für Jahr bei Beginn des Winters vor das Antlitz des Reichthums hin. Und jedes Jahr wurde ihre Zahl größer, jedes Jahr ihr Auftreten sicherer, jedes Jahr ihre Forderungen bestimmter! Noch standen in wacher Erinnerung die Februar-Riots von 1886, bei denen es ohne Eigenthumsberaubungen nicht abgegangen war. Sie hatten nichts gemein mit irgend einer Partei; sie hatten keine erklärten Führer im Parliament House, welche ihre Rechte „vertraten" — der Hunger war ihr Leiter und Treiber; keine Organisation schloß sie zusammen, doch das Elend schweißte sie aneinander. Woher kommen in den Tagen politischer und sozialer Empörungen plötzlich die unbekannten Mitkämpfer, wie Ratten aus ihren Löchern — ah, es sind die Rekruten der großen Armee des Schweigens, welche nie mitgezählt wurden und doch so oft die Entscheidung herbeiführten ... Es sind die Glieder jener großen Masse, welche sich Volk nennt: die Rechtlosen, die Ausgestoßenen, die Namenlosen, jene, die nie waren und nun plötzlich sind, ein enthülltes Geheimniß und ein wesenwerdender Schatten, ein zum Leben erwachter Scheintodter, ein jählings zum Mann gereiftes, nie beachtetes Kind — das ist das Volk!

Man rechnete nie mit ihm, da es keine Rechte besaß; nun rechnet es selbst mit und seine Zahlen zermalmen ...

Ihr Lügner, die Ihr in seinem Namen groß geworden seid, unter seinem Deckmantel die Verbrechen Eurer Gewalt begangen habt, wie seid Ihr plötzlich zu Nichte geworden! Ihr habt es betrogen, verrathen und verkauft — ein Wort, ein Gespenst, ein Nichts war es, mit dem Ihr hantirtet nach Lust und Gefallen — und nun tritt es plötzlich vor Euch hin! Leibhaftig vor Euch hin! ...

Gleichgültig, verständnißlos und hartherzig, wie immer, stand die Bourgeoisie und ihre Regierung den Arbeitslosen auch in diesem Jahre gegenüber. Als ihr täglicher Anblick unangenehm zu werden begann, rief sie nach der Polizei, und ließ sie vom Square vertreiben. Sie gingen in den Hyde Park; man ließ sie auf den Square zurückkehren, um sie von Neuem brutal zu verjagen.

Man reizte sie, um sie verhaften zu können; und wenn sie vor dem Richter standen, erklärte dieser ihre Aufzüge für „theatralisch" — und keine Hand erhob sich, diesem Buben in's Gesicht zu schlagen; sie wandten sich an den Staat, mit der demüthigen Bitte um Arbeit, und der Staat gab ihnen die Antwort, daß er nicht im Stande sei, ihnen zu helfen — aber ihr Blick reichte natürlich nicht weit genug, um zu sehen, daß gerade dieser Staat es war, der sie verdarb; nur müder, hungriger und verbitterter noch als vorher kehrten sie von ihren fruchtlosen Bittgängen um — Arbeit bei den Behörden zurück; und wenn der frühe Morgen graute, standen Schaaren von ihnen hungernd und furchtbar erregt an den Gittern der Docks, wo alltäglich eine nicht geringe Anzahl kräftiger Hände zum Aus= und Einladen der Dampfer gebraucht wurde. Wem es gelang, sich durch stundenlanges Warten und rücksichtsloseren Gebrauch der Fäuste und Ellbogen vorzudrängen und angenommen zu werden, dem war für einen Tag geholfen. Aber verhältnißmäßig, — wie wenige waren das! Die Meisten kehrten, Verzweiflung im Herzen und einen Fluch über dies elende Leben auf den Lippen, zurück zu ihren Leidensgenossen, um zu hören, wozu diese nun riethen — sie hatten ja „nichts zu thun . . ."

Seit Wochen schon dauerten ihre Zusammenkünfte; und seit Wochen brachten die Londoner Tageszeitungen, froh, einen neuen Stoff zu haben, um ihre endlosen Spalten zu füllen, lange Aufsätze zu der Frage der „Unemployed": viel' weise Lehren — und keine Spur von Verständniß für die eigentlichen Gründe dieses Elends; viel' schöne Worte — und kein einziger Weg der Rettung für die Unglücklichen. Jede unter ihnen wußte ein anderes Heilmittel gegen das Uebel und brachte es vor mit dem lächerlichen Ton der Unfehlbarkeit — darin aber waren alle einig, daß es eine Schmach für

„ein geordnetes Gemeinwesen" sei, daß dieses verkommene Gesindel
sich unterstehe, sein Elend auch noch öffentlich zu zeigen. Mochten
sie doch verhungern bei Tag und erfrieren bei Nacht, schweigend da
draußen in ihren Winkeln und Löchern, wo man nichts davon sah
und hörte, aber so die ästhetischen, zarten Gefühle der guten Gesell=
schaft durch den nahen Anblick all' dieses Jammers und Schmutzes
zu verletzen, welche Frechheit! —

Es war an einem Sonntag — dem vorletzten Sonntag dieses
unerfreulichen und trüben Monats — als Trupp sich entschlossen
hatte, seinen freien Nachmittag zu verwenden, um sich von der Aus=
dehnung und der Bedeutung dieser Zusammenkünfte ein richtigeres
Bild zu machen, als er dies aus den Erzählungen seiner Genossen
und seiner Mitarbeiter in der Werkstatt zu gewinnen vermochte. Er
war in Clarkenwell Green, dem altbekannten Versammlungsort so
vieler Parteien und Jahre, um die Mittagsstunde gewesen, hatte dort
mit Ingrimm noch einen Theil der Reden mitangehört, und zog nun
in einem ungewöhnlich starken Zuge von Arbeitslosen, dem eine rothe
Fahne vorangetragen wurde, den Strand hinunter und auf Trafalgar
Square zu. Er hatte noch keinen Bekannten getroffen, war aber
mit einem der neben ihm Gehenden in ein Gespräch gerathen, als
dieser, welcher ihn rauchen sah, ihn um etwas Tabak gebeten hatte,
„um den Hunger nicht so zu fühlen"; und ihr Gespräch war, trotz=
dem Trupp sich nur schwer in Englisch ausdrücken konnte und kaum
die eine Hälfte ordentlich verstand und die andere sich errathen mußte,
von dem, was ihm erzählt wurde, schnell lebhaft geworden, als er
dem krank und verwacht Aussehenden in dem nächstliegenden von
Lockhart's Cocoa=Shops mit seinen letzten Geldstücken einige Sand=
wiches gekauft hatte. Er hatte ja noch Arbeit, — wie lange noch,
das wußte er freilich auch nicht. Es war eine lange, alltägliche
Geschichte des Leidens, die Jener ihm erzählte: elend bezahlte Arbeit
den ganzen Sommer hindurch; plötzliches Aufhören derselben; Stück
für Stück des kleinen Hausraths zum Pfandhaus; das Fehlen bald
auch des nöthigsten Lebensunterhaltes; sein kleines Kind gestorben
aus Mangel an Nahrung; die Frau im Arbeitshaus — und er
selbst: „ich hänge mich lieber auf, als auch dahin zu gehen", schloß er.

Trupp betrachtete ihn — es war ein intelligent aussehender schon älterer Mann — dann fragte er ihn:

„Wie viel Unbeschäftigte, glaubt Ihr, giebt es augenblicklich in London?"

„Sehr viele!" sagte der Andere. „Sehr viele! — Sicher mehr als hunderttausend, und wenn Ihr die Frauen und Kinder hinzuzählt, noch viel mehr! Eine halbe Million! Was auf Trafalgar Square zusammenkommt, das ist nur ein kleiner Theil, und von dem besteht ein Fünftel dazu noch aus gewerbsmäßigen Bettlern und Herumtreibern, Taschendieben und Tagtodtschlägern, und hat nichts zu thun mit den Unemployed, welche nur ehrliche Arbeit haben wollen. Aber sie geben uns keine und lassen uns hungern. Wir sind gestern auch wieder zu den Board of Works gegangen —"

„Was ist das?" unterbrach ihn Trupp, der wenig wußte von den verzweigten Einrichtungen der Stadt.

„Es ist die Behörde, welche die großen Stadtbauten ausführt — ihre Office ist ganz nah dem Square — und da war Einer unter den Sprechern, der legte klar, daß sie die Themsearbeiten, von denen schon so viel geredet ist, in Angriff nehmen und so sehr Vielen von uns Arbeit geben könnten, und ein Anderer, der sprach von der Anlegung von Abzugskanälen und der Gründung von Armen=Dörfern in der Nähe von London —, aber sie wollen nicht, sie wollen nicht —"

Trupp hatte aufmerksam zugehört.

„Und dabei werden in London jährlich zweieinhalb Millionen Pfund Sterling für Armenabgaben aufgebracht; zwei Millionen allein aus freiwilligen Beiträgen. Wo das Geld hinkommt? — Ich wünschte, es zu wissen!" —

„Ja", sagte Trupp, „das sind Eure Diener, die Diener des Volkes und die Verwalter seiner Angelegenheiten —"

„Und auf dem Polizeiamt sind wir auch gewesen, und haben die Antwort erhalten, daß Jeder, der beschäftigungs= und obdachlos angetroffen werde und sich weigere, zum Arbeitshaus zu gehen, mit Gefängniß, mit harter Arbeit bestraft werden würde —"

„Was seid Ihr?"

„Ach, ich habe schon viel gethan, wenn ich Hunger hatte und meine Arbeit nicht fand. Jetzt war ich bis vor zwei Monaten in einer Konserven=Fabrik, machte Blechbüchsen — jeden Tag zwölf Stunden, nie weniger, oft aber vierzehn —"

„Und wie viel?"

„Well, wenn es gut ging, 8 sh., meistens 7 sh., oft nur 6 sh. die Woche."

Trupp lebte seit einiger Zeit im East End. Er kannte die Löhne der englischen Arbeiter. Er kannte Familien von acht Per= sonen, welche zusammen nicht mehr wie 12 sh. in der Woche ver= dienten, von denen sie vier für ihr Loch von Zimmer zahlen mußten . . . Er wußte, daß unter den Streichhölzerschachtel= und Sackverfertigerinnen und in hundert andern Branchen die Hungers= noth beständig grassirte.

Die Hungersnoth in der reichsten Stadt der Erde! Er ballte die Fäuste.

Er selbst verdiente mehr. Er war ein sehr kenntnißreicher und befähigter Mechaniker, dessen Arbeit eigenes Nachdenken erfor= derte. — Er war vom Kind zum Mann geworden in diesem uner= meßlichen Elend, dessen Anblick ihn nie, in keinem Lande, in keiner Stadt verlassen hatte. Aber was er in London sah an wahnsinnigem Luxus auf der einen und hoffnungslosem Jammer auf der andern Seite, das übertraf Alles.

Er zog einen zerknitterten Zettel aus der Tasche, dessen er sich jetzt wieder erinnerte und überflog ihn beim Weiterschreiten. Es war das „Jubilee Manifesto" der Socialdemocratic Federation.

Er überflog die folgenden Zahlen:

Vier Millionen Menschen in Großbritannien abhängig von Mildthätigkeit . . . die Arbeiter nicht im Stande, mehr als den vierten Theil dessen, was sie hervorbringen zu erhalten . . . 30 % der Kinder der Board Schools halbverhungert . . . 54 Personen in einem Jahre an Hunger gestorben in London . . . 80,000 Frauen — zehn auf hundert — Prostituirte . . .

Bilder aus den „fünfzig Jahren des Fortschritts"! . . .

„Es ist Eure eigene Schuld," sagte er zu seinem Begleiter, während sie Fleet Street durchschritten, die Straße der großen Zeitungen, deren Namen von allen Giebeln und von allen Wänden herniederriefen, „es ist Eure eigene Schuld" — und das Gebrause des immer mehr und mehr anschwellenden Zuges, welcher sich ernst und drohend nach dem Strand zu wälzte, schien die Wucht seiner Worte unterstützen zu wollen — „es ist Eure eigene Schuld, wenn die Erde, die Euch gehört, nicht Euer ist. Eure eigene Gedankenlosigkeit und Feigheit — das sind Eure schlimmsten Feinde. Nicht die Handvoll elender Geldsäcke und Nichtsthuer," sagte er verächtlich.

„Ah, Ihr seid ein Sozialist?" meinte der Andere lächelnd.

Trupp zuckte die Achseln.

„Da seht hin," rief er laut in seinem schlechten und fehlerhaften Englisch, „diese Läden, die Ihr gefüllt habt mit Brod, und an denen Ihr hungernd vorbeigeht; diese Magazine, die Ihr bis zum Brechen gefüllt habt mit Kleidern, wem gehören sie, wenn nicht Euch und Euren frierenden Kindern?"

Es war Keiner unter denen, welche aus dem unaufhaltsam dahinfluthenden Zuge diese einfachen Worte gehört und verstanden hatten, der ihnen nicht beigestimmt hätte, aber schweigend, ermattet und willenlos trugen sie Alle ihren nagenden Hunger an dem zur Schau gestellten Ueberfluß vorüber. Keine dieser Hände, welche immer nur für Andere gearbeitet hatten, immer nur die Taschen Anderer gefüllt, um selbst leer, immer leer zu bleiben, streckte sich jetzt aus, um einen kleinen, verschwindend kleinen Theil von dem wiederzunehmen, was ihnen vorenthalten war — —

Schweigend und unsicher zogen sie dahin, die langen Straßen des Reichthums hinunter, sie, denen man Alles genommen und Nichts gelassen hatte: keinen Fußbreit Erde, keines jener vielgepriesenen Menschenrechte, keines auch der nöthigsten Existenzmittel, als eine furchtbare Anklage gegen sämmtliche Institutionen einer irdischen Gerechtigkeit, als ein unabweisbarer, unwiderlegbarer Beweis gegen die Existenz einer göttlichen — und sie, sie wurden als eine Schmach der Zeit bezeichnet, sie, welche nur die Opfer der

Schmach ihrer Zeit waren. So wirrten am Ende des neunzehnten
Jahrhunderts überall die Begriffe unerkennbar durcheinander, und
die Schuldigen glaubten ihrer Schuld zu entrinnen, wenn sie Ursache
und Wirkung der bestehenden Verhältnisse mit einander sophistisch zu
vertauschen suchten. — Das waren Trupp's Gedanken, als er
schweigend in dem schweigenden Zuge die unabsehbar=lange Straße
hinunterschritt. — Die Schaar schien immer größer zu werden, je
mehr sie sich die Trafalgar Square näherte. Trupp und der Arbeiter,
mit dem er gesprochen hatte, gingen immer noch nebeneinander her.
Aber sie sprachen nun nicht mehr. Jeder war mit seinen Gedanken
beschäftigt. Man hatte des Ersteren Worte vernommen, und er
hörte, wie sie darüber diskutirten.

„Diese verdammten Deutschen," rief ein junger Mensch, „sind
an Allem Schuld. Sie drücken unsere Löhne." Und er sah sich
drohend nach Trupp um.

Dieser wußte gleich, was Jener meinte. Er hatte schon zu oft
von den „bloody Germans" gehört, als daß er diese alte Anschuldigung,
welche den Ausbeutern so prächtig zu Statten kam, um die Augen
ihrer Arbeiter von den wirklichen Ursachen ihres Elendes abzulenken,
nicht verstehen sollte.

Seine feste Gestalt, sein düsteres, bärtiges Gesicht, seine ganze
Haltung schienen dem jungen Menschen indessen zu wenig vertrauen=
erweckend zu sein, als daß er versucht hätte, mit ihm Händel an=
zufangen; und Trupp ließ ihn und die Andern bei ihrem Glauben
über die Niederträchtigkeit der deutschen Arbeiter, welche „nur nach
England kommen, um den englischen ihr Brod zu stehlen".

Aber es verminderte seinen Schmerz und seine Bitterkeit nicht,
wenn er sich vergegenwärtigte, wer es wirklich war, der von Deutsch=
land nach England kam. Er kannte jene Schaaren, welche nicht nur
die Hoffnung auf einen besseren Verdienst, sondern auch auf ein
freieres und menschenwürdigeres Dasein zum Verlassen der Heimath
trieb: denn wie war es möglich für sie, zu leben unter dem
beständigen Druck eines wahnsinnigen Gesetzes — das Schandgesetz,
so nannte es der Volksmund —, welches den Gedanken zu morden,

das Wort zu ersticken, jeden Schritt und Tritt zu bewachen sich vermaß? . . .

Als der Zug auf dem Square anlangte, war Trupp überrascht, zu sehen, wie stark bereits die Menschenansammlung auf demselben war. Die große, weite Fläche des Innenraumes war fast gefüllt mit einer hin- und hertreibenden Menge und in sämmtlichen umliegenden Straßen schien der Wagen- und Menschenverkehr nicht schwächer, wie an Wochentagen zu sein.

Der ankommende Zug wurde mit stürmischen Rufen empfangen. Trupp trat aus und blieb in der Nähe von Morley's Hotel stehen. Er sah die Reihen den Square betreten, den Mann, der die rothe Flagge getragen hatte, mit mehreren andern den Fuß der Nelson-Säule besteigen, und er sah, wie sich dort im nächsten Augenblick eine hundertköpfige, aufmerksam den Worten eines Redners lauschende Menge ansammelte.

Er stand erhöht auf dem nach St. Martin's Church sich hinaufziehenden Wege. So konnte er den Fuß der Säule überblicken, der dicht besetzt war. Er sah die heftigen Gestikulationen der Redner, das Wehen der rothen Fahne, und die schwarzen Helme der Polizeimannschaft, welche sich in großer Anzahl unmittelbar unter den Redenden aufgestellt hatte.

Zuweilen wurde ihm der Ausblick durch ein vorüberfahrendes Cab oder einen dichtbeladenen Omnibus genommen.

Plötzlich sah er, wie eine ungeheure Bewegung in die Masse kam, welche den Square besetzt hielt; ein Aufschrei des Schreckens und der Entrüstung gleichzeitig aus tausend Kehlen brach in die Luft und gleich einer mächtigen dunklen Woge fluthete die Menge zurück, sich weit über die Treppen an der Nordseite und die Straßen ergießend. . . . Die Polizei hatte plötzlich und gänzlich unvermittelt in ihrer ganzen aufgestellten Stärke einen Angriff auf die ruhig Zuhörenden gemacht und trieb nun die Schreienden rücksichtslos vor ihren geschlossenen Reihen her.

Trupp fühlte, wie eine entsetzliche Wuth in ihm emporquoll. Diese überlegte und absichtliche Rohheit machte ihm das Blut kochen. Er drängte sich über die Straße und stand an der steinernen Einfaſſung des Platzes; unter ihm lag der ſchon zur Hälfte geleerte Square. Mit Fauſtſchlägen und Fußtritten jagten die Büttel die Wehrloſen vor ſich her. Wer nur die geringſte Miene machte, ſich zur Wehr zu ſetzen, wurde niedergeriſſen und fortgeführt.

Ein junger Menſch hatte ſich ihren Händen entriſſen. In fliegendem Lauf ſuchte er den Ausgang des Platzes zu gewinnen. Aber die dort Aufgeſtellten riſſen ihn ſofort nieder, während die nach außen getriebene Menge dieſen Akt widerlicher Brutalität mit Ausrufen der Verachtung und der Wuth begleitete.

Mit einem Satze ſprang Trupp, als er dies ſah, über die Brüſtung, welche hier — ſie ſenkt ſich langſam von Norden nach Süden — noch meterhoch war. Er eilte dem Fuße der Säule zu, auf welchem noch immer einige der Redner ſtanden.

Der Fahnenträger hatte ſich gegen die Säule geſtemmt und hielt die Fahne mit beiden Händen. Er ſtand ganz allein. Aber er war augenſcheinlich entſchloſſen, nur der äußerſten Gewalt zu weichen.

Jetzt zog ſich die Polizei wieder langſam an den Fuß der Säule zurück, wo ſie ſich von Neuem aufſtellte; und auf dem Fuße folgte ihr von allen Seiten und von allen Eingängen des Platzes wieder die Menge. In wenigen Minuten war die ganze weite Fläche wieder bedeckt mit einer dunklen Fluth von Menſchen, deren Empörung gewachſen, deren Rufe nach der Fortſetzung der Rede ungeduldiger, deren Aufregung gewaltiger geworden war.

Wieder füllte ſich der Fuß der Säule: man hob und zog ſich gegenſeitig hinauf. Vor der Fahne ſtand ein junger Mann von etwa dreißig Jahren. Er war einer der beſten Redner und unter den Arbeitsloſen ſehr bekannt. Er war todtenbleich vor Erregung und blickte mit dem Ausdruck unverſöhnlichen Haſſes auf die Geſtalten der Poliziſten zu ſeinen Füßen nieder.

Einer der Konſtabler rief zu den Rednern hinauf, daß er bei dem erſten aufrühreriſchen Wort jeden von ihnen auf der Stelle verhaften laſſen würde.

Mit einem unbeſchreiblichen Ausdruck der Geringſchätzung ſah der junge Menſch auf ihn herab.

Trupp stand dicht vor der Reihe der Polizisten. So dicht, daß er von der nachdrängenden Menge fast gezwungen wurde, sie zu berühren. Aber trotzdem hob er seinen Arm in die Höhe und rief den Obenstehenden ein lautes „Go on!" zu. Sofort wurde sein Ruf den Umstehenden zum Zeichen eines lauten Beifallklatschens und zu unzähligen Rufen ähnlicher Art.

Es schien erst, als wolle die Polizei bei diesem Ausbruch des Gefühls der Menge einen neuen Angriff machen. Aber sie unter= ließ es und der Redner begann. Er sprach über das Recht der Redefreiheit in England und über die versuchte Unterdrückung des= selben, welche bis jetzt erfolglos geblieben sei. Vor sich sähe er eine Menge, wie sie in diesem Jahre Trafalgar Square noch nicht getragen. — Hierher, unter die Augen der ganzen Welt, hätten sie sich gestellt mit ihrer Forderung: „Brod oder Arbeit." Und hier, im Angesicht dieser verschwenderischen Reichthümer, welche sie selbst erschaffen, würden sie sich so lange versammeln, bis diese Forderung erfüllt worden sei. — Sie hätten kein Fenster gebrochen, und kein Stück Brod sich genommen, um ihren Hunger zu stillen — ein Lügner sei, wer das behaupte. Es wäre ihnen sehr angenehm gewesen, wenn wir es gethan hätten — dann hätte die Polizei einen bequemen Entschuldigungsgrund dafür, daß sie unsere fried= lichen Versammlungen gestört und uns in brutalster Weise zu Aus= schreitungen zu reizen gesucht hat. —

Neben Trupp stand der Reporter einer Zeitung, welcher mühsam im Stehen Chiffrenotizen machte. Er hätte dem gleich= gültigen Manne das Papier aus der Hand reißen mögen. Angeekelt suchte er sich einen Weg durch das ihn umgebende Gewühl zu bahnen. Er kam nur Schritt für Schritt vorwärts. Die Zuhörer bestanden nicht nur aus Arbeitslosen mehr: viel verdächtiges Gesindel, welches in London bei jedem Anlaß sich in unglaublich großer Anzahl ansammelt, viele Neugierige, welche sehen wollten, was es gäbe, sowie eine Anzahl wirklich Interessirter hatten sich unter sie gemischt. Frauen mit ihren Kindern auf dem Arm, müde und hungrig, standen dicht neben den aufgedonnerten Kleiderpuppen des Westends, von denen die eine oder andere sich auf den Square

gedrängt hatte, nachdem ihr versichert worden war, es sei „noch
nicht gefährlich"; und unter der Menge sah Trupp ein Gesicht,
welches ihn empörte: das freche, höhnisch-lächelnde Gesicht eines
Gentleman in hohem Hut, welcher unweit der Säule stand, und
welcher jetzt in die Worte des Redners ein „Nonsense!" hineinrief
— offenbar ein hochgestellter Beamter, welcher — der Geduld und
der Langmuth des Volkes ebenso vertrauend, wie den Knütteln und
den Revolvern seiner Polizisten — sich diese Frechheit heraus=
nahm. Ein unwilliges Gemurmel entstand, während er ruhig mit seinem
unverschämten Lächeln über die ihn umstehende Menge hinwegsah.

„Du Bursche," dachte Trupp bei sich, „dir wird das Lächeln
eines Tages schon vergehen —"; aber fast gleichzeitig stimmte er in
das Gelächter ein, welches ausbrach, als dem Langen durch einen
kräftigen Faustschlag von hinten her der Cylinder über Augen und
Ohren getrieben wurde. Die Menge stob auseinander, und es ent=
stand um den so Gezüchtigten, dem das Lächeln vergangen war,
schnell ein leerer Raum. Die Polizei rückte vor, obwohl sie nichts
von dem Vorfall gesehen hatte. Trupp wurde von der Menge fort=
gerissen; er stand nun an der Ostseite des Squares.

Unterdessen hatten sich auch die andern drei Seiten des Fußes
der Säule mit Menschen bedeckt und auch von ihnen wurde zu den
Versammelten hinuntergeredet. Nicht Alles, was gesprochen wurde,
stand im Zusammenhang mit dem Zweck der Versammlung, und aus der
Stimme manches Redners klang mehr die Selbstgefälligkeit und die
kindische Freude an den eigenen Worten, als die Empörung über die Zustände,
welche er geißeln sollte, und das Bestreben, diese selbe Empörung auch in den
Herzen seiner Zuhörer zu wecken und zur Flamme zu entfachen.

Trupp sah mit einem bösen Lächeln einem dieser heftig
gestikulirenden geschäftsmäßigen Volksredner zu, der mit ermüdender
Weitschweifigkeit den hungernden Londonern von ihren hungernden
Leidensgenossen in Indien sprach und die Schändlichkeiten, die von
der englischen Regierung in diesem unglücklichen Lande verübt
sind und verübt werden, aufzählte, statt ihnen die ebenso großen
Willkürlichkeiten derselben Regierung zu enthüllen, unter denen sie
zu leiden und langsam zu sterben verdammt waren.

Lautes Gelächter und höhnische Zurufe ließen ihn indessen gleich darauf von dem Schwätzer ab- und sich einem jener bemitleidenswerthen Fanatiker zuwenden, welche bei allen solchen Versammlungen ihre Mission erfüllen zu glauben müssen, das verirrte Volk in die Arme und den Schooß der alleinseligmachenden Kirche zurückzuführen: die Armen in ihrem Dulden und Leiden, und die Reichen in ihren Genüssen zu stärken. Trupp sah sich den schwarzgekleideten Mann neugierig an. Das glattrasirte fahle Gesicht, der scheue Blick der Augen und der süßliche Ton der leiernden Stimme wären ihm zuwider gewesen, auch wenn der Mann nicht im Dienste Dessen gestanden hätte, das er haßte, weil er in ihm das Hauptmittel zur Verdummung und geistigen Unterdrückung des Volkes sah.

Aber nur mit Hohngelächter wurden die Worte des Missionärs aufgenommen. Er wurde überschrieen von allen Seiten. Drohrufe wurden laut, sich zu entfernen. Dann flogen Apfelsinen- und Nußschalen nach ihm. Er ließ Alles ruhig über sich ergehen und leierte so ruhig und monoton seine eingelernten Phrasen herunter, auf welche Niemand hörte, als ginge ihn das Ganze gar nichts an. Man drängte ihn fort von der Stelle, wo er stand. Kaum konnte er wieder Fuß fassen, als er in seiner Rede fortfuhr. Das Gebahren dieses neuen Christus war lächerlich und jämmerlich zugleich. Plötzlich flog ein bewundernswerth sicher gezieltes Ei auf den Sprecher zu — eine faule, breiige Masse schloß ihm klatschend den Mund. Das war zu viel, sogar für diesen Märtyrer. Er hielt nicht mehr Stand. Beschmutzt von oben bis unten, spuckend und sich blitzschnell duckend, schlüpfte er zwischen den Umstehenden durch, gefolgt von dem rohen Gelächter der aufgeregten und schreienden Menge.

Trupp zuckte die Achseln. Er wünschte, daß jedem Volksverderber und Wahrheitsfälscher der Mund auf gleich drastische Weise geschlossen werden möchte.

Er wandte sich ab und ließ sich von dem Schwarm vorüber an den Fontainen, deren schmutzige Wasserbecken übersät waren mit Abfällen aller Art, wieder zurück nach der Nordseite des Platzes treiben. Auch dort, an den Laternenpfählen des breiten Geländers sich haltend, standen jetzt Redner und riefen auf die tief unter ihnen im Square Stehenden ihre aufgeregten, abgehackten und aufregenden Sätze hinunter.

Einer von ihnen schien Trupp bekannt. Er erinnerte sich, ihn bei den Versammlungen der Socialdemocratic Federation gesehen zu haben. Es war ein Partei-Sozialist. Trupp hörte zu. Er verstand wieder nicht Alles, konnte aber doch aus einzelnen Schlagworten entnehmen, daß jener über die rasende Entwicklung der großkapitalistischen Ausbeutung, der immer drohender werdenden, durch sie bedingten Hungerrevolten, die Vergeblichkeit der zu ihrer Unterdrückung angewandten Mittel sprach, und wie er jenes alte, durch einen voreingenommenen Kopf hingeworfene und seitdem so fest eingenistete Vorurtheil angriff: es sei der Mangel an Lebensgütern, welcher das Elend gewisser Schichten bedinge. Dann ging er auf die bekannten — zwischen sozialdemokratisch und communistischen Ideen die Waage haltenden — Theorien der Vertheilung im Ueberfluß vorhandener Güter über — alles in Sätzen, von deren einzelnen Worten die Wiederholungen langer Jahre jedes wie in Erz gegossen zu haben schien und — zur Phrase gemacht hatte.

Die Wirkung war indessen gering. Es waren wohl nur Wenige, welche jedem Worte folgten und überhaupt zu folgen vermochten. Die Meisten ließen sich in der unaufhörlichen Bewegung, welche sie — wie der Wind die Halme eines weiten Feldes — hin und her riß, von einem Fleck zum andern treiben. Meist versuchte die Stimme der Redenden vergeblich gegen ihren Schwall anzukämpfen.

Um die Bänke an der Nordseite des Square hatte sich eine laut lärmende Zahl von Kindern geschaart: von jenen Straßen-Arabern, welche zu jeder Tageszeit zu Hunderten die Hauptstraßen Londons überschwemmten — hinausgestoßen von den Eltern, wenn sie noch solche haben, und weitergestoßen von der gefürchteten Faust der Polizisten. Von jenen Kindern, welche nie eine Jugend haben; welche in ihrem Leben keine andere Natur, als die bestaubte von Hyde Park gesehen haben, wo sie an einem Sommerabende mit Hunderten ihrer Altersgenossen in der Serpentine badeten; welche sich nie in ihrem

Leben satt gegessen und nie ein nicht zersetztes und reinliches Kleidungs=
stück auf dem Leibe haben; welche nie verdorben worden sind, da sie
nie unverdorben waren.

Lachend und schreiend standen und sprangen sie auf den schmutzigen
nnd abgetretenen Bänken herum. Eines unter ihnen behauptete sich
eine Minute lang auf der Lehne einer derselben: mit komischer Gran=
dezza ahmte es die Bewegungen der Redner nach und schrie sinnlose
Worte in das Gewühl hinein. Sein schmutziges, früh altes Gesicht
strahlte vor Vergnügen. Dann wurde es hinabgerissen von den
jauchzenden Kameraden.

Trupp lächelte wieder, aber herb. Es war diese kleine Szene
wie die bitterste Satire auf den bittersten Ernst. Er sah in die
schmutzigen, lasterhaften Gesichter der um ihn Stehenden: wohin sein
Blick fiel: Elend, Hunger und Verkommenheit. Und es waren seine
Brüder; er fühlte sich zugehörig zu ihnen allen; untrennbar mit ihnen
verbunden durch ein gleiches Schicksal.

Ueber Trafalgar Square hing ein monoton = grauer, schwer=
müthiger, sonnenloser Himmel. Höher schien sich diese kalte Kuppel
gewölbt zu haben als sonst.

Wieder ging von dem Fuß der Nelson=Säule aus eine große
Bewegung durch die Massen. Man sah ihn sich leeren. Man sah
die rothe Fahne — über dem dunklen Meer von Köpfen — in der
Richtung nach Westminster hinunter schwenken. Und ohne daß eine
Parole ausgegeben worden wäre, folgten ihr ganz von selbst die
Tausende. Zu einer ungeheuren Schlange reihten und verdichteten
sich die einzelnen Glieder. So wälzte sie sich Whitehall hinunter,
vorbei an den Spitzen so vieler Behörden, vorbei an den Erinnerungen
der Geschichte, deren blutige Spuren von den Steinen dieser berühmten
Straße von der Zeit fortgewaschen waren, vorbei an den beiden
Wachen der Horse Guards, welche in ihren prahlerischen Uniformen
auf ihren wohlgenährten Pferden die Eingänge jenes niedrigen Ge=
bäudes bewachten . . . Und hinauf durch die Spalier bildende Zu=
schauermenge, welche dem seltsamen Zuge nachströmte, sobald er vor=
beigezogen war . . .

Mitten in den Reihen ging Trupp. Etwas schneller schlugen seine Pulse, während er sich fortgezogen und hinunter geschwemmt fühlte von der Bewegung dieses Tages.

Die Thürme von Parliament House tauchten immer klarer und ragender aus dem feinen Nebel auf. Dann lag Westminster Abbey plötzlich vor der unübersehbaren Schaar, welche sich unaufhaltsam auf ihre Pforten zu ergoß. Trupp versuchte es, über die schwarzen Hüte, welche ihn umgaben, einen Blick auf die Spitze des Zuges zu werfen. Wenn es doch zu einem Zusammenstoß käme! — war sein glühender Wunsch.

Aber ruhig sah er die rothe Fahne sich von dem Haupteingang fort um die Ecke schwenken; der Zug strömte ihr in geschlossener Ordnung nach.

Die mannigfachsten Ausrufe umtönten ihn. Er wußte nicht, was das alles zu bedeuten hatte. Und plötzlich befand er sich — der Zug hatte seinen Eintritt durch den östlichen Eingang nehmen müssen — in dem großen Schweigen der herrlichen Hallen, welche Jahrhunderte mit ihrem Duft gefüllt und mit ihrem Ruhme geweiht hatten . . .

Er stand im Poets Corner der Westminster Abbey, eingepreßt in der Menge, welche in den engen Bänken keinen Platz fand. Er sah die Büsten und las die Namen, welche er nicht kannte. Was waren sie? Und was waren sie ihm? — Er kannte nur einen englischen Dichter, und seinen Namen fand er nicht . . . Percy Bysshe Shelley. Der hatte die Freiheit geliebt. Darum liebte er ihn und las ihn, auch da, wo er ihn nicht verstand. Er wußte nicht, daß englische Engherzigkeit und Beschränktheit ihn, wie Byron dadurch ausgezeichnet hatte, daß sie ihm die Ehre eines Platzes in dieser halbhellen Ecke unter so viel echtem Genie und so viel falscher Größe bis jetzt hartnäckig verweigert hatten.

Es war Gottesdienst. Von der Mitte der Halle her, wie aus einer großen Entfernung, drang die dunkle, monotone, halbsingende Stimme des Geistlichen, welcher nach einer unmerklich kurzen Unterbrechung bei dem so unverhofften Eindringen seine Vorlesung fortsetzte, so auch die Gemeinde, seine erschreckten Hörer, wieder beruhigend … Trupp verstand kein Wort. Die Menge um ihn herum strömte einen starken Duft von Schweiß und Staub aus. Sie ward aufgeregter, nachdem das große Gefühl, welches sie übermächtig beim Eintritt ergriffen hatte, wieder verschwunden war. Einige hatten ihre Hüte aufbehalten; wenige Andere setzten sie wieder auf. Mehrere bestiegen die Bänke und sahen über die Andern hinweg. Nur wenige halblaute Worte fielen in die großartige Erhabenheit dieses Schweigens hinein. Trupp setzte sich. Gegen seinen Willen war er erfaßt von einem seltsamen, unerklärlichen Gefühl, wie er es seit langer Zeit — seit unendlich langer Zeit — nicht mehr empfunden … Je mehr der Raum uns umengt, desto mehr empfinden wir ihn, wenn die Flügel unserer Gedanken an seinen Wänden sich blutig schlagen; je weiter er uns umwölbt, desto mehr vergessen wir ihn und seine Schranken. Trupp blickte nieder und vergaß für die Zeit einer halben Stunde völlig, wo er war. — —

Sein ganzes Leben stieg ihm wieder auf. Aber die Umarmung dieser Erinnerung war nicht sanft und tröstend, wie die einer Mutter, zu welcher der Sohn zurückkehrt, sondern gewaltsam, unentrinnbar, zermalmend wie der tödtliche Kuß eines Vampyrs es sein muß!

Sein ganzes Leben. Er war jetzt ein Mann von 35 Jahren, auf der Mittagshöhe seines Lebens, im Vollbesitz der Kraft seines Körpers.

Er sieht seine Kindheit wieder, die durchhungerten, zerschlagenen Jahre seiner Kindheit, als Sohn eines Taglöhners in einem schmutzigen Flecken des sächsischen Flachlandes; der Vater ein Schwachkopf; die Mutter eine streitsüchtige, ewig unzufriedene Frau, von welcher er die eiserne Energie und die unbändige Leidenschaft geerbt hatte; mit welcher er in beständigem Kampf lag, bis er ihr — denn der Vater kam nie in Betracht — eines Tages nach einer entsetzlichen Szene, in welcher sich sein reifendes Gerechtigkeitsgefühl gegen ihre grundlosen Vorwürfe und Klagen aufgebäumt hatte, davonlief …

Er sieht sich wieder als fünfzehnjährigen, verwahrlosten Knaben, ohne einen Pfennig Geld, zwei Tage lang von Flecken zu Flecken irrend; er fühlt den wüthenden Hunger wieder, der ihm endlich nach

zwei Tagen den Muth gab, auf einem Bauernhof sich ein Stück
Brot zu erbetteln; und wieder die muthlose Verzweiflung, welche ihn
endlich dazu trieb — es war am Morgen des dritten Tages, einem
naßkalten Herbstmorgen (wie er sich dieses Morgens erinnerte!), an
dem er sich frostzitternd und gänzlich erschöpft von der Erde erhob —
im nächsten Dorf nach Arbeit zu fragen. Es war in der Nähe von
Chemnitz. Er tritt in eine Schmiede. Der Meister lacht und prüft
die Muskeln seiner Arme. Er kann dableiben, er darf sich mit zum
Frühstück setzen, einer dicken, schmacklosen Suppe, welche von den
Gesellen mürrisch genossen, von ihm gierig heruntergeschlungen wird.
Die Andern spotten über seinen Hunger; aber nie hat ihn ein Lachen
weniger gestört. — Dann arbeitet er und lernt, mit rasendem Eifer,
mit brennender Lust und Liebe an Allem. Die Tage, Wochen, Monate
vergehen . . . Keiner kümmert sich um ihn. Am längsten erscheinen
ihm die Abendstunden nach beendeter Arbeit. Er weiß da nicht, was
er thun soll. Einmal erwischt er ein Buch und nun buchstabirt er
Satz für Satz. Es ist zufälligerweise das „Arbeiterprogramm" von
Lassalle. Er hat es in einem Winkel seiner Dachkammer gefunden.
Irgend Jemand muß es dort vergessen haben. Er versteht kein Wort.
Aber als der Meister ihn einmal über die schmutzigen Blätter gebeugt
sieht, reißt er sie ihm aus der Hand und schlägt sie ihm hinter die
Ohren. „Verfluchte Sozialdemokraten," schreit er, „wollen sie das
Kind auch schon verderben!" — Der Junge versteht das wieder nicht.
Er weiß nicht, was er Böses gethan haben soll. Aber er hat das
Wort „Sozialdemokratie" zum ersten Mal gehört. Das ist nun
zwanzig Jahre her . . .

So schließt er seine erste Freundschaft. Denn seit dieser Stunde
interessirte sich einer der Arbeiter, ein strenggläubiger Anhänger des
emporblühenden Allgemeinen deutschen Arbeitervereins, welcher damals
noch in unversöhntem Gegensatz zu der Eisenacher Richtung der Arbeiter-
partei stand, für ihn und statt der schweren, wissenschaftlichen Arbeit
jenes geistreichen Vorkämpfers des deutschen Sozialismus steckte er
eine auf dünnes Oelpapier gedruckte Zeitung zu, welche an der Hand
von Tagesereignissen dem erwachenden Geiste die sozialen Schäden
der Gegenwart besser illustrirte, als dies auch die leichtestgefaßte

volkswirthschaftliche Abhandlung vermocht hätte. Er las da die zu-
sammengetragenen Schilderungen der verderblichen Gegensätze: die haß-
erfüllten Schilderungen der frechen Schwelgereien, der brutalen Herz-
losigkeit, des schamlosen Uebermuthes auf der einen, die leidenschaftlichen Darstellungen der verzweifelten Armuth, der verkauften Arbeit,
der zertretenen Schwachheit auf der andern, schroff gegenübergestellten
Seite und sein junges Herz wallte über vor Schmerz und Empörung.
Der Haß und die Liebe spalteten es für immer: der Haß gegen jene,
die Liebe für sie, welche gleich ihm litten. Die Menschen zerfielen
ihm bald in Bourgeois und Arbeiter, und bald sah er in jenen nichts
als berechnende Schurken und arbeitsscheue Ausbeuter, in diesen lauter
Opfer, je edler, desto unglücklicher sie waren . . .

Die Jahre vergehen. Als er mit neunzehn Jahren die trübe,
unfreundliche Stadt verläßt, hat er es durch eisernen Fleiß in den
Abendstunden dahin gebracht, daß er fließend lesen, schwerfällig, aber
richtig schreiben kann. Er ist Geselle. Sein Lehrzeugniß ist vorzüglich.

Es treibt ihn hinaus mit allen Fasern. Der große Krieg hat
ausgewüthet. Während in Paris der Flammenbrand des Aufruhrs
die Himmel röthet, bis er in Strömen von Blut erlischt, wandert
er, den Thüringer Wald durchkreuzend, Nürnberg und München zu,
wo er ein Jahr lang in einer großen Fabrik günstige Gelegenheit
zur Ausbreitung seiner Berufskenntnisse findet.

Noch immer ein begeisterter Anhänger der „vorgeschrittensten"
Partei, regt sich doch hier schon in ihm das instinktive Gefühl des
Widerstrebens gegen ihre autoritativen Grundsätze, welche auch das
geringste Abweichen von der sanktionirten Form nicht erlauben . . .

Es drängt ihn hinaus, dem Ausland zu. Er wendet sich nach
der Schweiz. In Unterbrechungen erreicht er Zürich, dann Genf.
Und hier ist es, wo er zum ersten Mal das Wort „Anarchismus"
hört. Nie hatte er es bisher in Deutschland vernommen.

Es wird noch nirgends ausgesprochen. Nur hier und da hört
man es flüstern. Noch weiß wohl Keiner, was es besagen will. Noch
wagt Keiner sich an seine Erklärung. Noch ahnt Keiner seine Bedeutung für die Zukunft . . .

Mit 22 Jahren ist er Revolutionär!

Bis dahin war er Reformer gewesen.

Zum ersten Mal verkehrte er in den Kreisen von Menschen aller Nationen, welche ein seltsames Geschick hierher zusammengetrieben: Emigranten, Conspirateure, Minirer — Männer, Frauen, Jünglinge der europäischen Revolution, die Einen noch blutend aus frischen Wunden, die Andern bedeckt bereits mit Narben. Alle erfüllt von jener fieberhaften Ungeduld, jener zitternden Leidenschaft, jener schmerzlichen Sehnsucht, „etwas zu thun“, aber hier mehr und mehr den Kontakt mit den heimathlichen Verhältnissen verlierend.

Wie erzählten ihm: die Jungen von ihren Hoffnungen, die Alten von ihren Enttäuschungen und — ihren Hoffnungen. Zuweilen verschwindet Einer von ihnen: er hat eine „Mission“ zu erfüllen. Ein Anderer kommt. Ihre Namen werden kaum genannt, nie behalten.

Es ist eine seltsame Zeit für Trupp.

1864 hatte Marx in London die „Internationale“ begründet. Ihre großen Erfolge gingen Hand in Hand mit einer immer größer werdenden Ideenzersplitterung der Mitglieder, welche hier das Privateigenthum vertheidigten, dort es negierten; hier den Kollektivismus vertraten, dort sich bereits immer mehr in die Nebelregionen des Kommunismus verloren. Auf den Kongressen zeigten sich die Risse.

Da stemmt sich eine eiserne Faust in die Spalten und reißt sie tiefer und klaffender. Bakunin, der russische Offizier, der Schüler Hegels, der Leiter des Dresdener Aufstandes, auf drei Tage „König von Sachsen“, der sibirische Verbannte, der rastlose Verschwörer, ewige Revolutionär, der Prophet und der Schwärmer tritt dem eisernen Tyrannen, dem genialen Gelehrten, dem berühmten Schöpfer der Bibel des Kommunismus entgegen. Der Kampf zweier Löwen, die sich gegenseitig zerfleischen!

1868 entsteht die „Allianz der sozialistischen Demokratie“. Und kurz ein Jahr, bevor Otto Trupp die Schweiz betreten, die Jurakonföderation, die „Wiege der Anarchie“. Fast drei Jahre bleibt er in der Schweiz; er lernt französisch.

Als er noch einmal nach Bern kommt, bevor er das Land auf Jahre verläßt, schließt sich dort der Vorhang langsam über dem letzten

Akte jenes ungeheuerlichen Lebens . . . Der Tod hatte bereits seine Thore für Michael Bakunin geöffnet. Noch immer macht der sterbende Riese krampfhafte Anstrengungen der Verzweiflung, nachdem ihn doch fast Alle schon verlassen, neue Schaaren um sich zu sammeln und sie hinaus zu senden in den hoffnungslosen Kampf . . . Es ist vorbei. Nur Thoren noch schwören zu einer Fahne, die der Sturm von Jahrzehnten zersetzt . . . Nie hat ihr Träger erreicht, was er wollte: die Welt zu stürzen. Aber gelungen ist es ihm, die Fackel der Zwietracht in die stolze Hochburg der „Internationale" zu schleudern . . .

Otto Trupp ist einer seiner letzten Schüler.

Mit 24 Jahren ist er Terrorist! Er hat sie auswendig gelernt jene wahnsinnigen elf Grundsätze „über die Pflichten des Revolutionärs gegen sich selbst und gegen seine „Revolutions-Genossen", welche mit den entsetzlichen Worten der größten Unfreiheit beginnen: „Der Revolutionär ist ein selbstgeopferter Mensch. Er hat keine gewöhnlichen Interessen, Gefühle oder Neigungen, kein Eigenthum, nicht einmal einen Namen. Alles in ihm wird verschlungen von einem einzigen ausschließlichen Interesse, einem einzigen Gedanken, einer einzigen Leidenschaft — der Revolution." —

Erfüllt von diesem einzigen Interesse, diesem einzigen Gedanken, dieser einzigen Leidenschaft betrat der dreiundzwanzigjährige Trupp sein Vaterland wieder. Es durchwandernd von Süd nach Nord, wuchs seine Bitterkeit mit der Größe des Elends, welches er überall sah, wohin er kam.

Es war das Jahr, in dem sich die beiden Richtungen des Sozialismus auf jenem Grund vereinigten, welcher bestimmt war, eine der bestorganisirten, thätigsten und geschlossensten Parteien zu tragen, jener, welcher vielleicht die nächste Zukunft gehört . . .

Von Stadt zu Stadt zieht er. Ueberall versucht er, seine Minen in das „Bestehende" zu legen. Er reizt die Arbeiter auf, den Schneckengang der Reformen zu verlassen; er zeigt ihnen den Weg der Gewalt als Erretter und Befreier. Und Mancher, welcher nicht versteht, die ungeduldigen Wünsche seines leidenschaftlichen Herzens mit den Zügeln der Vernunft zu bändigen, fällt ihm zu.

Jetzt nennt er sich Anarchist!

Nun wirkt er unter diesem Zeichen. Das Wort scheint ihm treffend genug zu bezeichnen, was er erstrebt: er will keine Herrschaft, weder die des Einzelnen, noch einer Mehrheit. Indem er mit eiserner Willenskraft sich an alle möglichen Wissenschaften heranwagt, zimmert er sich das formlose Gebäude einer Weltanschauung zusammen, in dessen lichtlosen Räumen er sich verirrt hätte, sähe er nicht durch das schlechtgefügte Dach den blauen Himmel eines Ideals der Brüderlichkeit verheißend schimmern . . . .

Er vertraut nur noch der Revolution. Mit einem Schlage wird sie das Paradies des friedlichen Beisammenseins schaffen. Daher strebt jeder Flug seiner Sehnsucht zu ihr. Für sie wirbt er: für die große Revolution seines Standes, nach welcher keine mehr sein wird.

So zieht er von Stadt zu Stadt. Unter wie viel falschen Namen, mit wie oft ausgetauschten Papieren, er weiß es nicht mehr . . . Immer ist er flüchtig: kein Tag vergeht, an dem er die Augen nicht offen, die Lippen nicht geschlossen halten muß, den Verfolgungen zu entgehen. Oft nimmt ihn das Gefängnis auf. Aber immer entläßt es ihn wieder nach kurzen Zeiträumen: man hat ihm nichts nachweisen können.

Da fallen in Berlin schnell hintereinander die Schüsse auf den Kaiser. Er jubelt den Attentätern zu, welche beide Fanatiker waren, der eine obendrein ein Idiot, der andere zudem ein Wahnsinniger. Die Reaktion siegt. Ihre schreckliche Zeit der Verkommenheit beginnt: die niedrigsten Gefühle wagen sich zu Tage. Verfolgungstrieb, Denunzirungssucht, Gehässigkeit erfüllen die Herzen.

Als Trupp — einer der ersten — verhaftet wird, glaubt er das Gefängniß nie mehr verlassen zu können. Die Fäden ziehen sich über seinem Haupte zusammen. Ein wunderbarer Zufall rettet ihn. Während man noch auf den Hochverräther und Verschwörer fahndet, verurtheilte man den Majestätsbeleidiger zu einem halben Jahre, ahnungslos, wer es ist, den man in Händen hat. Jeden Tag sah er in diesem halben Jahre über sich das Schwert gezückt, bereit, niederzufallen . . . Aber es fällt nicht. Er ist wieder frei. Unter harten Entbehrungen erreicht er die Grenze, erreicht er Paris. Die andere Periode seines Lebens beginnt: die des Flüchtlings im Auslande. Er weiß, er kann keinen Schritt mehr nach Deutschland hinein thun, der nicht todtbringend werden müßte . . .

Aus dem versteckten Schürer und Wühler, der schweigsam überallhin seine gährende Saat verstreut, wird nun der überall offen auftretende Propagandist, der Debattierer in den Clubs, der Redner an der Straßenecke und im Versammlungssaal.

Die französischen Anarchisten haben das erste anarchistisch= kommunistische Organ gegründet: „Le Révolté!" — Die Anhänger der neuen Lehre, welche sich langsam, aber sicher weiter und weiter auszubreiten beginnt, machen den Anfang mit der anarchistischen Organisation „freier Gruppen", wobei sie zum ersten Mal von dem Prinzip der Dezentralisation ausgehen. Der Arbeiter=Kongreß von Marseille 1879 ist kommunistisch; seine Bedeutung ist noch nicht zu ermessen . . . die Spaltung zwischen Kommunismus und Kollektivismus ist — äußerlich noch kaum bemerkbar — innerlich bereits vollzogen.

Trupp ist überall. Sein durstendes Herz hat nie rastloser geschlagen, wie in diesen Jahren der großen, erwachenden, mit sich fortreißenden neuen Bewegung. Was er bei den Franzosen hört, trägt er in den noch kleinen, aber bereits wachsenden Kreis seiner deutschen Genossen.

Da lernte er Carrard Auban kennen. Er sieht diese reine, fast kindliche Begeisterung auf der Stirn des Fünfundzwanzigjährigen, diesen unverständlichen Muth, der ihn entzückt, und diese alles vergessende Hingabe, welche sich mit jedem Tag zu vermehren scheint. Aber kaum, daß er ihn kennen gelernt und ihn zum Freunde gewonnen, verliert er ihn auf lange wieder: Auban wird verurtheilt. Die klingenden Worte seiner großen Rede vor den Richtern begleiten Trupp durch die beiden Jahre, welche sie getrennt sind . . .

Als sie sich 1884 in London wieder sehen — beide Flüchtlinge — ist Auban ein anderer geworden, Trupp derselbe geblieben. Nur die Erinnerung an die unvergeßlichen großen Tage der Empörung verbindet sie noch — —

Auban versteht ihn jetzt erst; aber er vermag ihn nicht mehr zu verstehen.

In Deutschland ist die Lehre zur That geworden. Plötzlich hat
sich der aufgeschreckten Welt ein Haupt des Entsetzens gezeigt: Wien,
Straßburg, Stuttgart, der Niederwald und die Ermordung Rumpff's
— alle diese Thaten sind geschehen, welche der Ausbreitung der Idee
der Freiheit so unendlich geschadet, den Feinden so manche neue
mörderische Waffe in die Hand gegeben haben, so daß von nun an
— auf unabsehbare Zeit hinaus — das Wort „Anarchismus" gleichbedeutend mit „Mörder" geworden ist. Kann es sich hier je klären?
Ist es nicht verloren für Europa: preisgegeben dem ewigen Mißverständniß, der unersättlichen Verfolgung, dem wachgeweckten Haß?

Trupp ist in London — — in den aufreibenden und kleinlichen
Kämpfen der Zwietracht des Tages sind seine Kräfte vergeudet bis
heute — — — — — — — — — — — —
— — — — — — — — — — — — — —

Plötzlich wachte Trupp auf. Er kam wieder zu sich. Er rückte
an seinem Hut. Er sah sich um und hinauf zu den schwindelnden
Wölbungen.

Die schleppenden Worte des Priesters verhallten noch immer in
klagenden Klängen kaum verständlich in der ungeheuren Weite des
Raumes. Voller und schöner antwortete der Gesang der Knaben-
stimmen im Chore. Noch einmal, dann warfen die Wände — zitternd
die erklingenden Wellen des Schalles zu tiefer Schönheit ineinander-
schmelzend — die Laute nieder auf die schweigsamen Menschen . . .

Trupp sah sich wieder eng in die Menge gepreßt, aus deren
Kleidern immer stärker der feuchtbunstige Geruch aufstieg, der sich
mit dem staubigen Moderduft zu einer trüben Schwüle vermengte.

Nun waren sie alle still geworden, die Arbeitslosen. Ermüdet
waren die Einen, betäubt die Andern; fast Alle gefangen genommen
von der Seltsamkeit der Situation. Die Meisten waren wohl seit
ihrer Jugendzeit in keiner Kirche mehr gewesen. Nun wurden sie
gegen ihren Willen gefangen von Erinnerungen, welche sie längst
begraben hatten.

Manche lehnten in unruhigem Halbschlummer dicht aneinander-
gerückt an den Wänden der Bänke; Andere flüsterten sich in ge-
drücktem Tone, kaum athmend, Fragen zu: sie wollten wissen, wer

diese marmornen Gestalten, in den Trachten ferner Zeiten, dem wunderbaren Haarputz, mit den ernsten Mienen, in den herausfordernden Stellungen seien . . . Waren das Jene, welche die Macht hatten, sie glücklich zu machen, sie zu verderben? —

Von dem kecken Muth der Auflehnung, mit welchem sie vor noch nicht einer Stunde vom Trafalgar Square fortgezogen waren, war wenig mehr zu spüren, nichts mehr zu sehen. Ineinandergekeilt standen sie da — wie lange sollten sie denn noch so stehen? Weshalb gingen sie nicht? — Was sollten sie hier? Hier würde ihnen doch keine Hülfe werden. Hier gab es doch keinen andern Trost als Worte! Sie aber wollten Arbeit, Arbeit und Brot.

Bitterkeit verbreitete sich unter den Harrenden. In Trupp wallte sie auf wie Feuer. Von der Kanzel her drangen so einförmig und so regelmäßig langsam, wie niedersickernde Tropfen, die Worte des Priesters. Er verstand sie nicht. Keiner vielleicht verstand sie. Sie erzählten von Dingen, welche nicht von der Erde sind . . .

„Setzt all' Euer Vertrauen auf Gott!" lamentirte die klagende Stimme.

„Auf Gott!" — tönten weich, in wundervollen Klängen der Hoffnung und des Jubels, die jugendlichen Stimmen zurück.

„Er allein kann Euch erretten!" wieder der Priester.

Ahnten die Hungernden den unbewußten Hohn dieses schrecklichen Glaubens, der Lüge war vom Anfang an bis an das Ende? — Eine Bewegung der Unruhe entstand unter ihnen. Alle waren erwacht; alle schüttelten den Schlummer der Betäubung von sich ab.

Da tönte ein schrilles Lachen von den Lippen Trupp's, in welchem sich Unglaube, Haß und Verbitterung vermengten. Rufe antworteten ihm von verschiedenen Seiten. Mehrere lachten ebenfalls. — Dann stoßweises Gelächter, hier und da. Verwirrte Rufe.

Man bedeckte die widerwillig und mechanisch entblößten Köpfe. Ein Stoßen und ein Drängen entstand.

Die Meisten schoben dem Ausgange zu. Schnell ergossen sich die Reihen in die frische Luft. Die Andächtigen athmeten auf. Gott der Herr, ohne dessen Willen kein Haar zu Boden fällt, hatte die Gefahr von seinen Kindern gewandt. Sie waren befreit von den

Ruchlosen. Sie waren wieder unter sich. Der Priester, welcher einen Augenblick gestockt hatte bei dem ausbrechenden Lärm, setzte wieder ein, und die Augen der Zurückbleibenden wendeten sich voll Vertrauen und heiterer Ruhe wieder ihm, ihrem Hirten, zu.

Trupp grollte. Nichts wäre ihm lieber gewesen, als ein Skandal an diesem Orte.

Die eintönige Helle des feuchtkalten Oktober-Nachmittags umfloß wieder die aus dem Dämmerlicht von Westminster Abbey, aus ihrem „heiligen Schweigen", in den Lärm des Tages Hinaustretenden. Der größte Theil der Arbeitslosen hatte draußen warten müssen. Er hatte mürrisch und zweifelnd die besänftigenden Worte eines Großwürdenträgers der Kirche vernommen; oder er hatte den bitteren Wahrheiten des christlich-sozialen Abtrünnigen beifallspendend gelauscht.

Man einte sich wieder zum Zuge nach dem vor kaum einer Stunde verlassenen Square. Man folgte dem Flattern der rothen Fahne. Man engte sich zusammen in geschlossene Reihen, wie um den Hunger so weniger, die eigene Stärke so besser zu fühlen.

Trupp wurde fortgeschoben.

In taktmäßigen Schritten schlugen die schweren Füße den harten Boden. Man faßte sich unter. Ein unabsehbarer Zug schob sich durch die Enge von Parliament Street . . .

Und aus diesem Zuge stieg wie auf gemeinsame Verabredung ein Gesang auf. Tief, düster, schwermüthig und grollend zugleich klang er aus tausend Kehlen zum Himmel empor, wie die Rauchwolke, welche den Ausbruch des Brandes verkündet . . .

Sie sangen das uralte, unsterbliche Lied der „starving poor of Old England".

> Let them bray until in the face they are black,
>   That over oceans they hold their sway,
> Of the Flag of Old England, the Union Jack,
>   About which I have something to say:
> Tis said that it floats o'er the free, but it waves
>   Over thousands of hard-worked ill-paid British slaves,
> Who are driven to pauper and suicide graves —
>   The starving poor of Old England!

Und in mächtigem Chor den Refrain, in welchen jede Stimme einfiel:

> 'Tis the poor, the poor the taxes have to pay,
> The poor who are starving every day,
> Who starve and die on the Queen's highway —
> The starving poor of Old England!

Noch ein Vers und noch einer —

> 'Tis dear to the rich, but too dear for the poor,
> When hunger stalks in at every door —

Und schließend mit furchtbarer, hoffnungdurchjauchzter, sich ermannender Drohung:

> But not much longer these evils we'll endure,
> We the working men of Old England!

Trupp stieß sich mit Gewalt aus seiner Reihe und bog in eine Nebenstraße ein.

Hinter ihm versank in den immer tiefer fallenden Schatten West= minster Abbey. In seinem Ohr verhallten die trüben, wehmüthigen Töne, in welchen die Hungernden ihre Leiden ausklagten . . .

> 'Tis the poor, the poor the taxes have to pay,
> The poor who are starving every day,
> Who starve and die on the Queen's highway —
> The starving poor of Old England!

Kein Richter, weder im Himmel noch auf Erden, vernahm die furchtbare Anklage dieser Elenden, welche noch immer auf Gerechtig= keit warteten.

Mit gesenktem Kopf, die Lippen fest aufeinandergepreßt, hin und wieder einen scharfen Blick um sich werfend, um sich über die Richtung des Weges zu vergewissern, schritt Trupp dahin, wohl eine Stunde lang, dem Norden Londons zu.

Viertes Kapitel.

Carrard Auban.

––––––

Während dieses selben Nachmittages, an welchem so viel zersetztes Blut nach dem Herzen der Weltstadt zurückströmte, saß Carrard Auban in seinem stillen, hohen Zimmer in einer der Straßen nördlich von Kings Croß, welche an Wochentagen nie sehr belebt sind, an Festtagen aber von dem Fuß des Todes durchschritten zu sein scheinen.

In diesem Raum wohnte er, seitdem er wieder allein war. Nun seit länger als einem Jahre schon.

Es war eines jener nüchternen, kalten, ohne Comfort ausgestatteten Zimmer, für welche man wöchentlich zehn Schilling bezahlt, in dessen einsamer Stille man dafür aber auch leben kann, ohne von einem Geräusch des Außenlebens gestört zu werden. Das ganze dreistöckige Haus war so Zimmer für Zimmer vermiethet; die Bewohner des Hauses sahen ihre Landlady nur, wenn sie ihr die wöchentliche Miethe bezahlten, sich selbst untereinander fast nie. Zuweilen begegnete sich der Eine mit dem Anderen auf der Treppe, um hastig und grußlos vorüber zu eilen.

Auban's Zimmer war durch eine spanische Wand, welche bis zur Hälfte der Deckenhöhe reichte, in zwei ungleiche Theile getheilt: sie verdeckte und ließ eine größere Hälfte frei, welche hauptsächlich durch einen Tisch von ungewöhnlichem Umfang gefüllt wurde. Die Größe dieses Tisches stand im Verhältniß zu der mächtigen, bis an die Decke sich erstreckenden Bücheretagère, welche eine Bibliothek beherbergte, deren Zusammensetzung in ihrer Art vielleicht einzig war.

Sie umfaßte in erster Linie die philosophischen und volkswirth=
schaftlichen Werke der großen Denker Frankreichs, von Helvetius und
Say bis Proudhon und Bastiat; nicht in gleicher Fülle, jedoch in
den besten Ausgaben jene der Engländer: von Smith bis hinauf zu
Spencer. Besonders beachtet waren auch hier die Vertreter der
Freihandelslehre. Ferner eine sehr lückenhafte, aber sehr interessante
Sammluug von Schriften, Zeitungen, Broschüren, Flugblättern 2c.
zur Geschichte der Revolutionen des 19. Jahrhunderts, vorzugsweise
zur Geschichte der vierziger Jahre. Dieses Erbtheil seines Vaters,
welches er lange Zeit fast unbeachtet gelassen hatte, mußte der jetzige
Besitzer jeden Tag mehr und mehr nach seinem wahren Werthe zu
schätzen.

Sodann enthielt die Bibliothek eine ungeordnete und kaum zu
ordnende Fülle von Material zur sozialen Frage: dem Forscher der
Zukunft sicherlich eine köstliche Fundgrube zur Geschichte der Arbeiter=
bewegungen. Es war von Auban selbst gesammelt; hier lag über=
einandergestapelt, was der Tag ihm in die Hand gedrückt. Das
war ein lebendiges Stück der Arbeit seiner Zeit, und wahrlich nicht
das schlechteste . . .

Das Erkennen war Auban letztes Ziel. Es galt ihm mehr als
Kenntnisse, die ihm nur Helfer und Handlanger waren, jenes zu er=
reichen.

Nur eine Reihe füllten die Werke der dichtenden Kunst. Hier
stand Viktor Hugo neben Shakespeare, Goethe neben Balzac. Aber
nur in seltenen Stunden der Erholung wurde nach dem einen oder
nach dem andern dieser Bände gegriffen.

Dieser Tisch, dessen Platte aus einem einzigen, ungeheuren
Mahagonistück gearbeitet war, und diese Bibliothek, in welcher
jedes einzelne Buch für den Besitzer von besonderem Werth war —
denn dieser hatte die Gewohnheit; jedes Buch, welches er gelesen hatte
und welches ihm nicht werthvoll genug erschien, von ihm zum zweiten
Male gelesen zu werden, sofort zu verbrennen — bildete der
einzige und ganze Reichthum Carrard Auban's. Er hatte ihn von
Paris nach London begleitet und er machte ihm die kalten Wände
der Fremde heimisch.

Kein Kunstwerk irgend einer Art schmückte den Raum; jeder Gegenstand trug die Spuren einer täglichen Benutzung an sich.

Nur zwei kleine Portraits hingen über dem Kamin. Das eine stellte den großen Fanatiker der Revolution, dessen wilde Kraft sich gebrochen hatte an den Mauern westeuropäischen Lebens, nnd das andere den großen Denker des Jahrhunderts, hinter dessen mächtiger Stirn eine neue Welt nach Gestaltung zu ringen schien, dar: Michael Bakunin und Pierre Joseph Proudhon. Beide Bilder waren Auban eine Erinnerung an den einzigen Menschen, der ihn unverändert geliebt hatte, so lange er ihn kannte.

Auban's Augen ruhten auf Proudhon's vertieften, großen Zügen und er dachte an das mächtige Leben dieses Mannes.

Er saß vor dem Kamin auf einem niedrigen Lehnstuhl und hielt die Füße nach der wärmenden Flamme hin gestreckt. So in seiner ganzen hageren Länge lag er da seit zwei Stunden, die Blicke bald in die leise knisternde Gluth gebohrt, bald sie langsam durch das Zimmer wandern lassend, gleich als folgten sie den immer wieder entfliehenden Gedanken.

Er träumte nicht. Er dachte, rastlos und unablässig.

Er war sehr bleich und auf seiner Stirn lagen wie Morgenthau die feinen Perlen kalten Schweißes. Der gleichmäßige, sonst wie gegossene Ausdruck seines Gesichtes war gestört durch die Mühe des Denkens.

Es war ein kühler, feuchter, nebelschwerer Oktober-Nachmittag, von welchem die Sonne sich muthlos abgewendet hatte.

Auban starrte regungslos in die Gluth des Feuers, welches mit jeder Stunde, in der die Dämmerung von draußen her seine Fenster mit dichteren Falten behängte, das Zimmer mehr erleuchtete.

Er war seit einiger Zeit von einer Unruhe gequält, welche er sich nicht zu erklären vermochte. Die Harmonie zwischen seinem Wollen und seiner Kraft war gestört.

Zuweilen, wie in den letzten Tagen, glaubte er dem Manne zu gleichen, der ein fürstliches Vermögen verschwendet hat und, zum Bettler geworden, nicht weiß, von was weiter leben —.

Dann wieder, wie heute, fühlte er, wie eine Ueberfülle von Kraft und Ideen ihn zu außergewöhnlichem Handeln drängte.

Noch war er sich nicht klar: war sein Wille seiner Kraft nicht gewachsen, oder galt es nur, der vorwärtstreibenden den ersten Stoß zu versetzen? Es würde sich entscheiden.

So lange Auban denken konnte, hatte er gekämpft, gekämpft gegen Alles, was ihn umgab. Als Knabe und Jüngling wie ein Verzweifelter gegen äußere Fesseln und wie ein Thor gegen das Unabänderliche; wie ein Riese gegen Schatten und wie ein Fanatiker gegen das Stärkere. Als Mann mit sich selbst: den zähen, aufreibenden, herben Kampf mit sich selbst, mit seinen eigenen Vorurtheilen, seinen eigenen Einbildungen, seinen übertriebenen Hoffnungen, seinen kindischen Idealen.

Einst hatte er geglaubt, die Menschen müßten sich von Grund aus ändern, damit er frei sein könne. Dann hatte er erkannt, daß er selbst erst frei werden müsse, um frei zu sein.

So hatte er denn angefangen, all' den Wust aus seinem Gehirne fortzuräumen, den Erziehung, Irrthum, wahllose Lektüre dort aufgespeichert hatten.

Es mußte wieder hell und klar in seinem Kopfe werden, das fühlte er, wenn er nicht in Nacht und Düsterniß versinken wollte. Es galt, sich selbst zu finden, innerlich unabhängig zu werden von allen Fesseln.

Er wurde wieder er selbst. Hell und licht wurde es in ihm, von allen Seiten brach die Sonnenfluth auf ihn herein und glücklich wie ein Genesender ließ er sich von ihren Strahlen bescheinen.

Nun vermochte er ohne Bitterkeit seiner Jugend zu gedenken: über ihre Irrthümer zu lächeln und nicht mehr zu trauern über Jahre, scheinbar verloren in einem Kampfe, den in unserer Zeit Jeder auszufechten hat, der sich über sie erheben will . . . .

Wer war Carrard Auban? — Und welches war sein Leben gewesen bis heute? —

Er war jetzt fast dreißig Jahre alt. In diesen dreißig Jahren hatte er sich äußerlich eine unerschütterliche Ruhe und Ueberlegenheit, innerlich eine kühle Gelassenheit, welche ihn jedoch immer noch nicht

vor heftigen Schmerz- und Grollempfindungen bewahrte, erworben . . .
Er war mit einem Wort: ein unerbittlicher Kritiker, für den es keine
anderen Gesetze gab als jene der Natur.

Er hatte seine Mutter nie gekannt. Das Einzige fast und das
Letzte, dessen er sich aus seiner ersten Jugend erinnerte, waren die
wilden, unklaren, leidenschaftlichen Erzählungen und Deklamationen
eines alten, in Idealen verkümmerten, leidenschaftlichen Mannes gewesen, der mit ihm eine kleine, enge, stets unordentliche Stube in der
Nähe des Boulevard Clichy — diesen Straßen, in welchen sich so
oft die Verkommenheit mit dem Zug der Größe versteckt — bewohnt
hatte. Dieser Mann war sein Vater gewesen.

Wie sein Vater zu der Heirath mit der jungen Deutschen gekommen war, welche ihre Jugendjahre in der ewig freudlosen und
ewig unterdrückten Stellung einer Erzieherin in Paris verloren hatte,
wußte eigentlich nur Einer. Dieser Eine war sein einziger Freund
und hieß Adolphe Ponteur. Was Carrard von ihm, der zugleich
des im sechsten Jahre völlig verwaisten Knaben einziger Beschützer
wurde, über seinen Vater in späteren Jahren erfuhr, war ungefähr
das Folgende:

Die Wiege Jean Jacques Auban's — er war nie auf diese
Vornamen getauft, aber er nannte sich nie anders — war getragen
worden von den letzten Wogen der großen Revolution: sein Vater
war Getreidehändler gewesen, der unter dem ersten Napoleon durch
kluge Berechnung sein verlorenes Vermögen zehnfach wiedergewonnen
hatte. Jean Jacques wurde mit Hülfe desselben fast fünfzig Jahre
alt, ohne zu wissen, daß man zum Leben Geld braucht. Als er vor
diese Wahrheit gestellt wurde, war er ein durchaus lebensunkundiger,
durchaus glücklicher und durchaus einsamer, wenn auch nicht verein-
samter Mann. Ein Mann, der in diesen fünfzig Jahren unermeßlich
viel gelesen und gelernt hatte, ohne jemals daran zu denken, das
Gelernte zu verwerthen; ein Revolutionär der Ideen der Menschheit
ohne verbitternde Hoffnungen und fast auch ohne Wünsche; ein Kind
und ein Idealist von einer rührenden Unbefangenheit und einer er-
staunlichen Frische des Körpers und des Geistes. Er hatte stets seinen
Ideen, nie dem Leben gelebt und ein Weib nie berührt . . .

Ein halbes Jahrhundert war an diesem Manne vorübergezogen, ohne ihn in seinen Strudel gerissen und verschlungen zu haben. Der Waffenlärm des korsischen Erderoberers, des durch Gewalt Gehobenen und Gestürzten, durch Gewalt Großen und Kleinen, verfolgte ihn durch seine ganze Jugend. Doch er lauschte auf die Thaten des Tages nicht mehr, als Kinder auf die Vorzeiterzählungen ihrer Ammen und Erzieher lauschen.

Die Revolution von 1830, sie war für ihn nur ein Schatten, der störend auf seine Arbeit fiel . . .

Denn er beschäftigte sich damit, Malthus' schreckliche Irrthümer, die Erde habe nicht Raum und nicht Nahrung genug für Alle, nachzurechnen, ohne sie ergründen zu können.

Er ahnte das Herannahen eines neuen Kampfes, gegen den die politische Zwistigkeit des Tages nur ein Knabengezänk war. Daher horchte er mit derselben Aufmerksamkeit des genialen St. Simon prophetischen Worten, wie den wilden Flüchen Babeufs, des Kommunisten; daher verfolgte er mit demselben Eifer Fourier's Phalanstère, die unmöglichen Phantasien eines Tollhäuslers, und die Arbeiten der Reformer während der Zeit des Julikönigthums; und schwankend von Einem zum Andern sah er heute in dem Ikarien des „Vater Cabet" das gelobte Land, morgen in Louis Blanc, dem gleißnerischen Schönrebner, dem rettenden Heiland entgegen.

Von dem Proletariat selbst, welches in dem Morgengrauen dieser Jahrzehnte die ersten, schweren Athemzüge des Erwachenden that und noch unbewußt seiner Kraft die riesigen Glieder dehnte, sah er nichts.

Von demselben Augenblick an, in welchem ihn die Nothwendigkeit des Erwerbs überwältigte, wurde dies anders: zehn Jahre genügten, um aus dem zurückgezogenen, frischen und lernfrohen einen verbitterten, schnell alternden und dennoch täglich mehr zum Leben erwachenden Menschen zu machen. Es waren nicht mehr die großen Götzen der Zeit, die er liebte — er begann über sie zu spotten und an den Ideen, den kleinen Kämpfen des Tages theilzunehmen, welche ihn fünfzig Jahre lang angewidert hatten. Außerordentlich schwer lernte er, seine Kenntnisse und Fähigkeiten zu verwerthen; er lebte kümmerlich, in untergeordneten Beschäftigungen verschiedenster Art; zu alt, um das Leben noch ganz verstehen zu lernen, und zu jung in seinem jungen Erwachen, um es nicht mit dem ganzen Ungestüm eines unerfahrenen Zwanzigjährigen zu umfassen, wurde er von einer Enttäuschung zur andern gerissen, die sein Urtheil nicht klarer und seinen Fuß nicht sicherer machten.

So sah die Februar-Revolution den alternden Mann auf den Barrikaden, unter den Schaaren der Aufständischen, welche sich um das Phantom der politischen Freiheit schlugen. Seine Begeisterung und sein Muth waren um nichts geringer, als die der Arbeiter in den blauen Blousen, neben denen er stand.

Der Fall des Julikönigthums erfüllte ihn mit maßlosen Hoffnungen. Seine Bücher lagen verstaubt; ausgelöscht war hinter ihm die Vergangenheit seines stillen Denkerlebens.

Er war jetzt ein Arbeiter. Das Luxembourg, wo die Delegirten seines Standes auf verlassenen Sammtsesseln thronten, war ihm der Himmel, von dem er Rath und Hülfe auch für sich erhoffte. Täglich ging er zu der Mairie seines Arrondissements, um den Betrag zu erheben, den der Staat sich gezwungen sah, an alle unbeschäftigten Arbeiter — welche Arbeit hätte Jean Jaques in den National-Werkstätten thun können! — auszuzahlen.

Er sah nicht die Wahnwitzigkeit dieses Beschlusses, welcher zu neuen und blutigeren Kämpfen führen mußte. Denn Zweierlei hatte er in 50 Jahren noch nicht gelernt: daß der Staat nur ausgeben kann, was er eingenommen hat; und daß daher alle Versuche, die soziale Frage durch ihn, von oben her zu lösen, von vornherein aussichtslos sind.

Aber als er es an sich hätte lernen können, während der Tage der Juni-Insurrektion, in denen die Arbeit ihren ersten, wirklichen Kampf mit dem Kapital aufnahm und aus der furchtbaren Niederlage in dieser merkwürdigsten aller Schlachten die Lehre zog, daß die Vorrechte der Macht mit töbtlicheren Waffen, als denen der Gewalt, bekämpft werden müssen, lag er krank unter der Wucht der ungewohnten Aufregungen darnieder.

Zu seinem Glück. Denn er, welcher schon die politische Revolution des Februar — die Abrechnung der Bourgeoisie mit dem

Königthum — mitgekämpft hatte, deren Belanglosigkeit er nicht zu erkennen vermochte, wie hätte er sich fern zu halten vermocht von den Tagen, in denen das Proletariat mit dem Bürgerthum abzurechnen gedachte? Hätte er nicht ein trauriges Ende finden mussen, ver- burstend und verfaulend in den schrecklichen Kellerlöchern, in die man die Gefangenen zusammenpferchte, oder verkommend als Deportirter in einer der überseeischen Strafkolonien seines Landes? —

Er blieb davor bewahrt. Als er sich erhob, stand das bebende Paris im Zeichen des Schreckens vor dem rothen Gespenst des Sozialismus.

Auf den Kampfplatz war ein Mann getreten, dessen Blick tiefer wie irgend ein anderer die Menschen und die Dinge durchschaute. Proudhon hatte sein erstes Journal, den „Représentant du Peuple“, gegründet und am 31. Juli in der Nationalversammlung unter Hohngelächter und Beschimpfungen seine berühmte und berüchtigte Rede über die Einkommen- steuer, die Unentgeltlichkeit und Gegenseitigkeit des Kredits gehalten.

Doch Auban sah in dem größten und kühnsten Manne seiner Zeit nichts als den Verräther an der „Sache des Volkes“, weil er die Schlachten des Juni nicht mitgeschlagen hatte.

Blind, wie er war, vermochte er ebensowenig das Projekt zu begreifen — vielleicht das bedeutendste und weittragendste, das jemals einem menschlichen Gehirne entsprossen —, welches Proudhon ein halbes Jahr lang als Banque d'échange erörterte und vom Dezember 1848 bis zum April des nächsten Jahres als Banque du Peuple in seinem zweiten Journal „Le Peuple“ zu realisiren ver- suchte, bis die rohe Hand der Gewalt das fast fertige Gebäude bis auf den Grund zerstörte, indem es den Baumeister einkerkerte.

Was der Vater in der Wilderniß der Tage, vielleicht weil es ihm zu nah stand, nicht zu erfassen vermochte, sollte der Sohn nun in seiner ganzen Tragweite und ungeheuren Bedeutung erkennen: unabhängig vom Staate vermittelst des Prinzips der Gegenseitigkeit Jeden zu ermöglichen, seine Arbeit zum vollen Ertrage ihres Werthes auszutauschen, und so ihn, mit einem Wort: zu befreien! —

Diese letzte, größte, unblutigste aller Revolutionen, die einzige, welche die Garantieen eines dauernden Sieges in sich trägt — an ihrem ersten Erwachen ging Jean Jacques fast gleichgültig vorüber.

Die Wahl Louis Napoleons zerstörte die letzte seiner Hoffnungen. Von nun an haßte er Cavaignac, den Wortbrecher, nicht mehr wie diesen Usurpator.

Es dauerte lange, bis er sich von der dumpfen Betäubung erholen konnte. Es dauerte Jahre. Er lebte sie in steter Sorge um sein tägliches Brot. Diese Sorge war es vielleicht, die ihn noch am Leben erhielt. Seine späte Heirath war mehr das Werk eines Zufalls, wie der Ueberlegung und des Wollens. Er traf mit der Frau seiner Liebe zusammen in demselben Hause, in welchem sie Erzieherin war und in welches er kam, um ihre an zwei unbegabten Söhnen begonnene Erziehung zu vollenden. Die traurige Abhängigkeit ihrer Lage führte sie enger zusammen: sie interessirte sich für ihn und er liebte das siebenundzwanzigjährige Mädchen aufrichtig.

Sie lebten zusammen, in einem stillen und nicht großen, aber sicheren Glück. Carrard wurde geboren als der Sohn eines Mannes, welcher längst die Mittagshöhe des Lebens überschritten hatte, und einer Frau, welche noch weit von ihr entfernt war.

Die Mutter starb bei der Geburt. Jean Jacques brach völlig zusammen. Er war jetzt in der That ein alter und müder Mann. Er hatte seinen Glauben mit seiner Frische verloren. Seine Leidenschaft war verflogen, und was er dafür zu geben suchte, waren nur noch leidenschaftlich aufgeregte Deklamationen. Zwischen ihnen und den unbeholfenen Zärtlichkeiten Adolphe Ponteur's wuchs der kleine Carrard auf und war sechs Jahre alt, als sein Vater mit einem schrecklichen Fluch gegen den dritten Napoleon und ohne einen Blick für ihn starb.

Das ist in großen Zügen, was Adolphe Ponteur dem Kinde über seine Eltern erzählte in den Jahren, in welchen er ihm ein besserer Vater war, als es der rechte je hätte sein können. Er theilte sein schmales Brot, sein enges Zimmer und sein altes Herz mit dem Knaben; er wollte ihn schreiben und lesen selbst lehren, und setzte seinen Stolz darein, es durchzuführen, aber es stellte sich heraus, daß es nicht Carrard, sondern ihm selbst an den Fähigkeiten dazu mangelte. So sandte er ihn von seinem neunten Jahre ab in die große Stadtschule seines Arrondissements.

Der Krieg von 1870 kam und der Knabe hatte sein dreizehntes Jahr erreicht. Adolphe träumte von der Glorie seiner Landsleute und Carrard lebte unbekümmert weiter.

Die Tage der Kommune waren da, in welchem ganz Paris abermals ein Chaos von Blut, Rauch, Lärm, Wuth und Wahnsinn zu sein schien; mit Schrecken sah Adolphe in den dunklen Augen des Knaben eine Flamme aufschlagen, welche ihn zum ersten Male wieder an Jean Jacques erinnerte, und er, der ehrliche Kleinbürger, welcher immer nur die äußeren Schrecken einer Revolution vor Augen gehabt hatte, ohne befähigt zu sein, ihre inneren Segnungen zu erkennen, erschrak darüber so, daß er den Entschluß faßte, sich von ihm zu trennen und ihn fortzubringen von diesem „vergifteten" Paris, diesem Paris, ohne welches er selbst nie hätte leben können.

Er brachte ihn nach dem Elsaß, nach Mülhausen, der langweiligen, großen Fabrikstadt, welcher jetzt, nachdem sich der „große Krieg" ausgetobt hatte, die Aufgabe geworden war, auf der Grenze zwischen den erschöpften, aber nicht versöhnten Feinden zu balanziren. Ponteur besaß dort eine alleinstehende Verwandte, eine echte Französin, welche nie ein Wort Deutsch gelernt hatte, und Carrard Verwandte von seiner Mutter her: einen deutschen Regierungsbeamten, welcher sich die Berufung auf diesen höheren Posten durch außergewöhnliche diplomatische Begabung verdient hatte, das heißt dadurch, daß er seine Gedanken und Gefühle trefflich unter Worten zu verbergen verstand.

Mademoiselle Ponteur ging außerordentlich liebreich und ängstlich mit Carrard um, gab ihm ein kleines Zimmer und zu essen, und ließ ihn im Uebrigen thun und lassen, was er wollte. In den vier Jahren, in welchem er unter ihrem Dache, welches nichts mehr zu beschützen hatte, als die stillen Erinnerungen vergangener Zeiten, lebte, geschah es nicht ein einziges Mal, daß er mit einer Bitte zu ihr gekommen wäre, und nicht ein einziges Mal, daß sie es gewagt hätte, ihm einen Rath zu ertheilen. Sie wußte ganz und gar nicht, was sie mit ihm anfangen sollte, und fühlte sich sehr erleichtert, als sie merkte — und sie merkte es in der ersten Stunde —, daß der Knabe bereits sehr gut gelernt, mit sich selbst fertig zu werden.

Die Verwandtschaft seiner Mutter erfüllte ihre Pflichten gegen ihn dadurch,. daß sie ihn jede Woche einmal an ihren Familientisch lud, wo er inmitten einer Schaar verzogener und lärmender Kinder saß, deren Sprache er anfangs gar nicht und später nur schwer verstand, sich immer sehr unbehaglich fühlte und es mit der Zeit ebenfalls dahin brachte, daß man sich nicht weiter um ihn kümmerte und es nicht übel vermerkte, wenn er mit seinen Besuchen immer sparsamer wurde.

Bei Mademoiselle Ponteur lernte er sein Alleinsein und seine Unabhängigkeit schätzen; bei seinen Verwandten sog er einen unaustilgbaren Widerwillen gegen deutsches Bürgerleben in sich ein.

Er blieb fünf Jahre in diesem Ort, fünf Jahre, in denen er nie nach Paris zurückkehrte. Seine Ferien verbrachte er auf Fußreisen in den südlichen Vogesen, welche so wenig bekannt und in ihrer Einsamkeit und keuschen Herbheit so schön sind. Sein Blick sah nach Paris, wenn er auf der Grenze der Gebirgshöhe hinschritt.

Als er fünfzehn Jahre alt war, fand er einen Freund in der fremden Stadt. Es war ein französischer Arbeiter, der seinen Vater gekannt, auf irgend eine Weise von Carrard gehört hatte und ihn eines Tages anredete, als er von der Schule kam. Von dem Tage an saß Carrard jeden Abend, wenn die Feierstunde geschlagen hatte, in einer kleinen Wirthschaft inmitten eines Kreises von Arbeitern, unter denen keiner war, der nicht wenigstens doppelt so viel Jahre gezählt hätte, als er selbst, und von denen jeder die besondere Pflicht zu haben glaubte, dem „pauvre enfant", das hier „so allein" war, etwas Liebes zu erweisen. Der Eine drehte ihm Cigarretten, der Andere lehrte ihn Billard spielen und der Dritte erzählte ihm von den vergangenen großen Tagen, als die Völker versucht hatten, sich freizumachen: „Vive la Commune!" . . .

Carrard hörte von den Hoffnungen und den Wünschen des Volkes aus dem Munde Derer, welche zu ihm gehörten. Er begann zu ahnen, zu sehen, zu denken. Aber nur wie durch einen Schleier.

Die Schule wurde ihm zum Gefängniß, da sie ihn zwang das zu lernen, was er für unnütz hielt, und ihn nichts von dem lehrte, was er zu wissen wünschte. Sie gab ihm auf keine seiner nie gestellten Fragen eine Antwort.

Er hatte keine Freunde unter seinen Schulgenossen. Er war nicht beliebt, aber Keiner hätte es gewagt, ihm etwas in den Weg zu legen.

Nur einer suchte seine Freundschaft; es war der älteste Sohn seiner Verwandten. Er hieß Friedrich Waller — Waller war auch der Mädchenname von Carrard's Mutter gewesen — und war mit Carrard im gleichen Alter, mit dem er jahrelang dieselben Klassen derselben Schule besuchte. Er war klug ohne besondere Begabung, gleichgültig ohne ein inneres Interesse an Carrard je ganz ersticken zu können, und von dem Wunsche beseelt, dessen Vertrauen zu erwerben, das dieser ihm nie, auch in den gewöhnlichsten Dingen nicht, schenkte; und trotzdem ihn diese Unzugänglichkeit oft erbitterte, verlor er in diesen Jahren nie ein Gefühl der Sympathie für Carrard, welches sich bei ihm aus Interesse, Bewunderung und Neugierde zusammensetzte.

Carrard war in seinem achtzehnten Jahre ein hoch aufgeschossener, blasser, äußerlich völlig leidenschaftsloser, innerlich sich in Gedanken und Leidenschaften verzehrender Mensch, der seine Tage in dumpfer Resignation auf der Schulbank und in zwanglosem Verkehr mit seinen Freunden, den Arbeitern, bei Père François, und seine Nächte in wahnsinnigen Grübeleien über Gott und die Unsterblichkeit der Seele und über jenen tausend Fragen, welche jeder Denkende einmal an sich und in sich selbst gelöst haben muß, verbrachte.

Als er fünfzehn Jahre alt geworden war, vernahm er aus Paris die Todesnachricht seines alten Freundes — es war das letzte Mal in seinem Leben, daß er einen Schmerz durch Thränen zu lindern vermochte; zwei Jahre später starb die Frau, bei der er jahrelang gelebt hatte und mit der er nie ein inniges, aber auch nie ein unfreundliches Wort gewechselt hatte. Sie hatte ihn wirklich lieb gewonnen, aber nie den Muth gehabt, es ihm zu zeigen. Er hatte ihr nie mehr und nie weniger entgegenbringen können, als eine unveränderliche, fremde Achtung.

Er verbrachte noch ein Jahr in einer andern Familie. Dann ging er mit einem leiblichen Zeugniß, mit welchem er nichts anzufangen wußte, und mit einem unerschütterten Zukunftsglauben nach Paris zurück. Wie eine schon verloren geglaubte Mutter begrüßte er die Stadt seiner Kindheit: tagelang that er nichts Anderes, als mit weitgeöffneten Augen und klopfendem Herzen selig durch die Straßen zu irren und den Duft der Weltstadt auf seine erregten Sinne wirken zu lassen, diesen Duft, welcher so berauschend und so betäubend wirkt, wie der Kuß einer ersten Liebe in der ersten Nacht . . .

Er suchte eine Beschäftigung und freute sich, daß er während der ersten vier Wochen keine fand. Was schadete es, daß er in diesen vier Wochen die kleine Summe verzehrte, welche er als Hinter= lassenschaft eines Mannes, der ihn zärtlich geliebt hatte, besaß! Er wohnte in Batignolles. Mit der Sonne oft schon erhob er sich und wanderte durch die bethauten Wege des Parc Monceaux und an dem antik ernsten Bau der Madeleine vorüber, auf den weiten, hellen Platz, welcher in den letzten zwei Jahrhunderten so viel Blut ge= trunken hatte und dennoch dalag in seiner weiten, grauhellen Fläche, von der Sonne beschienen, von dem rauschenden Leben überfluthet, wie die heitere Stille im ewigen Aufruhr, wanderte hinunter an den schönen, weitufrigen Fluß und sah der Arbeit zu, welche von hier aus Paris befruchtete, bis er sich müde auf eine der Bänke des Tuilerien=Gartens setzte und sich von dem Lachen der Kinder um= tönen ließ, während er in einem Buche blätterte, in welchem er nicht las. War dann der Mittag gekommen, und hatte er sein Mahl in einem der unzähligen bescheidenen Restaurants des Palais Royal eingenommen, so konnte er stundenlang wieder vor einem der Cafés auf den großen Boulevards sitzen und dieses nervöse, ewig erregte Leben in einer Art einschläfernder, süßer Betäubung an seinen halb geschlossenen Augen vorüberströmen lassen, bis er sich aufraffte und, die Champs=Elysées hinunterschlendernd, für die späteren Nachmittags= stunden die schattigen Wege und die lauschige Stille des Bois suchte, um erst Abends — nach einer flüchtigen Erfrischung in einer der kleinen Wirthschaften Auteuils — mit einem der Seinedampfer zur Cité wieder zurückzukehren, wo er in stummer Andacht die in die Dämmerung vertauchenden Thürme von Notre=Dame grüßte. Selten lockten ihn für den Rest des Abends die öffentlichen Schaustellungen; aber er liebte es, das Quartier latin zu durchschlendern, von einem Café zum anderen, und das lärmende Leben der Studenten und

ihrer Mädchen zu beobachten; oder in der Gegend seiner Wohnung
den Abend in einer Winkelschenke im Gespräch mit einem Arbeiter
oder einem Kleinhändler über die Politik des Tages zu beschließen,
wenn ihn das gewaltige Treiben der Boulevards betäubt und ihre
endlosen Lichterreihen geblendet hatten . . .

Es waren die Flitterwochen seiner Liebe. Eine irre, trunkene
Seligkeit hatte sich völlig seiner bemächtigt. Nach den vergangenen
Jahren der Einsamkeit und der Eintönigkeit trank er an diesem
Becher der Freude, welcher vollgefüllt war bis zum Rande und ihm
unleerbar erschien.

O Paris! sagte Carrard Auban dann, wie ich dich liebe! Wie
ich dich liebe! — Gehörst du nicht auch mir! Bin ich nicht auch
dein Kind? — Und der Stolz schwellte seine junge Brust und
leuchtete aus seinen Augen, welche nie so jung gewesen waren. Noch
war er wie die emporwachsende Rebe, welche sich an fremder Größe
emporrankte und sie umschlang mit den Armen der Sehnsucht und
der Hoffnung, an ihr allein zu erstarken . . .

Als sich aber seine Lust und sein Geld dennoch zu Ende neigten
und er daran denken mußte, zu sehen, wie und wovon er weiter
leben könne, erschrak er nicht. Es dünkte seinen muthigen Kräften
nicht allzu schwer. Und doch war es nur ein ganz seltener und
glücklicher Zufall, welcher ihn an einem dieser Tage im Jardin des
Tuileries mit einem Herrn in's Gespräch kommen ließ, welcher einen
Sekretär suchte und ihm diese Stelle gab.

Auban arbeitete bei ihm — ziemlich frei und nicht übermäßig
anstrengend — für einen bescheidenen Lohn, welcher indessen seinen
Bedürfnissen genügte, fast zwei Jahre. Die Arbeit interessirte ihn
nicht. Er war kein methodischer und daher kein guter Arbeiter,
wenn es galt, Briefe zu kopiren und die Bibliothek seines Be-
schäftigers zu ordnen. Aber er wurde diesem unentbehrlich, wenn
er ihm — dem englischen Spezialgelehrten, einem seltsamen Gemisch
von Gründlichkeit, wenn es galt, eine belanglose wissenschaftliche
Frage zu ergründen, und kindischer Oberflächlichkeit in den Folgerungen
seiner Forschungen — half, sein schlechtes Französisch zu verbessern, in
welchem Jener es liebte, seine werthlosen Entdeckungen niederzulegen.

Als er nach England zurückkehrte, gab er — obwohl er nie auch nur mit einer Frage zu verstehen gegeben hatte, daß er an der Persönlichkeit seines Sekretärs das geringste Interesse genommen und in ihm etwas Anderes als ein Werkzeug für seine Arbeit gesehen hätte — Auban eine Anzahl Empfehlungsbriefe, welche völlig nutzlos, und eine Summe in einer Höhe, daß sie diesem für die nächste Zeit sehr nützlich war.

Auban war wieder frei für einige Zeit. Hatte er schon in diesen zwei Jahren mit dem lebhaftesten Antheil die soziale Bewegung seines Vaterlandes verfolgt und manche Bekanntschaft mit einzelnen Gliedern ihrer Reihen geschlossen, so stürzte er sich jetzt — mit einem gellenden Freudenschrei — in ihre Fluth.

Sie nahm ihn auf, wie sie Alles aufnimmt und verschlingt...

Weit, dunkel, geheimnißvoll, wie das unerforschliche Dickicht eines Urwaldes lag das Gebiet der sozialen Frage — der Menschheit Zukunft — vor seinen Augen. Frisch, jung, bereit stand er vor ihr.

Hinter sich eine verworrene Kindheit — Wege über Felder, bereits gegangene, und Pfade über gemähte Wiesen, bereits wieder übergrünte —, und vor sich das große Geheimniß, das Ideal, welchem er sein Leben weihen wollte.

Das Rauschen der Stimmen in der Wildniß vor sich schien Antwort geben zu wollen jenen wirren Klagen, welche seine Wiege in der Dachstube umtönt hatten.

Und er begann.

Es war unmöglich, mit lautereren Absichten, heißeren Wünschen und kühnerem Willen in den Kampf zu treten, welcher der Kampf unserer und der kommenden Zeit ist.

Auban, der noch nicht dreiundzwanzigjährige, sah in diesem Kampfe zwei Heerlager: auf der einen Seite standen Die, welche das Schlechte wollten; auf der anderen Die, welche das Gute erstrebten. Jene erschienen ihm völlig korrumpirt, in der Auflösung bereits begriffen, schon halb besiegt; diese als der gesunde Boden, bereit, den Samen der Zukunft in sich aufzunehmen.

Er war überwältigt von der Gewaltigkeit der Bewegung und ganz außer Stande, eine Kritik zu üben. Er war berauscht von der

Idee, ein Glied in diesen Reihen zu sein, welche eine Welt zum Kampf herausforderten. Er fühlte sich gehoben, von neuen, großen Hoffnungen erfüllt, gestärkt und wie verwandelt.

Wer, der in die Bewegung eintrat, hat nicht einmal die ähnlichen, die gleichen Gefühle gehegt? —

Er besuchte die Versammlungen und hörte den Worten der verschiedenen Redner zu. Je weiter dieselben sich nach „links" neigten, desto größer war sein Interesse und sein Beifall. — Er wurde ein Gast in den Klubs, wo die Arbeiter verkehrten. Er lauschte den Wünschen, wie er sie aus ihrem eigenen Munde vernahm. Er las die Zeitungen: die radikalen, die sozialen, die Tagesblätter und die Wochenschriften. In jedem Freiheitsschwätzer sah er einen Gott; und in jedem Phrasen-Politiker sah er einen Helden . . .

Er war bis dahin ohne besondere Energie gewesen. Besonders die letzten Jahre hatten ihn verflacht. — Nun wuchs seine Arbeitskraft. Er arbeitete wirklich. Die ganze, mühevolle Arbeit, welche das erste Eintreten in eine neue Welt von Begriffen erfordert.

Von allen Seiten strömte ihm die Fluth neuer Gedanken zu. Er bewältigte langsam den Wust der Broschüren, in welchen ein verdünnter Extrakt wissenschaftlicher Forschungen oft in so seltsamer Weise dem ungeschulten Gedanken gereicht wird. Dann begann er mit dem Studium von einigen der Hauptwerke des Sozialismus selbst.

Seine Lebensgewohnheiten veränderten sich. Er wollte um keinen Preis ein Bourgeois sein und scheinen. Er verlegte sein kleines Zimmer nach dem Arbeiterviertel der Buttes Chaumont. Seine Kleidung vereinfachte er bis zur Bescheidenheit, nie aber bis zur Unordentlichkeit. Er aß in den Tavernen mit den Arbeitern. Indessen verringerten sich seine Ausgaben dadurch nicht. Nur das Gefühl der Beschämung, „besser" zu sein wie seine hungernden Brüder, empfand er nicht mehr bei dieser immerwährenden, bewußten Selbstentäußerung.

Getreu den Lehren, welche er in sich aufnahm, begann er zu arbeiten als Handarbeiter. Da er kein Handwerk gelernt hatte, mußte er lange tasten, um irgendwo festen Fuß zu fassen. Er wurde erst Setzer, dann Korrektor in der Druckerei einer sozialistischen Tageszeitung.

In dieser Zeit schrieb er auch seine ersten Artikel. Nichts schließt die Menschen schneller und enger aneinander, als der Kampf im Dienste einer gemeinsamen Idee. Schnell ist die Schlinge des Programms um den Hals geworfen. Sofort zieht sie sich zusammen: deinen Bestrebungen ist hinfort das eine, unverrückbare Ziel gegeben; die Richtung deines Weges hinfort bezeichnet; der Gebrauch deiner Kräfte vorherbestimmt.

Das ist die Partei!

Freiwillig war Auban den Reihen beigetreten. Jetzt war er nichts mehr als der Soldat, welcher geschworen hatte, der voranflatternden Fahne zu folgen: wohin sie weist, dort liegt das Ziel. Man appellirt an dein Ehrgefühl, deine Treue, wenn deine Vernunft sich sträubt. Du bist nicht mehr frei — du hast geschworen, Andere zu befreien!

Doch auch für Auban kam bald die Zeit, in welcher er fähig wurde, Kritik zu üben. Er sah die ungeheure Zerrissenheit dieser Bewegung. Er sah, daß sich hier Ehrgeiz, Neid, Haß und die triviale Gemeinheit mit demselben Pompe des Idealismus: den Wortgewändern der Brüderlichkeit, Gerechtigkeit und Freiheit, umgab, wie bei allen anderen Parteien unseres öffentlichen Lebens.

Er sah es mit einem Schmerze, wie er ihn noch nie gefühlt hatte.

Er war noch immer sehr jung. Er wollte noch nicht begreifen, daß die leitenden Führer der Parteien nicht daran dachten, diese Worte gegenseitig ernst zu nehmen; daß für die Konservativen „das Wohl des Vaterlandes", die „öffentliche Ruhe und Sicherheit", für die Radikalen die „freie Konstitution", die „Bürgertreue", und für die Arbeiterparteien „das Recht auf Arbeit" und die schönen Worte der Gleichheit und Gerechtigkeit nichts waren als Lockköder, um mit ihnen die Urtheilsunfähigen in möglichst großer Anzahl auf ihre Seite zu ziehen und so durch das Recht der Mehrheit die Stärkeren zu werden.

Hatte er nicht selbst ein Jahr lang, in welchem er fast täglich für das Blatt seiner Partei schrieb, mit diesen Worten gefochten —

den Kampf in den Lüften! —, ohne sie je zu prüfen? — Und zwar hatte er mit Begeisterung und Ehrlichkeit gekämpft, in dem guten Glauben, daß es keinen andern und bessern Weg gäbe, die Unterdrückten und Verfolgten zu befreien.

Er wollte nur Eines, nur Eines: Freiheit! Freiheit! — Die Stimme seiner Vernunft, die wilden Klagen seines leidenschaftlichen Herzens riefen ihm zu, daß nur in ihr das Glück und der Fortschritt der Menschheit beruhe.

Durch alle Stadien der politisch = sozialen Bewegung trieb ihn dieser unaufhörliche Durst nach Freiheit. Keine Lehre befriedigte ihn. Nirgends sah er die Voraussetzungen unantastbar, die Bedingungen erfüllt, die Garantieen gesichert.

Beständig quälte ihn der suchende Gedanke, das unbefriedigte Gefühl: es ist nicht die Freiheit, die ganze Freiheit! Er fühlte, wie sich seine Abneigung gegen jede Autorität verstärkte. Darum legte er seine Stelle nieder.

In dieser Zeit war es, als er Otto Trupp, den er schon oft gesehen, näher kennen lernte und mit ihm Freundschaft schloß. Durch ihn erhielt er Kunde von der Bewegung der Arbeiter in Deutschland und der Schweiz, von welcher ihm bisher wenig bekannt geworden war. Trupps Erzählungen machten einen großen Eindruck auf ihn.

Es war im Jahre 1881. Die Idee des Anarchismus befand sich in Frankreich in rapidem Wachsthum. Aus den Parteireihen des Sozialismus riß sie Schaaren von selbständiger denkenden Arbeitern, von mit einzelnen Handlungen der leitenden Führer Unzufriedenen, dann alle Jene, deren fiebernder Ungeduld die Revolution — die Erlösung — zu langsam kam.

Wenn es keinen Staat, kein Privateigenthum, keine Religion mehr gab, wenn alle Institutionen der Herrschaft abgeschafft waren, konnte es dann noch eine Herrschaft geben? — Der herrschenden Gewalt galt es Gewalt entgegenzusetzen!

Die Idee der Zerstörung der alten Welt bemächtigte sich seiner. Erst auf ihren Trümmern, wenn Alles vernichtet war, konnte sich jene Gesellschaft errichten, welche die Gleichheit als ihr oberstes Prinzip erkannte.

7

„Jedem nach seinen Fähigkeiten, Jedem nach seinen Bedürfnissen!" Nun hatte er die Formel gefunden, in welche er sich flüchten konnte. Und seine Träume bauten das Gebäude der Menschheits = Zukunft auf: sie bauten es hoch, weit und schön . . . Jeder würde zufrieden sein: alle Hoffnungen erfüllt, alle Wünsche befriedigt. Die Arbeit und ihr Tausch würden freiwillig sein; nichts mehr, was ihre Grenzen bestimmte, selbst nicht ihr Werth. Die Erde gehört Allen ungetheilt. Jeder hat ein Recht auf sie, wie er ein Recht hat, Mensch zu sein. Und er baute das stolze Gebäude seiner Gedanken — er baute es in den Himmel! . . .

Diese Lehre des Kommunismus, welche so alt ist, wie die Religionen, welche aus der Erde nicht den Himmel, sondern die Hölle gemacht haben, nannte er Anarchismus, wie seine Freunde sie Anarchismus nannten. —

Nie waren seine Worte eindringlicher gewesen, nie hatten sie eine größere Begeisterung erweckt. Er stand jetzt auf der äußersten Grenze des Reiches der Parteien! Weiter zu gehen, war unmöglich. — Er opferte sich auf. Er war thätiger wie je, zu organisiren und zu agitiren. Ueberall fand er neue Gesinnungsgenossen.

Es war das wildeste Jahr seines Lebens. Kein Tag der Ein= kehr und keine Nacht der Ruhe.

Er war viel zu viel ein Mann der Thatkraft, welcher es liebte, positive Erfolge vor Augen zu haben, als daß ihn diese hastende, fieberhafte Thätigkeit der Propaganda hätte befriedigen können. Indessen erweiterte sich schnell der Kreis seiner praktischen Lebens= erfahrungen, ohne daß er es empfand. Er verstand seine Genossen: ihre leidenschaftlichen Anklagen, ihre schreienden Schmerzen, ihre erbitterten Flüche. Täglich sah er hier die Hungernden und Darbenden um sich, selbst oft hungernd und verzweifelnd; täglich dort die scham= lose Prasserei, den bodenlosen Uebermuth, die höhnende Anmaßung — aufrecht erhalten nur durch Gewalt. Dann ballte sich seine Hand und krampfte sich sein Herz zusammen, dann predigte er ohne Bedenken aus tiefster Ueberzeugung die Lehre: die Gewalt mit der Gewalt zu vernichten, dann erschien ihm als das Erste und Wichtigste, daß diese Hungernden Brot, die Frierenden Feuerung und diese nackten Kleidung bekämen. Was waren alle Errungenschaften der Wissenschaft, alle Kunst, alle Fortschritte der Menschheit gegenüber diesen ersten und unverrückbarsten Forderungen! Ueberall lehrte er Gewalt, in allen Versammlungen, allen Vereinen. Man wurde auf ihn aufmerksam. Aber — wie meistens — war es auch hier nur ein Zufall, der die Entscheidung herbeiführte.

Eine der Versammlungen, in welcher auch er sprechen wollte, wurde aufgelöst. Bei der Auseinandertreibung der Versammelten wurde er von einem Polizisten in brutaler Weise am Arm gepackt und gegen die Wand gestoßen. Er schlug ihm die Faust in's Gesicht.

Vor dem Richter hielt er getreu den Prinzipien, welche „dem Revolutionär vorschreiben, in jedem möglichen Falle, besonders aber vor Gericht, wenn die Umstände es irgend erlauben, Propaganda zu machen", — eine aufsehenerregende Rede. Zahllose Male war von den Verurtheilten die Kompetenz des Gerichtshofes in Zweifel gestellt worden; nie aber in dieser Weise die Autorität jedes Gesetzes negirt worden.

Man war überrascht, theils empört, theils amüsirt. Man hielt ihn nicht für zurechnungsfähig. So verurtheilte man Auban nur zu einer anderthalbjährigen Gefängnißstrafe.

Heute wissen die Gerichtshöfe der zivilisirten Länder Europas, wenn sie diese Sprache vernehmen, daß sie einen „Feind jeder Ord=nung" vor sich haben, und lassen ihn nicht mehr los.

1883, kaum ein Jahr nach nach Aubans Verurtheilung, setzte der große Anarchistenprozeß der Sechsundsechzig zu Lyon die Ge=müther in Bewegung und lenkte die allgemeine Aufmerksamkeit auf die neue Lehre. Von diesem Schlage, welchen die Regierung weitaus=holend führte, wäre auch Auban unzweifelhaft getroffen worden, hätten ihn damals **nicht** schon die Mauern des Gefängnisses umschlossen. Für die „öffentliche Meinung" war nun auch in Frankreich der Name „Anarchist" fast gleichbedeutend mit Meuchelmörder . . .

Als Auban die Fäuste der Polizeiknechte an seinem Leibe fühlte, wurde ihm das Wesen der Gewalt in ihrer ganzen Rohheit klar. Sein Stolz bäumte sich auf. Aber er war — „machtlos". Die Idee, für die Sache der Menschheit zu leiden, hielt ihn. Er sah weder das kalte Lächeln der Richter, noch die stumpfen, neugierigen

Blicke der Zuschauer, welche ihn betrachteten wie eine seltsame Abart ihres Geschlechtes. Als er sein Urtheil vernahm, zuckte nicht eine Wimper seiner Augen. Anderthalb Jahre! — Das war nichts. Welch' lächerlich=geringes Opfer, verglichen mit den tausendfachen Opfern der Blutzeugen — um nur an den Heldentod der Zaren=mörder zu denken! —, welche vor ihm gelitten hatten! Mit stolzer Verachtung betrat er das Gefängniß.

Nie konnte einem Menschen die erste Zeit seiner Strafe schwerer, die letzte leichter geworden sein, wie sie ihm wurde.

Erst glaubte er, die Luft und die Sonne der Freiheit nicht einen Monat entbehren zu können. Er täuschte sich. Eine dumpfe und schwere Ruhe bemächtigte sich im Anfang seiner: die Ruhe der Ermattung nach diesen letzten stürmischen Jahren! Sie that ihm geradezu wohl. Er genoß sie fast wie eine heilsame Medizin. Nichts mehr von den stündlichen Aufregungen! Nichts mehr von dem wider=streitenden Lärm! — Lange strömte das Blut aus all' den Wunden, welche ihm diese Jahre des Kampfes geschlagen. Als es sich stillte, fühlte er sich ruhiger wie je zuvor.

Es wurde ihm möglich, sich das eine und andere Buch zu ver=schaffen. Mit der Gründlichkeit, zu welcher ihn die Stille und Oede seiner Tage und Nächte zwang, überdachte er Forschung für Forschung der großen nationalökonomischen Denker seines Landes.

Das Bild der Welt nahm vor seinen Augen eine andere Ge=stalt an, je innerlicher er wurde. Seiner Zeit gleichsam entrückt, nicht mehr umtost von dem Widerstreit ihrer Wünsche, gewann er den Standpunkt, ihre Strömungen zu übersehen. Es war die Zeit, in welcher er auf sich zurückkam.

Im Spätsommer 1884 verließ er sein Gefängniß. Er war nicht mehr der Alte. Er fand sich schwer zurecht. Seine Kräfte hatten ihre Elastizität verloren. Er wurde von den Genossen freudig begrüßt. Trupp war in London. Man half ihm nach Kräften. Aber es war nicht mehr dasselbe. Sein Glaube war erschüttert. Er dürstete nach der Ergründung der Wahrheiten der Volks=wirthschaft. Er wollte wissen, welche Rettung sie versprach. Das war ihm jetzt das Wichtigste. Er mußte, daß er das nie und nimmer weder aus den leidenschaftlichen Diskuſſionen der Verſammlungen, den in allgemeinen Redensarten ſich ergehenden Artikeln der Zeitungen, noch aus der Broſchürenfluth der Bewegung erfahren würde.

Paris wurde ihm unerträglich. Ueberall ſah er in den Spiegel der Thorheiten ſeiner Jugend. Das leichtfertige, lärmende, phraſenhafte Getriebe ſtieß ihn ab, widerte ihn an. Er ſehnte ſich nach einer großen, freien Stille.

Das Einzige, was ſich ihm bot, war eine Stellung in einer großen Buchhandlung in London, wo er bei der Herausgabe eines weitangelegten franzöſiſchen Sammelwerkes beſchäftigt werden konnte. Er enſchloß ſich ſchnell.

Aber er ging nicht allein. Er nahm mit ſich ein Mädchen, welches er ſchon vor ſeiner Verhaftung kennen gelernt hatte, und welches ihm in der langen Zeit treu geblieben war.

Das Jahr, welches Auban mit ihr verlebte, war das glücklichſte ſeines Lebens. Aber die ſchmächtige Flamme dieſes kurzen Glückes erloſch, als er die Mutter in derſelben Stunde verlor, in welcher ſie ihm ein todtes Kind geboren hatte.

Das ganze Weſen dieſer einfachen und ebenſo natürlich wie tief urtheilenden Frau kennzeichnete ſich in der Antwort, welche ſie einſt einem der Kommuniſten gab, welcher in dem bitteren Ton des Vorwurfs die Frage an ſie gerichtet hatte:

„Haben ſie denn je etwas zu dem Glücke der Menſchheit beigetragen?"

„Ja, ich bin ſelbſt glücklich geweſen!" hatte ſie ihm zurückgegeben.

Als Auban ſie verloren hatte, wurde er noch ernſter und feſter. Mehr und mehr begann er die Träumereien idealiſtiſcher Unerfahrenheit zu haſſen und zu fürchten. Er wies ſie von ſich mit zerſetzender Kritik, oft mit herbem Spott. Man griff ihn deshalb jetzt ſchon von Seiten an, welche ihn früher mit Jubel begrüßt hatten. Er ſah darin nichts wie einen Gewinn. Was er nie geweſen war, wurde er jetzt: ſkeptiſch. Hatte er früher den Parteiſpaltungen des Tages zu viel Werth beigelegt, ſo war er jetzt — wo er das politiſche Poſſenſpiel nicht mehr ernſt nehmen konnte — geneigt, ſie zu unterſtützen.

Seitdem er in London war, hatte er in seinen freien Stunden begonnen mit dem Studium der jüngsten Tochter der Wissenschaft: der Volkswirthschaft, diesem nüchternen, ernsten, strengen Studium, welches so viel von dem Gehirn, so wenig von dem Herzen fordert. Sie zwang ihn, aufzuräumen mit dem Heer halbklarer Wünsche; sie zwang ihn logisch zu denken; und sie zwang ihn, die Worte auf ihren Sinn und Werth hin zu prüfen.

Es war Proudhon, der ihn zunächst mächtig anzog, dieser gigantische Mensch, dessen nie ermüdende Forschungen alle Gebiete menschlicher Thätigkeit umspannen; Proudhon, dessen leidenschaftliche, glühende Dialektik sich so oft in die halbdunklen Irrgänge des Widerspruchs zu verlieren scheint, in welchen nur der über den Parteien thronende Geist dem einzig und allein immer die volle Freiheit des Individuums Suchenden zu folgen vermag; Proudhon, der „Vater der Anarchie", auf den immer und immer wieder sich Jeder zurückgeführt sieht, der die Wurzeln der neuen Lehre der Herrschaftslosigkeit bloszulegen versucht . . .

„Das Eigenthum ist Diebstahl!" Das ist Alles, was die meisten Sozialisten von Proudhon wissen. Doch von Auban's Augen begannen die Schleier zu fallen.

Er sah jetzt, was es war, das Proudhon unter Eigenthum verstanden hatte: nicht der Ertrag der Arbeit, welchen er stets gegen den Kommunismus vertheidigt, sondern die gesetzlich geschützten Privilegien dieses Ertrages, wie sie in den Formen des Wuchers, vornehmlich denen des Zinses und der Rente, auf der Arbeit lasten und die freie Zirkulation derselben hemmen; daß Gleichheit bei Proudhon nichts Anderes heißt als Gleichheit der Rechte, und Brüderlichkeit nicht Entsagung, sondern kluge Erkenntniß der eigenen Interessen in dem Lichte des Mutualismus; daß er die freie Association zu einem bestimmten Zwecke im Gegensatz zur Zwangsvereinigung des Staates, „die Freiheit, welche sich darauf beschränkt, die Gleichheit in den Mitteln der Produktion und beim Tausche der Produkte aufrecht zu erhalten", vertheidigt, als die „einzig mögliche, gerechte und wahre Gesellschaftsform".

Auban erkannte jetzt den Unterschied, den Proudhon machte zwischen Besitz und Eigenthum.

„Der Besitz ist rechtlich, das Eigenthum widerrechtlich." Deine Arbeit ist dein rechtlicher Besitz, ihr Ertrag dein Kapital; die Fruchtbarkeit dieses Kapitals aber, das Monopol seiner Fruchtbarkeit, ist widerrechtlich.

„La propriété, c'est le vol!"

So erkannte er die wahren Ursachen des grauenhaften Unterschieds in der Vertheilung der Waffen, von dem die Natur nichts weiß, wenn sie uns auf den Kampfplatz des Lebens stellt: wie es kommt, daß die Einen verdammt sind, in den Grenzen, welche ihnen das „eherne Lohngesetz" unerbittlich vorschreibt, ihr Leben voll Mühe, Elend und Hoffnungslosigkeit zu verbringen, während die Andern, der Konkurrenz enthoben, spielend den Magnet ihres Kapitals wirken lassen, um dasselbe durch die ihm verfallenen Erträge fremder Arbeit stetig zu vermehren, das sah er jetzt als klares Bild unter der Leuchte dieser Forschung.

Er sah, daß die Minderheit dieser Letzteren mit Hülfe alt= hergebrachter Vorurtheile in den Stand gesetzt war, die Mehrheit zur Anerkennung ihrer Privilegien zu zwingen. Er sah, daß das Wesen des Staates es war, welches ihnen ermöglichte, die Einen in der Unkenntniß über ihre Interessen zu erhalten, die Andern, welche dieselben erkannt hatten, zu vergewaltigen, sich ihrer zu entäußern.

Er erkannte demnach — und dies war die wichtigste und tief= einschneidendste Erkenntniß seines Lebens, welche die ganze Welt seiner Anschauungen revolutionirte —, daß es galt, nicht die Lehren der Selbstentäußerung und der Verpflichtung, sondern vielmehr den Egoismus, die Erkenntniß der eigenen Interessen, zu vertheidigen! Wenn es eine „Lösung der sozialen Frage" gab, so lag sie hier. Alles Andere war Utopie oder aber Knechtschaft in irgend einer Form.

So wuchs er langsam und still in die Freiheit hinein: tagsüber gebunden in die Sklaverei seiner mühsamen Arbeit und Abends im Verein mit der Frau, welcher seine Liebe gehörte. Dann, als er sie verloren hatte, wieder allein; nur einsamer, aber ruhiger und stärker, wie je zuvor . . .

Sein bester Freund war und blieb Trupp. Er hatte den Ernst, die Festigkeit und das instinktive Zartgefühl dieses Mannes mehr und mehr schätzen gelernt. Trotzdem verstanden sie sich nicht mehr so gut.. Trupp rechnete stets mit den Menschen, wie sie sein sollten und sein würden; Auban aber war in das Wesen der Freiheit so eingedrungen, daß er eingesehen hatte, wie wenig man die Menschen zu ihrem Glücke zwingen kann, die nicht glücklich sein wollen.

Er hoffte Alles von dem langsamen Fortschritt der Vernunft; Jener Alles von der Revolution, an deren Tagen das Licht der Freiheit sich in Strömen überall hin ergießen würde, Alle erleuchtend, weil alle Wünsche erfüllend. Auban war zu sich gekommen und wünschte, daß Jeder so sich finden möge; Trupp verlor sich selbst immer mehr und mehr an die Allgemeinheit. Trupp hatte sich in den Dienst seiner Sache gestellt und fühlte sich ihr auf Leben und Tod geweiht: Auban wußte, daß die Freiheit zu nichts verpflichtet.

So wurde der Eine immer mehr zur Aktivität angefeuert, wie ein Roß vom Sporn des Reiters, wie ein Soldat von dem „Vorwärts!"-Rufe seines Feldherrn, während der Andere sich mehr von der Bedeutung der Taktik überzeugte, welche den Feind an sich herankommen läßt und dann seine Angriffe abschlägt. So sah der Eine alles bleibende Heil nur aus einem blutigen, der Andere nur aus einem unblutigen Kampfe hervorgehen . . .

Fünftes Kapitel.

Die Kämpfer der Freiheit.

Auban sprang auf.

Es hatte geklopft. Der Boy des Bars, welcher jeden Sonntag kam, streckte seinen Kopf zur Thür hinein: „Sir?" — Er möge in einer halben Stunde wieder kommen.

Auban sah nach seiner Uhr. Er hatte abermals eine ganze Stunde vergrübelt... Es war fast nun fünf Uhr. Es dunkelte bereits und Auban entzündete eine große Lampe, deren Schein vom Kaminsims aus das ganze Zimmer erleuchtete. Dann schürte er das Feuer zu neuer Gluth; schob den Tisch mit Anstrengung gegen das Fenster zu, so daß ein weiter Raum vor dem Kamin entstand; und stellte endlich Stühle in einem Halbbogen um diesen herum. Nun hatten wohl acht bis neun Personen Platz.

Er übersah den Raum, welcher jetzt, nachdem die Fenster durch Vorhänge verhüllt waren, erwärmt von dem aufflackernden Feuer und durchhellt von dem milden Licht ein fast behagliches Aussehen erhielt.

Aber wie anders war es doch früher gewesen: in den beiden kleinen Zimmern von Holborn, als seine Frau noch lebte, sie, die so gut verstanden hatte, es Jedem behaglich zu machen, an den Sonntagnachmittagstunden: den Zurückhaltendsten zum Aussprechen, den Geschwätzigsten zur Zügelung seines Redeflusses, den Mißtrauenden zur Theilnahme, den Phrasenhelden zum Nachdenken zu bringen, ohne daß er es selbst bemerkte.

Es war damals nicht selten, daß Frauen diesen Zusammen=
künften beiwohnten. Aber der Ton war immer gleich unbefangen
und frei von jedem konventionellen Zwange geblieben.

Die Zeit ihrer kurzen Krankheit hatte die Zusammenkunft jäh
unterbrochen; ihr Tod die größte Lücke in den Kreis gerissen. Auban
hatte die Idee dieser Nachmittage, welche von ihr ausgegangen war,
nicht aufzugeben vermocht.

Sie kamen wieder zu ihm. Von der, welche Alle vermißten,
die sie gekannt hatten, wurde nie gesprochen.

Wie Viele waren in diesen zwei Jahren bei ihm ein= und aus=
gegangen: wohl an hundert Menschen! Fast Alle standen sie mehr
oder minder in der internationalen Bewegung des Sozialismus.
Ihre Ideale waren so verschieden, wie die Wege, auf welchen sie
ihnen zustrebten.

Alle aber litten unter dem Drucke der heutigen Zustände und
sehnten sich nach besseren . . . Das war das einzige Band, welches
sie lose zu diesen Stunden vereinigte.

Viele verübelten es Auban, daß er seine Thür so verschiedenen
Elementen öffnete. Manche sahen darin schon eine Untreue. „Gegen
wen?" wurden sie von ihm lächelnd gefragt. „Ich habe keinen leib=
lichen oder geistigen Herrn, dem ich Treue geschworen hätte. Wie
kann ich untreu geworden sein?"

So blieben die politischen Schwätzer, die Partei=Menschen, die
orthodoxen Fanatiker fort: alle Jene, welche wähnten, des Himmels
der Freiheit nur dann theilhaftig werden zu können, wenn das Ideal
ihrer Freiheit das Ideal Aller geworden sei.

Wieder und wieder kamen die Einzelnen — Auban's wenige
persönliche Freunde —, welchen die Erfahrungen ihres Lebens gelehrt
hatten, daß die Freiheit nichts ist, als die Unabhängigkeit von ein=
ander: die Möglichkeit für Jeden, auf seine eigene Weise frei zu sein.

Es wurde gewöhnlich französisch gesprochen. Aber nicht selten
auch englisch, wenn die Anwesenheit von englischen Freunden es
erforderte.

Fremde kamen und gingen in letzter Zeit wieder öfter. Auban
bat Niemanden, wiederzukommen; aber Jeder fühlte an seinem

Händebruck, mit dem er Abschied nahm, daß er in acht Tagen ebenso wieder willkommen geheißen würde.

Das Recht der Einführung stand Jedem frei und wurde zuweilen so fleißig geübt, daß die Zahl der Anwesenden die Zahl der Stühle überschritt. Aber oft war Auban auch allein mit einem oder zweien seiner Freunde.

Meistens stand eine Tagesfrage im Mittelpunkt der gemeinsamen Unterhaltung. Oder eine Diskussion entspann sich, und die Anwesenden theilten sich in Theilnehmer und Zuhörer. Doch kam es auch vor, daß man zusammenrückend kleine Gruppen bildete, und zwei, drei verschiedene Sprachen das Gemach durchschwirrten.

Einmal kam ein Mensch, Keiner wußte, woher, der sich einige Zeit hernach als Spitzel entpuppte. Die Entdeckungssucht nach Verschwörungen und Attentätern hatte ihn auch hierher gelockt. Als er aber sah, daß hier nicht von Dynamit, von Bomben, der „schwarzen Hand", Exekutivkomités und Geheimbünden die Rede war, sondern von wissenschaftlichen und philosophischen Fragen, die er nicht verstand, verschwand er, wie er gekommen, nachdem er sich einige Stunden unsäglich gelangweilt hatte.

Eine ähnliche Enttäuschung erlebten einige jugendliche Hitzköpfe, welche sich einbildeten, das Werfen einer Bombe sei eine größere That und schaffe das soziale Elend schneller aus der Welt, als die mühsame Ergründung der Ursachen dieses Elends. Die Verachtung, mit welcher sie hinfort von diesem „philosophischen Anarchismus" sprachen, der völlig unfruchtbar sei und mit der Befreiung der hungernden Menschheit nicht das Geringste zu thun habe, war ebenso souverain, als leicht erklärlich.

Auban hielt sich bei den Diskussionen meist zurück. Doch liebte er es nicht, wenn dieselben den Boden der Wirklichkeit völlig verloren und in jene leeren Wortschwallgefechte ausarteten, welche nur schwer ein Ende und nie ein Ziel erreichten.

Heute aber wollte er — gedrängt von seinen Freuden und nicht zurückgehalten von seinen eigenen Wünschen — in ihrer ganzen Schärfe die Gegensätze zweier Weltanschauungen hervorheben, deren

unlogifche Vermifchung eine Nacht von Widerfprüchen und Unklarheiten gefchaffen hatte . . .

Heute wollte er die letzten Unklarheiten, welche noch über feine
eigene Perfon und ihre Stellung herrfchten, vernichten und damit
einen Kampf beginnen, dem er feft entfchloffen war, auf lange hinaus
feine befte Kraft zu widmen . . . ,

                                      .

Er fah gerade etwas ungeduldig nach der Uhr, als es klopfte.
Aber der Eintretende war ihm ein völlig Fremder. Es war ein
Mann von vierzig Jahren, der auf ihn zuging, fich vorftellte und
ihm einen Brief überreichte.

Auban überflog denfelben, nachdem fie fich Beide gefetzt. Es war
eine Empfehlung für den Ueberbringer, in leichtem, geiftreichem Tone
gehalten, und fie kam von einem Manne, mit dem Auban vor Jahren
in Paris oft auf derfelben Rednertribüne geftanden hatte, wenn es
gegolten hatte, die Rechte der Arbeit zu vertheidigen, der aber nun
der Redaktion einer großen Oppofitionszeitung des Tages angehörte
und feiner fcharfen Feder wegen fehr gefürchtet wurde.

Halb eine Entfchuldigung, halb eine Selbftverfpottung tändelte
diefer Brief zwifchen unvergeffenen Erinnerungen und der Wohl-
gefälligkeit an Erreichtem hin und her . . . Er empfahl der Güte
Auban's einen Freund, der fich von dem Studium der fozialen Bewegung angezogen fühle, wie „der Schmetterling von der Flamme",
und insbefondere während eines kurzen Aufenthalts in London einige
Auffchlüffe über das dunkle Gebiet des Anarchismus zu erlangen
wünfche, in welchem Auban ihn wohl beffer zu leiten verftehe, als
er felbft, deffen „Blicke allzufehr gebannt feien in den Kreis des
Tages, als daß eine verlorene Zukunft ihn zu locken vermöge . . .'
Dann ein Glückwunfch zu Auban's buchhändlerifchem Erfolge, ein
abermaliges Lächeln über gemeinfame Thorheiten, von denen „die
Erfahrung auch den letzten Duft des Reizes · geweht", und eine
ceremonielle Verbeugung.

Auban ftellte einige Fragen, um fich dies veränderte Bild
ergänzen zu können. Dann erklärte er fich freundlich zu jeder Aus-

kunft bereit, die von ihm gewünscht würde. Er freute sich an den Klängen seiner Sprache, er freute sich an den Klängen seiner Sprache, er freute sich heimlich an diesem Besuch, der einen Duft von Paris in sein Zimmer trug . . .

Dieser Fremde war ihm sympathisch: seine einfache Kleidung, das ruhige, sichere Wesen, sein ernstes Gesicht.

Er begann mit einer Frage.

„Sie wünschen von mir Aufschluß über die Lehre des Anarchismus. Würden Sie mir zuvor sagen, was Sie bisher unter Anarchie verstanden haben?"

„Gewiß. Aber ich gestehe, daß mir ein klares Bild nicht vorschwebt. Das Gegentheil vielmehr: ein blutiges und rauchendes Chaos, ein Trümmerhaufen alles Bestehenden, völlige Lockerung und Auflösung aller Bande, die bisher die Menschen verknüpften: der Ehe, der Familie, der Kirche, des Staates, eine zügellose, durch keine Fessel mehr in Ordnung gehaltene, sich gegenseitig zerfleischende Menschheit —"

Auban lächelte bei dieser tausendmal vernommenen Schilderung.

„So malt sich allerdings in den meisten Köpfen heute noch die Welt der Anarchie", sagte er.

„So wird sie hingestellt bei jeder Gelegenheit von unserer Presse, den politischen Parteien, unsern Encyclopädien, den professionellen Lehrern der Volkswirthschaft, von Allen. Indessen habe ich hierin stets nur die bewußte Verleumdung der Feinde und die unbewußte Nachplapperei der Massen gesehen —"

„Sie haben Recht gethan", sagte Auban.

„Aber ich gestehe weiter, daß mir auch das entgegengesetzte Ideal: das harmlose, friedliche, ungestörte Zusammenleben der Menschen in Gütergemeinschaft, in welchem sich der Eine fortwährend seiner Interessen zu Gunsten des Andern und der Gesammtheit freiwillig entäußert, daß mir ein solches Ideal einer „freien Gesellschaft" als völlig unvereinbar mit der wahren Natur der Menschen erscheint —"

Auban lächelte wieder. „Ich gestehe dasselbe von mir".

Der Andere war überrascht. „Wie?" fragte er. „Und doch ist dies das Ideal der Anarchie?"

„Nein“, antwortete Auban, „im Gegentheil: es ist das Ideal des Kommunismus“.

„Aber — diese Beiden haben ein Ziel —“

„Sie sind einander entgegengesetzt wie Tag und Nacht, Wahrheit und Wahn, Egoismus und Altruismus, Freiheit und Knechtschaft.“

„Aber alle Anarchisten, von denen ich hörte, sind Kommunisten?“

„Nein, die Kommunisten, die Sie kennen, nennen sich Anarchisten.“

„So gäbe es überhaupt hier, bei uns in Frankreich, überhaupt in Europa keine Anarchisten?“

„So viel ich weiß nicht; jedenfalls nur hier und da in geringer Zahl. Indessen ist jeder konsequente Individualist Anarchist.“

„Und die ganze, täglich wechselnde Bewegung des Anarchismus, welche so viel von sich reden macht —?“

„Ist anti-individualistisch und daher anti-anarchistisch; ist, wie ich schon sagte, rein kommunistisch.“

Auban bemerkte, wie sehr seine Worte überrascht hatten. Jener wollte von ihm Beschaffenheit, Länge und Ziel eines Weges wissen und nun hatte er ihm gezeigt, daß der Weiser des Weges eine falsche Inschrift trug . . .

Er sah den ernsten, nachdenklichen Ausdruck in den Zügen seines Besuchers und war nun überzeugt, daß Jenen in der That das Interesse an der Ergründung einer zweifelhaften Frage zu ihm geführt hatte.

Eine kurze Pause entstand, während welcher er ruhig wartete, bis der Andere seinen Gedankengang vollendet hatte und das Gespräch wieder aufnahm.

„Darf ich Sie nun bitten, mir zu sagen, was Sie unter Anarchie verstehen?“

„Gerne. — Sie wissen, daß An-Archie ein der griechischen Sprache entstammendes Wort ist und in genauer Uebersetzung „Herrschaftslosigkeit“ lautet.

Nun ist ein Zustand der Herrschaftslosigkeit identisch mit einem Zustande der Freiheit: wenn ich keinen Herrn habe, bin ich frei.

Anarchie ist somit Freiheit.

Es gilt nun, den Begriff „Freiheit" zu definiren, und ich muß sagen, daß es mir nicht gelingen will, eine bessere Definition zu finden als diese: Freiheit ist die Abwesenheit der aggressiven Gewalt oder des Zwanges."

Er hielt einen Augenblick inne, wie um seinem Zuhörer die genaue Aufnahme jedes seiner langsam und klar gesprochenen Worte zu ermöglichen. Dann fuhr er fort:

„Die organisirte Gewalt nun ist der Staat. Wie Gewalt sein innerstes Wesen ist, so ist Raub sein Privilegium; so ist die Beraubung der Einen zu Gunsten der Andern das Mittel seiner Erhaltung.

Der Anarchist sieht daher in dem Staat seinen größten, ja seinen einzigen Feind.

Es ist die erste Grundbedingung der Freiheit, daß Keinem die Möglichkeit genommen ist, sich ungeschmälert in den Ertrag seiner Arbeit zu setzen. Oekonomische Unabhängigkeit — so lautet daher die erste Forderung des Anarchismus: die Aufhebung der Ausbeutung des Menschen durch den Menschen. Diese Ausbeutung nun wird unmöglich gemacht: durch die Freigabe der Bank, d. h. die Freiheit in der Herbeischaffung von Austauschmitteln, auf welchen kein gesetzlich geschütztes Vorrecht des Zinses mehr lastet; durch die Freigabe des Kredits, d. h. die Organisation desselben auf Grund des Prinzips des Mutualismus, der gegenseitigen wirthschaftlichen Stärkung; durch die Freigabe des Marktes und des Weltmarktes, d. h. die Freiheit des ungehinderten Tausches und Austausches geschaffener Werthe von Hand zu Hand, wie von Land zu Land; durch die Freigabe des Grund und Bodens, d. h. die Freiheit in der Besitzergreifung von Grund und Boden zum Zwecke persönlicher Benutzung, falls derselbe nicht zu gleichem Zwecke schon von Anderen persönlich mit Beschlag belegt wurde; oder, um alle diese Forderungen in eine zusammenzufassen: die Ausbeutung des Menschen durch den Menschen wird unmöglich durch die Freiheit der Arbeit."

Hier schwieg Auban und wieder entstand eine Pause.

„Sie nähern sich, wie mir scheint, dem laissez-faire, laissez-aller der Vertheidiger der freien Konkurrenz —"

„Umgekehrt: die Manchestermänner nähern sich uns. Aber sie sind weit hinter uns zurück. Konsequentes Fortschreiten auf dem eingeschlagenen Wege müßte sie indessen mit unfehlbarer Sicherheit dahin führen, wo wir stehen. Sie behaupten, die freie Konkurrenz zu befürworten. Aber in der That befürworten sie nur die Konkurrenz der Mittellosen unter sich, während sie das Kapital mit Hülfe staatlicher Gewalt der Konkurrenz entziehen, es monopolisiren. Wir dagegen wollen es popularisiren, es Jedem ermöglichen, Kapitalist zu werden, indem wir es durch die Freiheit des Kredits Jedem zugänglich zu machen suchen und es zwingen, wie jedes andere Produkt, an der Konkurrenz theilzunehmen."

„Diese Ideen sind sehr neu —"

„Sie sind nicht ganz so neu, aber sie sind es heute wieder geworden, heute, wo alle Rettung nur „von oben her" erwartet wird, und wo man nicht einsehen will, daß die soziale Frage nicht anders gelöst werden kann, als durch die Initiative des Einzelnen, der sich endlich entschließt, die Besorgung seiner Angelegenheiten selbst zu übernehmen, statt sie in fremde Hände zu legen."

„Es ist mir nicht möglich gewesen, jedem Ihrer Worte bis in das Innere seines Sinnes zu folgen, aber ich glaube Sie darin nicht falsch verstanden zu haben, daß Sie keine Pflicht der Unterordnung unter den Willen eines Andern und kein irgendwie geartetes Recht der Auferzwingung eines fremden Willens anerkennen?"

„Ich beanspruche das Recht der freien Entschließung über meine Person", entgegnete Auban mit starker Betonung. „Ich verlange und erwarte keine Zuertheilung von Rechten seitens der Gesammtheit und ich fühle mich ihr gegenüber zu nichts verpflichtet. Setzen Sie an Stelle des Wortes „Gesammtheit" was Sie wollen: „Staat", „Gesellschaft", „Vaterland", „Gemeinwesen", „Menschheit" — es bleibt sich gleich."

„Sie sind kühn!" rief der Franzose aus. „Sie negiren die Geschichte!"

„Ich negire die Vergangenheit," sagte Auban. „Ich habe von ihr gelernt. Das können nur Wenige von sich sagen. Ich negire alle menschlichen Institutionen, welche sich auf das Recht der Gewalt gründen. Ich bin mir selber mehr werth, als sie es mir sind!" —

„Aber jene sind stärker als Sie —"

„Noch. Eines Tages werden sie es nicht mehr sein. Denn worin besteht ihre Macht? In der Thorheit der Bethörten."

Auban hatte sich erhoben. Auf seinen großen Zügen lag der Ausdruck eines freien, ruhigen Stolzes.

„So glauben Sie an den Fortschritt der Menschheit der Freiheit zu?"

„Ich glaube nicht an ihn. Weh' dem, der glaubt! Ich sehe ihn. Ich sehe ihn, wie ich jeden Tag die Sonne sehe . . ."

Auch der Besucher war aufgestanden. Aber Auban hielt ihn zurück.

„Wenn Sie Lust und Zeit haben, so bleiben Sie noch. Ich erwarte heute, wie jeden Sonntag, einige Freunde. Das Gespräch wird wohl gerade heute auf manchen Punkt kommen, der Sie interessiren dürfte."

Mit offenbarer Freude wurde seine Einladung angenommen.

„Es wäre mir allerdings nicht lieb, jetzt schon von einem Mahle aufstehen zu müssen, von dem ich kaum den ersten Gang genossen —"

Auban fragte wieder nach Paris, nach einzelnen Persönlichkeiten des Tages, nach Manchem, was ihm die Zeitungen verschwiegen.

Dann kamen seine Gäste. Zuerst Dr. Hurt, ein Engländer, der Arzt, welcher seine Frau gepflegt hatte, und seitdem ein regelmäßiger Besucher der Zusammenkünfte bei Auban geworden war. Er war ein kurzangebundener, in sich abgeschlossener Mensch, ohne jede Phrase, ohne alle Sentimentalität, ein Charakter, dessen hervorstechende Eigenschaften ein scharfer Blick unschwer erkennen mochte: unbeugsamer Wille, starke Neigung zu Spott, und zersetzende Ungläubigkeit.

Auban schätzte ihn außerordentlich. Es gab keinen unter seinen Freunden, mit dem er sich so gern unterhielt, wie mit diesem skeptischen Engländer, dessen Logik vor keiner Konsequenz zurückschreckte.

8

Man sprach von jetzt ab einige Zeit englisch, welches der Franzose
verstand. Der Doktor nahm den zweiten Platz am Feuer ein, seinen
Lieblingsplatz, und wärmte seinen breiten Rücken, indem er dies
London verwünschte, wo Nebeldunst und Qualm Alles mit einer
klebrigen Kruste von Krankheitsstoffen überziehe . . .

Er wurde unterbrochen durch Mr. Marell, den Amerikaner, welcher
von einem jungen Mann von zwanzig Jahren begleitet wurde, der —
sichtlich zwischen einiger Verlegenheit und neugierigem Interesse kämpfend
— nur mit scheuer Zurückhaltung in Aubans offene Hand einschlug.

„Wie geht es, Mr. Marell?" —

„Well, ich bringe Ihnen einen jungen Schüler der sozialen
Wissenschaft, einen deutschen Dichter, ich denke, Sie haben ihn bereits
gesehen auf dem Protest-Meeting in Finsbury Hall, er möchte Sie
kennen lernen —"

Auban lächelte. Wieder eine neue Bekanntschaft. Wo und wie
der alte Herr sie schloß, war ihm ein Räthsel. Aber natürliche
Herzensgüte erlaubte dem Alten nicht nur nicht, je eine Bitte abzuschlagen,
sondern ließ ihn sogar in freundlicher Theilnahme jegliche sogleich
errathen. So mochte es auch diesmal gewesen sein.

Fast immer auf dem Wege zwischen England und den Staaten,
kannte er hüben und drüben fast Jedermann aus der sozialen Bewegung
persönlich und wurde von fast Jedermann, mochte er welcher Richtung
auch immer angehören, gekannt und geliebt. Er brachte Auban die
meisten Gäste, die dieser alle gleich freundlich aufnahm.

„Das ist Recht," sagte er auch jetzt, „die Dichter sind immer die
Freunde der Freiheit gewesen und die deutschen Dichter vor Allen.
Als ich mein Deutsch noch nicht ganz vergessen hatte, las ich Freiligrath's
herrliche Gedichte — ah, wie herrlich sie sind, „Die Revolution"
und das Gedicht der Todten an die Lebenden, nicht wahr?"

„Ja", sagte der Deutsche mit freudeleuchtenden Augen, „und die
„Schlacht am Birkenbaum" —"

„Es ist ein seltsames Volk, diese Deutschen", sagte Dr. Hurt,
„das Land des Individualismus, und doch diese hündische Winselei.
Ich kann nicht verstehen, wie ein Mann aufrecht dort leben kann
unter diesen devot gebeugten Nacken —"

„Nun, es sind auch nicht wenige, die auswandern. Wie viele kommen allein zu uns nach Amerika —" unterbrach ihn der Yankee.

Wieder ging die Thür.

Es war Trupp, der ernst, wie immer, die Anwesenden mit einem Kopfnicken begrüßte; ein russischer Nihilist, dessen Namen Niemand kannte, von dessen propagandistischer Thätigkeit seine Genossen aber viel sprachen; und endlich ein Anhänger der New-Yorker „Freiheit"-Richtung, dessen Kommen für Auban stets eine besondere Freude war, trotzdem er sich mit ihm noch weniger über manche Fragen zu verständigen vermochte, als mit Trupp.

Ihnen auf dem Fuße folgte der letzte Besucher des heutigen Nachmittags, ein Hüne von Gestalt, dessen blonden Haaren und blauen Augen man sofort den Nordländer ansah. Es war ein Schwede, welcher der jungen sozialdemokratischen Partei seines Landes angehörte, aber stark zum Anarchismus neigte, und stets behauptete, es gäbe zwischen diesem und seiner Partei nur einen einzigen Unterschied, nämlich den der Taktik: was diese auf dem Wege politischer Reformen, das wollten jene auf dem der Gewalt erreichen; und da ihm der erstere mit der Zeit zu lang erschien, so war er geneigt, den zweiten einzuschlagen. Er war ganz das, was man „Gefühlssozialist" zu nennen pflegt.

Man bildete einen Halbkreis um das Feuer. Der Barboy erschien und ging von Einem zum Andern, die Aufträge jedes Einzelnen entgegennehmend. Indem sich Auban auf diese Weise der Mühe zeitraubender Vorrichtungen und des störenden Anbietens enthob, sicherte er Jedem die Freiheit individueller Wahl. Das Wohlbehagen seiner Gäste gab ihm Recht.

Die Unterhaltung wurde schnell lebhaft.

Auban vermied ceremonielle Vorstellungen seiner Gäste. Aber er hatte eine gute Art, indirekt — im Laufe des Gesprächs — den Einen mit dem Anderen bekannt zu machen. So wußte auch an diesem Nachmittag bald Jeder seiner acht Gäste, wer der Andere war, wenn er ihm nicht schon von frühern Gelegenheiten her bekannt war. Es sprachen nicht Alle miteinander. Dr. Hurt schwieg ganz, hörte aber aufmerksam zu. Man war beides an ihm gewohnt. Auch der Russe mischte sich nicht ein. Nachdenklich vor sich blickend, ließ er sich keines der ihn umschwirrenden Worte entgehen, hinter jedem einen tieferen und eigenthümlicheren Sinn, wie beabsichtigt, suchend und findend. Er war zum vierten Mal auf Auban's Nachmittagen; und er war vor vier Wochen zum ersten Mal auf ihnen erschienen.

Die Freundlichkeit des alten Amerikaners, dessen ernste Unbefangenheit immer die gleiche war, und Auban's ruhige Zwangslosigkeit ließen indessen kein Unbehagen und kein längeres Schweigen aufkommen.

Die Meisten rauchten. Nach einer halben Stunde war das Zimmer von Qualm erfüllt: die weißen Streifen des Rauches legten sich wie Kränze um diese, von der Natur so verschieden gebildeten Köpfe, um diese männlichen ernsten Stirnen und schlichen dann über sie hinweg zur Decke, wo sie zerflogen ...

Als eine Pause entstand und die Gläser von Neuem gefüllt waren, beugte Auban, der zwischen seinem französischen Besucher und dem jungen Deutschen, von dem der Amerikaner gesagt hatte, daß er ein Dichter sei, saß, sich vor und sagte auf Französisch:

„Trupp und ich wollten Sie bitten, meine Herren, uns an dem heutigen Nachmittage eine Stunde zu einer Diskussion über die Frage: Was ist Anarchismus? — zu geben. Und zwar nicht, wie sonst öfters, zu einer Diskussion über eine ganz bestimmte und scharf umgrenzte Frage, sondern zu einer Diskussion über die allgemeinen Grundfragen des Anarchismus selbst. Denn wir fühlen Beide, daß ein Aussprechen über dieselben nöthig geworden ist."

Er hielt inne, eine Zustimmung erwartend. Das Gespräch hätte aufgehört. Man nickte ihm zu und er fuhr fort:

„Wie? — wird der Eine oder der Andere unter ihnen fragen, wie? — eine Diskussion über die Grundprinzipien des Anarchismus? Ja, sind denn diese Prinzipien nicht längst festgestellt und somit jedem Zweifel enthoben? —

Nein! antworte ich darauf. — Trotzdem bald fünfzig Jahre vergangen sind, daß das Wort „Anarchismus" zum ersten Male — im Gegensatz zu der noch heute viel verbreiteten Auffassung, welche unter Anarchie nichts Anderes als die Unordnung des Chaos verstehen will — zur Bezeichnung eines Gesellschaftszustandes gebraucht wurde; trotzdem in diesen fünfzig Jahren der Anarchismus in allen civilisirten Ländern der Erde zu einem Theil der Zeitgeschichte geworden ist; trotzdem er die ersten, unzerstörbaren Steine zu seiner eigenen Geschichte bereits gelegt hat; trotzdem es heute Tausende von Menschen giebt, die sich „Anarchisten" nennen (es sind hier in Europa zehn- bis zwanzigtausend und in Amerika wohl ebenso viele), — trotzdem, sage ich, giebt es nur eine ganz geringe Anzahl von Individuen, welche das Wesen des Anarchismus. in seiner ganzen Tiefe begriffen haben.

Ich will hier gleich sagen, wer diese Wenigen meiner Meinung nach sind. Es sind die Denker des Individualismus, welche seine Philosophie auf die Gesellschaft anzuwenden konsequent genug waren. Es sind — in der intelligentesten und bildungsreichsten Stadt des amerikanischen Westens, in Boston — einige kühne, bedeutende und völlig unabhängig von jeder Zeitströmung denkende Menschen, ebendort, wo der Anarchismus sein erstes und bis heute noch einziges Organ gefunden hat. Es sind endlich ganz vereinzelte und überall hin verstreute Schüler Proudhon's, für welche dieser Riese kein todter Mann ist, ob auch der Sozialismus in lächerlicher Anmaßung ihn begraben zu haben wähnt . . ."

„Ich glaube, Sie können noch hinzufügen", sagte Dr. Hurt, „daß es unter den großen Monopolisten des Kapitals Einige giebt, denen es klar ward, was ihre großen Vermögen erhält und deren stetige Vermehrung ermöglicht, und denen daher ihr größter Feind nicht ganz unbemerkt geblieben ist.'

„— Wir also, die Arbeiter, die wir den Namen allen Verfolgungen zum Trotz hochgehalten haben, wir wären also keine Anarchisten? — Wie?" begann Trupp erregt.

„Zunächst ist die Frage des Anarchismus nicht die Sache einer einzelnen Klasse, also auch nicht die der arbeitenden, sondern sie ist die Sache jedes einzelnen Menschen, dem seine persönliche Freiheit lieb ist. Sodann aber", — Auban stand auf, trat einen halben Schritt in den Kreis vor und reckte seine hagere Gestalt in die Höhe, während er mit lauterer Stimme fortfuhr — „sodann aber, sage ich, daß Ihr — die, welche Du eben im Sinne hattest, Otto, als Du von den Arbeitern sprachst — allerdings keine Anarchisten seid. Und um das zu beweisen, gerade deshalb habe ich heute gebeten, mir eine halbe Stunde zuzuhören".

„Sprich erst," warf Trupp scheinbar ruhig hin. „Ich werde Dir antworten, wenn Du fertig bist."

Auban sprach weiter.

„Ich kann sagen, das ich immer nur Eines gewollt habe: die Freiheit. So kam ich an die Grenzen so mancher Anschauungen, und so bin ich auch in die Bewegung des Sozialismus gekommen. Dann habe ich mich von Allem zurückgezogen, mich ganz neuen Untersuchungen hingegeben und ich fühle jetzt, daß ich nunmehr bei den Endresultaten aller Forschung angelangt bin: bei mir selbst!

Ich spreche nicht gern mehr zu Vielen. Die Zeiten, wo sich bei mir die Worte leicht einstellten, da die Gedanken fehlten, sind vorbei, und ich mache auf dies Vorrecht der Jugend, der Frauen und der Kommunisten keinen Anspruch mehr. Aber mit aller Schärfe und Rücksichtslosigkeit muß endlich Front gemacht werden gegen jene unklaren Bestrebungen, Grundsätze in der Theorie mit einander zu vereinigen, welche praktisch verschieden sind, wie Tag und Nacht.

Es gilt also Stellung zu nehmen: hier oder dort. Für das Eine und damit wider das Andere. Für oder gegen die Freiheit! — Besser ehrliche Feinde, als unehrliche Freunde!"

Die Entschlossenheit dieser Worte machte Eindruck auf alle Anwesenden. An dem Ernst, mit welchen Auban sie gesprochen, fühlte Jeder, daß es sich heute gewissermaßen um eine Entscheidung handelte.

Jeder brachte daher den folgenden Auseinandersetzungen Auban's ein doppeltes Interesse entgegen und blieb während ihrer Dauer sowohl, wie während der Diskussion, welche sich zwischen ihm und Trupp an dieselben knüpfte ein aufmerksamer Zuhörer, der nur hin und wieder eine Bemerkung, eine Frage hineinwarf.

Von Auban's Lippen fiel Wort um Wort gleich leidenschaftslos. Er sprach mit gleichmäßiger Schärfe, welche keine Mißverständnisse zuließ, betonte aber das eine ober andere seiner Argumente, die Fundamentalsätze einer unerbitterlichen Weltanschauung, stärker.

Trupp redete mit der ganzen Wärme seines nach Gerechtigkeit dürstenden Herzens. Wo sein Verstand sich sträubte, Hindernisse zu nehmen, hob er sich fort über sie auf den Flügeln seiner unerschütterlichen Hoffnung.

Sie sprachen heute französisch. Es war keiner unter ihnen, dem diese Sprache völlig unverständlich gewesen wäre.

Auban begann von Neuem und er sprach so langsam ein jedes seiner wohldurchdachten Worte, daß es scheinen mochte, er lese sie ab oder er habe sie auswendig gelernt.

„Ich behaupte," begann er, „daß in der sozialen Bewegung unserer Tage eine große Spaltung entstanden ist, welche sich täglich sichtlich mehr und mehr erweitert.

Die neue Idee des Anarchismus hat sich von der alten des Sozialismus getrennt. In zwei große Heerlager sammeln sich die Bekenner der einen und die Anhänger der anderen.

Es gilt, wie ich sagte, Stellung zu nehmen hier oder dort.

Thun wir das heute. Sehen wir, was der Sozialismus will, und sehen wir, was der Anarchismus will.

Was will der Sozialismus?

Ich habe gefunden, daß es sehr schwer ist, auf diese Frage eine zufriedenstellende Antwort zu geben. Ich sehe seit zehn Jahren seine Bewegung vor mir in jeder ihrer Phasen und habe sie in zwei Ländern aus persönlicher Erfahrung kennen gelernt. Ich habe mit der Geschichte unseres Jahrhunderts sein Entstehen und sein Wachsthum verfolgt — aber noch bis heute ist es mir nicht gelungen, mir ein klares Bild seiner Ziele zu machen. Ich wäre sonst vielleicht heute noch sein Anhänger.

Wo immer ich nach seinen letzten Zielen fragte, wurden mir zwei Antworten.

Die eine lautete: „Es wäre lächerlich, schon jetzt das Bild einer Zukunft zu entwerfen, welche wir erst vorbereiten wollen. Ueberlassen wir ihre Gestaltung unsern Nachkommen."

Die andere war weniger spröde. Sie verwandelte die Menschen in Engel, zeichnete mir mit beneidenswerther Schnelligkeit ein Eden von Glück, Frieden und Freiheit und nannte diesen Himmel auf Erden die „zukünftige Gesellschaft".

Die erste Antwort wurde mir von den Kollektivisten, den Sozialdemokraten, den Staatskommunisten; die zweite von „freien Kommunisten", die sich Anarchisten nennen, und jenen echt christlichen Schwärmern, welche keiner sozialen Partei der Gegenwart angehören, deren Zahl aber viel größer ist, als man glaubt. Die meisten Religionsfanatiker und Philantropen z. B. gehören zu ihnen.

In dieser kurzen Darlegung, welche sich streng innerhalb der Grenzen der Wirklichkeit bewegt und natürlich nur mit den Menschen rechnet, wie sie sind, immer gewesen sind und immer sein werden, muß ich von den zuletzt Genannten völlig absehen. Denn die einen, die freien oder revolutionären Kommunisten, würden in der sozialen Bewegung nie diese Beachtung gefunden haben — trotzdem fast jedes Jahrzehnt unseres Jahrhunderts sie neu entstehen, sich bilden und vergehen sah: von Babeuf und Cabet an, über den Schneider Weitling und die deutsch-schweizerische Kommunistenbewegung der vierziger Jahre hinaus bis zu Bakunin —, wenn sie nicht eine Taktik befürworteten, deren gelegentliche Ausübung in den letzten zwölf Jahren den von ihnen fälschlich angenommenen Namen — „Anarchisten" — in den Augen aller unselbstständig Denkenden (und das sind heute noch neun Zehntel aller Menschen) für gleichlautend mit Räuber und Mörder gemacht hätte; und die anderen, die philantropischen Utopisten — nun, solche hat es immer gegeben und wird es voraussichtlich so lange geben, als die Regierungen Elend und Armuth mit Gewalt schaffen.

Indem ich also von allen rein idealen Sozialisten und ihren utopischen Wünschen absehe und mich an die meinem Verstand allein erfaßbaren Bestrebungen der zuerst Genannten halte, beantworte ich in ihrem Sinne und mit ihren eigenen Worten die Frage: Was will der Sozialismus? — so:

Der Sozialismus will die Vergesellschaftlichung aller Produktions-
mittel und die gesellschaftliche, planmäßige Regelung der Produktion
im Interesse der Gesammtheit.

Diese Vergesellschaftigung und Regelung hat zu erfolgen gemäß
dem Willen der absoluten Majorität und zwar durch die Person der
von ihr gewählten und genannten Vertreter.

So lautet die erste und wichtigste Forderung der Sozialisten
aller Länder, soweit sie auf dem Boden der Wirklichkeit stehen und
mit den von ihr gegebenen Verhältnissen rechnen.

Es ist mir natürlich unmöglich, hier näher einzugehen:

Einmal auf die Möglichkeit der Durchführung dieser Prinzipien,
die jedenfalls nur mit beispiellosem Terrorismus und brutalster Vergewaltigung des Individuums zu denken wäre, an die ich aber nicht
glaube; und ferner auf die gar nicht zu ermessenden Folgen, die eine
— auch nur zeitweilige — unbeschränkte Diktatur der Mehrheit für
die Entwickelung der Zivilisation haben würde . . .

Wozu auch? Ich brauche nur hinzuweisen auf die heutigen
Verhältnisse, unter welchen wir Alle leiden: die durch den Staat gewaltsam geschaffenen und vertheidigten Vorrechte, mit denen er das
Kapital in der Form des Zinses und das Land in derjenigen der
Rente belehnt, einerseits, und auf den vergeblichen Kampf der von
diesem Kapital abhängigen Arbeit unter sich, diesem Kampf, in
welchem sie sich rettungslos selbst zerfleischt, andererseits; ich brauche
nur auf diese von uns Allen so gehaßten Verhältnisse hinzuweisen,
um den selbstständig Denkenden einen Begriff davon zu geben, wie
völlig null und nichtig die ökonomische und damit alle persönliche
Freiheit werden muß, wenn diese Sonder-Monopole sich verkörpert
haben würden in dem einen, umfassenden, absoluten Gesammt-Monopol
der Gemeinschaft, welche heute Staat und morgen Allgemeinheit heißt.

Ich sage nur soviel:

Was heute eine gewaltsame Ausbeutung der Mehrheit durch die
Minderheit ist, würde morgen eine in keiner Beziehung gerechtfertigtere
gewaltsame Ausbeutung der Minderheit durch die Mehrheit sein.

Heute: Unterdrückung der Schwachen durch die Starken.
Morgen: Unterdrückung der Starken durch die Schwachen.

In beiden Fällen: privilegirte Gewalt, welche thut, was sie will.

Nur ein Wechsel in der Herrschaft würde also sein, was der Sozialismus im besten Falle zu erreichen im Stande wäre.

Hier stelle ich meine zweite Frage:

Was will der Anarchismus? —

Und anknüpfend an das oben Auseinandergesetzte gebe ich die Antwort:

Der Anarchismus will die Abwesenheit aller Herrschaft, welche — auch wenn sie die „Klassenherrschaft" aufhebt — die Menschen unabweisbar in die beiden großen Klassen der Ausbeuter und des Ausgebeuteten scheidet.

Alle Herrschaft gründet sich auf Gewalt. Wo immer aber Gewalt ist, da ist Ungerechtigkeit.

Gerecht allein ist die Freiheit: die Abwesenheit aller Gewalt und allen Zwanges. Ihre Basis wird gebildet durch die Gleichheit der Bedingungen für alle Menschen.

Auf dieser Grundlage gleicher Lebensbedingungen das freie, unabhängige, souveräne Individuum, dessen einzige Forderung an die Gesellschaft in der Respektirung seiner Freiheit besteht, und dessen einziges selbstgegebenes Gesetz die Respektirung der Freiheit der Andern ist — das ist das Ideal der Anarchie.

Erwacht dieses Individuum zum Leben, so hat die Todesstunde des Staates geschlagen: an die Stelle der Regierung tritt die Gesellschaft, an die des Staates treten die freien Vereinigungen zu bestimmten Zwecken, an Stelle der Zwangsgesetze die freien Kontrakte.

Die freie Konkurrenz, der Kampf „Aller gegen Alle", beginnt. Die künstlich geschaffenen Begriffe der Stärke und Schwäche müssen verschwinden, sobald die Bahn freigegeben ist und die Erkenntniß des echten Egoismus sich durchgerungen hat, daß das Wohlbefinden des Einen das des Anderen ist und umgekehrt.

Sind mit der staatlichen Gewalt die von ihr erhaltenen Privilegien machtlos geworden, so eröffnet sich für den Einzelnen die Möglichkeit, den vollen Ertrag seiner Arbeit zu erlangen, und erfüllt sich damit die erste Forderung des Anarchismus, jene Forderung, welche er mit dem Sozialismus gemeinsam hat.

Wann ich im Stande bin, mir den vollen Ertrag meiner Arbeit zu sichern?" unterbrach sich Auban, als er einen fragenden Blick des Franzosen auffing, und fuhr fort:

„Wenn ich mein Arbeitsprodukt zu seinem vollen Werthe austauschen und mit dem Erlös ein gleichwerthiges zurückkaufen kann, statt, wie heute, gezwungen zu sein, meine Arbeit unter ihrem Werthe zu verkaufen, d. h. mich vermittels Gewalt um einen Theil derselben bestehlen zu lassen."

Nach diesem Zwischensatz nahm Auban den Faden seiner Rede wieder auf.

„Denn mit dem Verschwinden der Gewalt sieht sich das Kapital, unfähig der Arbeit länger den bisherigen Tribut zu erpressen, genöthigt, am Kampfe theilzunehmen, d. h. sich auszuleihen und zwar gegen eine Vergünstigung, welche die Konkurrenz der Banken unter sich in der Schaffung von Austauschmitteln bis auf das geringste Maß herabbrücken würde, ebenso wie sie die Aufhäufung neuer Kapitalien in den Händen Einzelner unmöglich machen müßte.

Die Fruchtbarkeit des Kapitals ist der Tod der Arbeit: der Vampyr, der sie aussaugt. Wird sie unmöglich, so ist die Arbeit frei.

Dann erst, wenn die Hülfsmittel der Natur nicht mehr verstopft sein werden durch die gewaltsamen Vorrichtungen einer allem gesunden Menschenverstand Hohn sprechenden, unnatürlichen Regierung, welche unter dem Vorgeben der Sorge für das Gesammtwohl mit dem Elend einer ganzen Bevölkerung den wahnsinnigen Luxus einer verschwindenden Minderheit erkauft, dann erst werden wir sehen, wie reich sie ist, unsere Mutter. Dann wird in Wahrheit der Wohlstand des Einzelnen gleichbedeutend sein mit dem Wohlstand der Allgemeinheit, aber statt ihr sich zu opfern, wird er sie sich unterthänig gemacht haben.

Denn das und nichts Anderes will der Anarchismus: die Forträumung aller künstlichen Hindernisse, welche vergangene Jahrhunderte aufgethürmt haben zwischen dem Menschen und seiner Freiheit, zwischen ihm und dem Verkehr mit seinen Nebenmenschen, immer und überall in den Formen des Kommunismus, und immer und überall auf Grund

jener ungeheuren Lüge, von den Einen erdacht in schlauer und doch
so thörichter Selbstverblendung, uud von den Anderen geglaubt in
ebenso thörichter Selbsterniedrigung: daß der Einzelne nicht für sich,
sondern für die Gesammtheit lebe! . . .

Vertrauend auf die Macht der Vernunft, welche aufzuräumen
begonnen hat mit dem Wust der Ideen, sehe ich ruhig in die Zukunft.
Mag die Freiheit auch noch fern sein. Kommen wird sie. Sie ist
die Nothwendigkeit, welcher die Menschheit in dem Einzelnen immer
zugestrebt hat und immer zustreben wird.

Denn die Freiheit ist kein Zustand der Ruhe, sondern sie ist
ein Zustand der Wachsamkeit, sowie auch das Leben kein Schlaf, sondern
ein Wachen ist, von dem uns erst der Tod entbindet.

Ihre letzte Forderung aber stellt die Freiheit unter dem Namen
des Anarchismus, indem sie die Selbstherrlichkeit des Individuums
verlangt. Unter diesem Namen wird sie ihren letzten Kampf kämpfen
in jedem Einzelnen, der sich empört gegen die Vergewaltigung seiner
Person durch die sozialistisch gewordene Welt, die in unsern Tagen
sich bildet. Kein Einziger wird sich diesem Kampfe entziehen können;
ein Jeder muß Stellung nehmen für oder wider . . .

Denn die Frage der Freiheit ist eine ökonomische Frage!" —

Längst hatte sich aus Auban's Worten der überlegende, abwägende
Ton verloren. Die letzten Sätze hatte er schnell, lebhaft, ergriffen
gesprochen. Unter seinen Zuhörern war ihr Eindruck ein sehr verschiedener.

Keiner entgegnete sogleich.

Da sagte Auban noch:

„Ich habe Stellung genommen in den letzten beiden Jahren und
ich habe Ihnen gesagt, wo ich stehe. Ob ich mich verständlich gemacht
habe und ob Sie mich verstanden haben — ich weiß es nicht. Aber
ich weiß, daß mein Platz außerhalb aller Zeitströmungen ist. Wen
ich suche und wen ich finden werde, das ist der Einzelne: Du — und
Du — und Du —, Ihr, die Ihr in einsamem Ringen zu gleicher
Erkenntniß gekommen seid. Wir werden uns finden, und wenn wir
stark genug geworden sein werden, dann schlägt auch für uns die
Stunde des Handelns. — Aber genug."

Er schwieg und nahm zurücktretend seinen alten Platz ein. —

Es vergingen einige Minuten, in welchen leiser verschiedene Bemerkungen ausgetauscht wurden, ehe Trupp seine Antwort begann. Er hatte während Auban's Worten vorgebeugt dagesessen, das Kinn in die Hand und den Arm auf das Knie gestützt, und sich nichts entgehen lassen.

Er sprach kurz und überzeugt, nachdem er die Anwesenden noch einmal mit seinem scharfen Blick überflogen hatte.

„Es ist da eben von zwei verschiedenen Anarch—ismen gesprochen worden, von denen der eine gar keiner sein soll. Ich kenne nur einen, das ist der kommunistische Anarchismus, der sich unter den Arbeitern zur Partei ausgebildet hat und der allein in „weiteren Kreisen", wie man zu sagen pflegt, bekannt ist. Er ist so alt, ja älter als unser Jahrhundert, Babeuf hat ihn schon geprebigt. Ob einige kleinbürgerliche Liberalisten einen neuen Anarchismus erfunden haben, das ist mir völlig gleichgültig und interessirt mich ebenso wenig, wie alle andern Arbeiter. Was Proudhon anbetrifft, auf den der Genosse Auban immer wieder zurückkommt, so ist er längst überall abgethan und vergessen, sogar in Frankreich, und an seine Stelle ist überall der revolutionäre, kommunistische Anarchismus des eigentlichen Proletariats getreten.

Wenn die Genossen wissen wollen, was dieser Anarchismus will, der sich in Widerspruch zu den Staatskommunisten stellt, so will ich es ihnen gerne mit kurzen Worten sagen.

Vor Allem sehen wir in dem Einzelnen nicht ein von der Gesellschaft losgelöstes Wesen, sondern wir betrachten ihn als das Produkt eben dieser Gesellschaft, von der er Alles hat, was er ist und kann. Er kann also nur zurückgeben, wenn auch in anderer Form, was er zuvor von ihr empfangen hat.

Er kann aus diesem Grunde auch nicht sagen: das und das gehört mir allein. Ein Privateigenthum kann es unmöglich geben, sondern Alles, was produzirt ist und produzirt wird, ist gesellschaftliches Eigenthum, an das der Eine ebenso viel Anrecht hat, wie der Andere, da der Antheil, den der Einzelne an der Erzeugung der Güter hat, auf keine Art und Weise gerecht bestimmt werden kann. ·Aus diesem Grunde proklamiren wir die Genußfreiheit, d. h. das Recht eines Jeden, seine Bedürfnisse frei und ungehindert zu befriedigen.

Somit sind wir Kommunisten.

Andrerseits sind wir aber auch Anarchisten. Denn wir wollen eine Gesellschaftsform, in welcher jedes Mitglied sein eigenes „Ich", d. h. seine individuellen Talente und Fähigkeiten, Wünsche und Bedürfnisse, zur vollen Geltung zu bringen vermag. Daher sagen wir: Fort mit aller Regiererei! Fort mit ihr auch in Gestalt einer Verwaltung. Denn aus einer Verwaltung wird immer eine Regierung. Wir verwerfen desgleichen den ganzen Stimmkastenzauber und erklären die Führer, welche sich angemaßt haben, an die Spitze der Arbeiter zu treten, für Schwindler.

Als Kommunisten sagen wir:

Jedem nach seinen Bedürfnissen!

Und als Anarchisten:

Jeder nach seinen Fähigkeiten!

Wenn Auban sagt, ein solches Ideal sei nicht möglich, so antworte ich ihm, daß er die Arbeiter immer noch nicht kennt, obwohl er sie kennen könnte, denn er hat lange genug mit ihnen verkehrt. Die Arbeiter sind keine so schmutzigen Egoisten, wie die Bourgeois — wenn sie einmal mit diesen abgerechnet haben werden, wenn die letzte Revolution geschlagen ist, werden sie sich schon einzurichten verstehen.

Ich glaube, daß sie nach der Expropriation der Ausbeuter und der Wegnahme der Bank zunächst Alles Allen zur Verfügung stellen werden. Die leeren Paläste werden schnell genug Bewohner finden und die vollgespeicherten Lagerhäuser bald genug Abnehmer. Nur kein Kopfzerbrechen deshalb!

Dann, wenn Jeder Nahrung, Kleidung und Obdach zur Genüge haben wird, wenn die Hungrigen gespeist und die Nackten bekleidet sind — denn es ist einweilen genug für Alle da —, werden sie sich gruppiren, werden, getrieben von ihrem Drang sich zu bethätigen, in Gemeinschaft produziren, und je nach Bedürfniß konsumiren.

Der Einzelne wird höchstens mehr von der Gesellschaft zurückempfangen, nie aber weniger, als er ihr gegeben hat. Denn was sollte der Stärkere, der mehr produzirt, als er konsumiren kann, mit dem Ueberfluß seiner Arbeit anfangen, als ihn dem Schwächeren zukommen zu lassen?

Und das sollte keine Freiheit sein? — Da wird nicht gefragt, wie viel oder wie wenig ein Jeder produzirt und ein Jeder konsumirt, nein, ein Jeder wird seine geleistete Arbeit den großen Lagerhäusern überliefern und sich dort dafür nehmen, was er zu seinem Lebensunterhalt braucht. Gemäß dem Prinzip der Brüderlichkeit —'

Hier wurde Trupp durch ein schallendes Gelächter Dr. Hurt's unterbrochen. Eine allgemeine Bewegung entstand. Die Meisten wußten nicht, was sie denken sollten. Auban war ungehalten.

„Ich finde es nicht zum Lachen, sondern zum Weinen, Doktor, wenn Menschen mit offenen Augen in ihr Verderben rennen," sagte er.

Trupp stand auf. Seine ganze gedrungene Gestalt war gespannt bis auf den letzten Muskel. Er war nicht beleidigt, denn er fühlte nicht sich, sondern seine Idee angegriffen.

„Mit Leuten, wie Sie, wird man allerdings kurzen Prozeß machen!" — — rief er.

Aber Dr. Hurt, der plötzlich ebenfalls ernst geworden war, überging diese Worte vollständig.

„Wo leben Sie?" fragte er brüsk. „Auf der Erde oder auf dem Mond? Was für Menschen sehen Sie? — Wollen Sie nie klug werden? —"

Und sich abwendend, brach er abermals in Lachen aus:

„Man muß so etwas hören, um es zu glauben! Zweitausend Jahre nach Christus, nach zweitausend Jahren der traurigsten Erfahrung in Befolgung einer Lehre, welche alles Elend geschaffen, immer noch derselbe Unsinn, in derselben unveränderten Form!" rief er.

Mit einem Schlage hatte sich die Stimmung geändert. An die Stelle ruhiger Zuhörer, welche sich von ihrem Erstaunen über diese Unterbrechung erholten, traten erregte Theilnehmer, die für oder wider Partei nahmen.

Trupp zuckte die Achseln.

Der Erfolg seiner Worte war ein unverkennbarer auf die Meisten gewesen. Auban sah es mit einem unheimlichen Erstaunen: was er selbst gesagt hatte, war ihnen fremde und kühle Vernunft gewesen. Sie wollten eine Vollkommenheit des Glücks — Trupp bot sie ihnen.

Ob sie möglich war? — Diese Frage kam Keinem.

Es ist doch ein Böses um die Hoffnung, dachten Auban und Hurt, und ihre Gedanken grüßen sich schweigend in einem Blicke, — sie verachtet die Vernunft, welche mühsam zwar und allmälig nur, aber mit unfehlbarer Sicherheit Stein um Stein und Stockwerk von dem Riesen-Gebäude des Wahnes abträgt . . .

Der junge Deutsche hatte mit glänzenden Augen an den Lippen Trupp's gehangen. Noch völlig fremd der Bewegung erfüllte ihn die vernommene Schilderung des Ideals mit Begeisterung. O sicher, hier war alles Gute, Edle, Wahre! . . . Er streckte nun Trupp seine Hand hin und sagte: „Lassen Sie mich Ihr Genosse sein!" —

Unbeweglich saß der Russe. Keine Miene seines finsteren, jugendlichen und doch so männlichen Gesichtes veränderte sich. Der mit ihm gekommene Arbeiter wartete ruhig auf die Gelegenheit zu sprechen.

Der alte Amerikaner wandte sich an Dr. Hurt. Er zitterte vor innerer Bewegung.

„Glauben Sie mir, lieber Herr, der Sozialismus ist eine Sache des Herzens. Die ethischen Grundlagen der Moral —"

Aber der unverbesserliche Doktor unterbrach auch ihn ohne Achtung vor seinen weißen Haaren.

„Ich weiß nichts von den Grundlagen der Ethik, Sir, ich bin Materialist. Aber so viel hat mich ein hartes und saures Leben gelehrt, daß die Frage meiner Freiheit nichts ist als eine Frage meiner rücksichtslosen Kraft, und daß Sentimentalität das größte aller Laster ist!"

Das unruhige Hin- und Herreden nahm sichtbar zu. Jeder wollte den in ihm wogenden Gedanken Ausdruck geben.

Um Trupp hatte sich ein Kreis gebildet, der aus dem jungen Deutschen, welcher soziale Gedichte schrieb, Mr. Marell, dem Amerikaner, dem Schweden, dem die fremde Sprache Mühe machte, und Trupp's deutschem Genossen bestand. Sie lauschten ihm, wie er weiter

ben Kreis seiner Zukunftsbilder mit immer verheißender lockenden
Farben ausfüllte.

Dr. Hurt und der Franzose sprachen wieder mit einander.

Der Russe sah Auban an mit einem Blicke, als wolle er ihn ergründen.

Aber dieser dachte bei sich, indem er diese acht Köpfe in ihrem
unruhigen Wechsel betrachtete: Welches Bild für einen Maler! —

Das milde Profil des alten, weißbärtigen Amerikaners und das
weiche, glatte des jungen Deutschen . . . das düstere, blasse Gesicht
des Russen, die Stirne mit wilden Haaren beschattet, und das geist-
reiche des Franzosen, mit dem modern zugestutzten Halbbart . . .
Dr. Hurt's schmaler Kopf, mit der knochig in rastloser Geistesarbeit
herausgearbeiteten Stirn, der Kopf eines Logikers, eines römischen
Imperatoren, und der haarumwallte des Nordländers mit den kindlich-
blauen Augen und ihrem vertrauenden Ausdruck, welcher sich gleich
blieb bei der erregten Diskussion . . .

Wie sind wir verschieden, wir Menschen! — dachte er weiter,
und wir sollten uns beugen können unter das gemeinsame Gesetz
eines Zwanges? — Nein, Freiheit immer und immer, im Kleinsten,
wie im Größten . . .

Laut sagte er und trennte die Gruppe um Trupp wieder in den
vorherigen Kreis:

„Es thut mir leid, daß Du unterbrochen wurdest, Otto —"

Aber Trupp fiel ein:

„Ich hatte gesagt, was ich zu sagen hatte —"

„Nun, um so besser. — Wollen wir aber nicht doch versuchen,
unsere Ansichten noch etwas eingehender zu entwickeln? Laß uns in
Frage und Gegenfrage näher auf Einzelnes eingehen."

Es herrschte bald wieder die ruhige Aufmerksamkeit, mit welcher
man vorhin gefolgt war. Aber sie war diesmal erzwungen, nicht
natürlich wie vorhin. Mehrere nahmen an der Diskussion jetzt Theil.

Auban begann von Neuem, immer zu Trupp gewendet:

„Ich will versuchen, zu beweisen, wie unvereinbar verschieden
die Weltanschauungen des Kommunismus und des Anarchismus auch
in allen ihren Folgerungen sind.

9

Du willst die Autonomie des Individuums, seine Selbstherrlich-
keit und das Recht seiner Selbstbestimmung. Du willst seine freie
Entwickelung zu seiner natürlichen Größe. Du willst seine Freiheit.
Wir sind einig in dieser Forderung.

Aber Du hast Dir das Ideal einer Zukunft des Glücks gebaut, wie es
Deinen Neigungen, Deinen Wünschen, Deinen Gewohnheiten am meisten
entspricht. Indem Du ihm den Namen „das Ideal der Menschheit"
giebst, bist Du überzeugt, jeder „echte und wahre" Mensch müsse unter
ihm ebenso glücklich sein, wie Du. Dein Ideal soll das Ideal Aller sein.

Ich dagegen will die Freiheit, welche es Jedem ermöglicht,
seinem Ideale nachzuleben. Ich will in Ruhe gelassen werden, ich will
verschont bleiben von den Forderungen, die an mich im Namen des
„Ideals der Menschheit" gestellt werden.

Ich denke, das ist ein großer Unterschied.

Ich negire nur. Du baust von Neuem.

Ich bin rein defensiv. Du aber bist aggressiv.

Ich kämpfe einzig und allein für meine Freiheit. Du kämpfst
für das, was Du die Freiheit der Anderen nennst.

Dein zweites Wort ist die Abschaffung, das meint: gewaltsame
Zerstörung.

Du sprichst von der Abschaffung der Religion. Du willst ihre
Priester verjagen, ihre Lehren ausrotten, ihre Bekenner verfolgen.

Ich vertraue der stetig zunehmenden Erkenntniß, welche das
Wissen an die Stelle des Glaubens setzt. Oekonomische Abhängigkeit
zwingt heute die meisten Menschen zur Anerkennung irgend einer noch
herrschenden Kirche und verhindert sie an dem Austritt aus derselben.

Sind die Fesseln von der Arbeit gefallen, so werden die Kirchen
von selbst veröden, die Lehrer des Wahns und der Thorheit keine
Hörer mehr finden, ihre Priester verlassen sein.

Aber ich wäre der Letzte, das Verbrechen gegen die Freiheit der
Individuen gutzuheißen, welches einen Menschen mit Gewalt zu
hindern suchte, für seine Person Gott als den Schöpfer, Christus als den
Heiland, den Papst als unfehlbar, und den Fitzliputzli als den Teufel
zu verehren, so lange er mich mit seinem Unsinn verschont und von mir
im Namen seines alleinseligmachenden Glaubens keinen Tribut verlangt."

Man lachte: zweifelnd, amüsirt, gereizt und mitleidig mit solcher Schwäche dem Feind gegenüber.

Aber Auban fuhr unbekümmert fort, denn er war fest entschlossen, nun, da er einmal angefangen, auch das Beste von dem zu sagen, was er zu sagen hatte.

„Du willst die freie Liebe, gleich mir.

Aber was verstehst Du unter freier Liebe? Was kannst Du unter ihr anders verstehen, wenn Du konsequent genug bist, das Prinzip der Brüderlichkeit — wie Du es in der Hingabe und Entäußerung der Arbeit vertrittst — auch auf dies Gebiet anzuwenden, als dies:

Daß jede Frau die Pflicht habe, sich dem Verlangen jedes Mannes hinzugeben, und kein Mann das Recht, sich dem Verlangen einer Frau zu entziehen; daß die diesen Bünden entsprossenen Kinder der menschlichen Gesellschaft gehören und daß dieser Gesellschaft die Pflicht ihrer Erziehung erwächst; daß die Sonder=Familie, wie der Einzelne, aufzugehen habe in der großen Menschheits=Familie, nicht wahr?

Ich schaudere, wenn ich an die Möglichkeit denke, daß diese Idee je die herrschende werden könnte.

Niemand haßt mehr die Ehe, wie ich. Aber es ist nur der Zwang der Ehe, welcher Mann und Weib veranlaßt, sich einander zu verkaufen, die freie Wahl beeinflußt und hemmt, eine Trennung hindert und meist unmöglich macht, ein Elend schafft, für welches es keine Erlösung gibt, als den Tod, es ist nur dieser Zwang der Ehe, den ich verabscheue. Nie würde ich wagen, Einspruch zu erheben gegen die freie Vereinigung zweier Menschen, welche der freie Wille zusammenführt und der freie Wille bis an ihr Ende zusammenhält.

Aber ebenso sehr wie die freie Vereinigung zweier Menschen verstehe ich auch die Neigung vieler Menschen nach einem Wechsel des Gegenstands ihrer Liebe, und Vereinigungen für eine Nacht, für einen Frühling — sie sollen so frei sein, wie die heute von der öffentlichen Meinung allein sanktionirten Ehen auf Lebenszeit.

Die Gebote der Moral erscheinen mir lächerlich und einzig aus der krankhaften Sucht beschränkter Menschen nach Regelung und Normirung natürlicher Verhältnisse hervorgegangen.

9*

Und endlich fegt Ihr mit derselben souveränen Leichtigkeit und einer Oberflächlichkeit der Betrachtungsweise, wie sie wirklich nur der Kommunismus übt, auch das Privateigenthum über den Haufen.

Ihr sagt, der Staat muß fallen, damit das Eigenthum fällt, denn er beschützt es.

Ich sage, der Staat muß fallen, damit es besteht, denn er unterdrückt es.

Ihr habt keine Achtung vor dem Eigenthum, das ist wahr: vor Eurem eigenen Eigenthum habt Ihr keine Achtung, denn sonst würdet Ihr es Euch nicht Tag für Tag nehmen lassen. Vertreibt das unrecht- mäßige Eigenthum, d. h. das Fremdthum. Aber vertreibt es dadurch, daß Ihr selber Besitzer werdet. Das ist der einzige Weg, es wirklich „abzuschaffen", der einzige vernünftige und gerechte, zugleich der Weg der Freiheit.

Nieder mit dem Staat, damit die Arbeit frei wird, die allein Eigenthum schafft! — So rufe auch ich.

Wenn auf dem Gelde keine gewaltsam geschützten Vorrechte mehr lasten --"

Doch nun war Trupp's Geduld zu Ende.

„Was? —" rief er empört, „auch das Geld soll bestehen bleiben, das elende Geld, welches uns Alle beschmutzt, erniedrigt, versklavt hat?! —"

Auban zuckte die Achseln. Er wollte ärgerlich werden, dann aber lachte er.

„Erlaube mir eine Gegenfrage: Würde es Dich empören, zugleich Arbeitgeber und Arbeiter zu sein? Belohnter und Entlohner und als Theilnehmer Herr des Kapitals, statt wie heute nur sein Sklave zu sein? — Ich denke nicht. Das Empörende liegt nur darin, daß heute in Folge gewaltsamer Beraubung Erwerb ohne Arbeit möglich ist."

„Was soll denn nach Deiner Ansicht den Werth der Arbeit bestimmen? —".

„Ihre Nutzbarkeit in der freien Konkurrenz, die ihren Werth aus sich selbst heraus bestimmt. Jede andere Bestimmung von oben herab ist ungerecht und widersinnig. Aber ich weiß wohl, daß der Kommunismus auch diese Frage ohne Kopfzerbrechen löst: er wirft einfach Alles auf einen Haufen —"

„Aber wir haben doch heute die freie Konkurrenz! — " rief Trupp.

„Nein, wir haben die Konkurrenz der Arbeit, nicht aber in gleicher Weise die des Kapitals unter sich. Ich wiederhole es. — Ihr seht die verderblichen Folgen dieser einseitigen Konkurrenz und die des gewaltsam mit Vorrechten belehnten Eigenthums und Ihr ruft: „Fort mit dem Privateigenthum!" — Ihr seht nicht, daß es gerade das Eigenthum ist, welches uns unabhängig macht, und Ihr seht nicht, daß es daher einzig und allein gilt, die Bahn zu seiner Erwerbung frei zu machen, um das Mißverhältniß zwischen Herren und Knechten aufzuheben. Glaube mir: die Organisation des freien Kredits, d. h. die Möglichkeit für Jeden, in den Besitz von Arbeitsmitteln zu gelangen, diese unblutige, tiefeingreifende, größte aller Revolutionen wird eine Umgestaltung aller unserer Lebensverhältnisse zur Folge haben, von der sich heute noch schwer eine Vorstellung machen läßt."

Er schwieg und sah, wie seine Worte befremdeten. Alle waren erregt. Nur Dr. Hurt saß kalt, logisch Wort für Wort prüfend, und rechnend da. Die Meisten konnten sich unter einer Revolution nur ein Chaos von Leichen und Trümmerhaufen denken und sie schüttelten den Kopf bei Auban's Worten. Daher versuchte dieser sich verständlicher zu machen.

„Wissen Sie, was die Abschaffung des Zinses und damit die des Wuchers zur Folge haben würde? — Eine stete Nachfrage nach menschlicher Arbeit; die Ausgleichung des Angebotes und der Nachfrage; die Reduktion der Preise auf das geringste Maß, und somit eine ungeheure Vermehrung der Konsumtion; den genauen Austausch nach wirklichen Werthen und somit eine möglichst gerechte Vertheilung des Reichthums. Als Folge dieser großen ökonomischen Revolution aber einen täglich wachsenden Wohlstand des ganzen Landes, wie des Einzelnen . . ."

Nun lachte Trupp, empört und gereizt.

„Eine schöne Revolution! Und an solche Hirngespinnste willst Du uns Arbeiter glauben machen?! — Wenn ich Dich nicht vor mir sähe, ich hätte geglaubt, einen Bourgeois-Oekonomen zu hören. — Nein, mein Lieber, die Revolution, die wir eines Tages schlagen werden, kommt schneller an's Ziel, als alle Deine ökonomischen

Evolutionen! Wir kennen einen kürzeren Prozeß: kommen und zurück-
nehmen, was man uns gestohlen hat mit offener Gewalt und mit
wissenschaftlichen Listen!" —

„Wenn die Bourgeoisie nur einen nicht n o ch kürzeren Prozeß
mit Ihnen macht!" warf Dr. Hurt ein. „Exempla docent! Das
heißt: Lernt von der Geschichte!"

Das war seine Antwort auf Trupp's vorhin scheinbar ganz
überhörte Drohung.

Nur langsam legte sich die Erregung, welche diese Worte hervor-
riefen. Man sah in ihnen eine Inschutznahme der Bourgeoisie und
entgegnete ihnen von allen Seiten.

Der Deutsche, welcher auf dem Boden der New-Yorker „Freiheit"
und der „Pittsburger Proklamation" stand und der ersten Sektion
des „Kommunistischen Arbeiter-Bildungs-Vereins" angehörte, nahm
jetzt das Wort.

„Von dem eigentlichen Anarchismus, der schon bestand, als man
von dem Bostoner kleinbürgerlichen Liberalismus um 50 Jahre hinter
ihrer Zeit zurückgebliebener Manchesterleute und der überspannten
Sektirerei der „Autonomisten" noch nichts wußte", — er zielte hier
nach Auban und Trupp — „und der heute noch die meisten Anhänger zählt, ist überhaupt noch nicht die Rede gewesen. Dieser will
den Kommunismus der freien Gesellschaft, welche auf der Errichtung
einer genossenschaftlichen Organisation der Produktion beruht. Er
verwirft auch die Arbeitspflicht nicht, denn er sagt: Keine Rechte ohne
Pflichten. Er verlangt ferner, daß die gleichwerthigen Produkte von
den Produktions-Genossenschaften selbst und ohne Zwischenhandel und
Profitmacherei ausgetauscht werden, und daß die Kommunen durch
freie Gesellschaftsverträge alle öffentlichen Angelegenheiten regeln.
In einer so organisirten freien Gesellschaft aber, in welcher sich die
Meisten sehr wohl fühlen werden, wird der Staat unnütz."

„So gestehen Sie der Mehrheit das Recht zu, ihren Willen mit
Gewalt zu erzwingen?"

„Ja. Der Einzelne hat sich dem Wohle der Allgemeinheit zu
unterwerfen, denn dieses steht höher."

„Das ist ein Standpunkt, der eine von den beiden, welche ich gezeichnet habe. Sie gehen den Weg des Sozialismus —"

„Ein schöner Standpunkt für einen Anarchisten!" sagte Trupp. „Und die Freiheit des Individuums, wo bleibt sie? — Das ist nichts Anderes als der centralistische Kommunismus, den wir überflügelt haben." Die Flamme der Zwietracht, welche vor einiger Zeit die Klubs auseinandergerissen und zur Gründung eines eigenen Blattes geführt hatte, drohte wieder aufzulodern. „Ich für mein Theil glaube, und dabei bleibe ich, daß in der kommenden Gesellschaft ein Jeder freiwillig sein Theil Arbeit leisten wird."

Der Franzose fragte ihn jetzt höflich:

„Aber gesetzt den Fall, die Menschen arbeiten nun nicht freiwillig, wie Sie es erhoffen? Wo bleibt dann das freie Recht zu genießen?"

„Sie werden es. Verlassen Sie sich darauf", war Trupp's Entgegnung.

„Ich glaube, es ist besser, mich nicht darauf zu verlassen."

„Sie kennen die Arbeiter nicht."

„Aber aus den Arbeitern werden Bourgeois, sobald sie zum Besitz gelangt sind, und sie werden dann die Ersten sein, welche sich gegen die Expropriation ihres Eigenthums wehren werden. Sie lassen die Natur des Menschen außer Acht, mein Herr: der Egoismus ist die Triebfeder alles Handelns. Stellen Sie diese Feder ab, so arbeitet die Maschine des Fortschritts nicht mehr. Die Welt würde zerfallen in Ruinen. Die Civilisation hätte ein Ende erreicht. Ein Morast der Stagnation würde die Erde werden — aber es ist das unmöglich, so lange die Menschen auf ihr leben."

— „Warum geht Ihr denn nicht mit gutem Beispiel voran und zeigt die Möglichkeit der praktischen Ausführung Eurer Theorien?" wurde Trupp weiter gefragt.

Er ging dieser Frage aus dem Wege, indem er sie zurückgab. Auban war es, der jetzt antwortete.

„Weil der Staat die Mittel der Cirkulation monopolisirt hat und uns an der Schaffung eines solchen mit Gewalt hindern würde. Unsere Angriffe richten sich daher in erster Linie gegen ihn und nur gegen ihn." —

Die Diskuſſion zwiſchen Auban und Trupp ſchien ihr Ende erreicht zu haben und drohte ſich gänzlich zu zerſplittern. Da machte Auban ſeinen letzten Verſuch, auf den Boden der Wirklichkeit zu zwingen, was unklare Wünſche in leere Räume der Phantaſie erhoben.

„Noch eine einzige und letzte Frage an Dich, Otto“, erklang ſeine laute und harte Stimme, „nur dieſe einzige noch:

Würdet Ihr in dem Geſellſchaftszuſtand, den Ihr „freien Kommunismus“ nennt, die Einzelnen daran hindern, ihre Arbeit unter Zuhülfenahme eines von ihnen geſchaffenen Austauſchmittels unter einander auszutauſchen? Und ferner: Würdet Ihr ſie daran hindern, Grund und Boden in perſönlichen Beſitz zum Zwecke perſönlicher Benutzung zu nehmen? —“

Trupp ſtutzte.

Die Anweſenden erwarteten wie Auban geſpannt ſeine Antwort.

Auban's Frage war unentrinnbar. Antwortete er mit „Ja!“ ſo gab er zu, daß der Geſellſchaft das Recht der Gewalt über den Einzelnen zuſtand, und warf damit die von ihm ſtets glühend vertheidigte Autonomie des Individuums über den Haufen; antwortete er dagegen mit „Nein!“ ſo geſtand er das von ihm noch eben ſo emphatiſch negirte Recht des Privateigenthums zu.

Er ſagte daher:

„Du ſiehſt Alles mit den Augen des heutigen Menſchen an. In der zukünftigen Geſellſchaft, wo Alles zur freien Verfügung Aller geſtellt iſt, wo es einen Handel im heutigen Sinne alſo nicht mehr geben kann, wird jedes Mitglied meiner innerſten Ueberzeugung nach freiwillig auf die alleinige und ausſchließliche Okkupation von Grund und Boden verzichten —“

Auban war wieder aufgeſtanden. Er war um etwas bläſſer geworden, als er jetzt ſagte:

„Wir ſind noch nie unehrlich gegen einander geweſen, Otto. Laß' es uns heute nicht werden. Du weißt ſo gut wie ich, daß dieſe Antwort eine Ausflucht iſt. Ich aber halte Dich jetzt: beantworte mir die geſtellte Frage, und beantworte ſie mir mit Ja oder

Nein, wenn Du willst, daß ich jemals wieder eine Frage mit Dir bespreche —"

Trupp kämpfte offenbar mit sich. Dann antwortete er — und es war ein Blick auf seinen Genossen, welcher ihn noch soeben angegriffen, und dem gegenüber er nie und nimmer das Prinzip der persönlichen Freiheit in Schatten gestellt hätte, der ihn sagen ließ:

„In der Anarchie muß jede Anzahl Mitglieder im Stande sein, sich nach Belieben zu organisiren und so ihre Ideen in's Praktische zu übersetzen. Auch sehe ich nicht ein, wer einen Anderen gerechterweise von dem Land und dem Hause, das er bebaut und bewohnt, vertreiben könnte . . ."

„So habe und halte ich Dich!" rief Auban. „Mit dem, was Du eben sagtest, stellst Du Dich in schroffen Gegensatz zu den bis jetzt von Dir vertheidigten Grundsätzen des Kommunismus.

Du hast das Privateigenthum zugestanden: an Rohprodukten und an Land. Du hast das Recht auf den Arbeitsertrag ungeschmälert befürwortet. Das ist Anarchie.

Die Redensart: Alles gehört Allen — ist gefallen, gestürzt von Deiner eigenen Hand.

Ein einziges Beispiel nur, um alle Mißverständnisse unmöglich zu machen: Ich besitze ein Stück Land. Ich verwerthe seinen Ertrag.

Der Kommunist sagt: das ist ein Raub am allgemeinen Gut.

Aber der Anarchist Trupp — jetzt zum ersten Male nenne ich ihn so! — sagt: Nein. Keine Macht der Erde hat ein anderes Recht, als das der Gewalt, mich von meinem Besitzthum zu vertreiben, mir den Ertrag meiner Arbeit auch nur um einen Pfennig zu schmälern.

Ich ende. Mein Zweck ist erfüllt.

Ich habe bewiesen, was ich beweisen wollte: daß es zwischen den beiden großen Gegensätzen, in denen sich die Welt der Menschen bewegt, zwischen Individualismus und Altruismus, zwischen Anarchismus und Sozialismus, zwischen Freiheit und Autorität keine Versöhnung giebt.

Ich hatte behauptet, daß alle Versuche, das Unvereinbare zu verneinen, sich von dem Boden der Wirklichkeit in die Wolken der Utopie verlieren müssen und daß jeder ernste Mensch sich zu entscheiden habe: für den Sozialismus, und damit für die Gewalt, und gegen die Freiheit, oder für den Anarchismus, und damit für die Freiheit und gegen die Gewalt.

Nachdem Trupp lange versucht hat, dieser Forderung zu entgehen, habe ich ihn durch meine letzte Frage gezwungen, sich zu erklären. Ich könnte dasselbe Experiment mit jedem Einzelnen von Ihnen machen. Es ist unfehlbar.

Trupp hat sich für die Freiheit entschieden. Er ist — was ich nie geglaubt hätte — in der That ein Anarchist."

Auban schwieg. Trupp sagte noch:

„Wir aber werden in der Anarchie die Grundsätze des Kommunismus praktisch ausführen und unser Beispiel wird Euch so sehr von der Möglichkeit der Verwirklichung unserer Prinzipien überzeugen, daß Ihr sie gleich uns befolgen und Euer Privateigenthum freiwillig aufgeben werdet —"

Auban entgegnete nichts mehr.

Er wußte ganz gut, daß diese äußerliche Versöhnung nur ein neuer und letzter Versuch seines Freundes war, den tiefen Zwiespalt zu überbrücken, der sie innerlich schon lange geschieden und nun auch äußerlich hierhin und dorthin gestellt hatte, wie er die Neuen von den Alten schied.

„Ich und Keiner kann retten, was sich selbst dem Untergange weiht . . ." dachte er bei sich. Er betheiligte sich von jetzt an nur noch am Gespräch, wenn er direkt gefragt wurde. Es wurde ungemein lebhaft.

Noch nie war man so lange geblieben, wie heute. Die achte Stunde war längst vorüber und noch dachte außer Dr. Hurt und dem Franzosen Keiner an Aufbruch.

Als der Doktor sich von Auban verabschiedete, sagte er leise: „Hören Sie, lieber Freund, ich komme an Ihren Sonntagen nicht mehr. Alles, was recht ist. Aber allzu wahnsinnig dürfen die Sprünge nicht sein, denen ich zusehen soll. Ihr „Genosse" sprang mit beiden Füßen geradewegs in den Himmel. Das ist mir zu hoch —"

Damit ging er, und Auban sah ihm lächelnd nach. Auch der Franzose erhob sich nochmals dankend. Auban wehrte ab:

„Nur Pfähle und leere Gerüste haben wir aufgeschlagen. Aber es war unmöglich für heute, tiefer einzubringen —"

„Sie werden einen großen Kampf zu kämpfen haben, den Sie sich erleichtern könnten, wenn Sie dies Wort fallen ließen, welches Unzählige, die Ihnen sonst nahe stehen, ja vielleicht ganz mit mit Ihnen übereinstimmen, abschreckt und verjagt."

„Das Wort: Anarchie bezeichnet haarscharf, was wir wollen. Feig und unklug wäre es, dasselbe um der Schwächlinge willen fallen zu lassen. Wer nicht stark genug ist, es auf seinen wahren Sinn zu prüfen und es zu verstehen, der ist auch nicht stark genug zu eigenem, selbstständigem Denken und Handeln." —

„Ich gehe in wenigen Tagen nach Paris zurück. Darf ich unserem Freunde Ihre Grüße überbringen, Monsieur Auban?"

„Ja. Sagen Sie ihm, er sei ein schlechter Egoist, weil er zum Verräther an sich selbst geworden ist. Er hat eine große Verantwortlichkeit auf sich genommen. Der echte Egoist aber scheut jede Verantwortlichkeit, außer der für seine eigene Person . . ."

Der Fremde verabschiedete sich mit höflicher Verbeugung.

„Wer war das?" fragte Trupp.

Auban nannte den Namen.

„Er kam kurz vor Euch und heute zum ersten und zum letzten Male."

„So kennst Du ihn nicht?" Trupp schüttelte mißbilligend den Kopf.

„Nein, nicht weiter."

„Das hättest Du mir gleich sagen sollen!"

Aber Auban entgegnete ihm scharf:

„Wir haben hier nichts zu verheimlichen. Wir sind keine Freimaurer. Was wir gesprochen haben, kann Jeder hören, der es hören will!"

Er ließ sich auf Dr. Hurt's verlassenen Platz am Feuer nieder und stützte den Kopf in die Hände. Alle sprachen jetzt, selbst der Russe. Wie aus der Ferne klangen die verschieden bewegten Stimmen an sein Ohr . . .

Aus dem, was gesprochen wurde, hörte er Trupp's Sieg und seine eigene Niederlage heraus. Jetzt ertönte die begeisterte Stimme des Schweden:

„Es mag sein, daß es weniger Genies geben wird. Das ist kein Unglück. Um so mehr Talente werden wir haben. Jeder wird Hand- und Kopfarbeiter zugleich sein. Die Fähigkeiten werden sich vertheilen, statt sich zu konzentriren. Im Durchschnitt werden sie größer sein —"

„Und tausend Esel werden klüger sein, als zehn Weise. Warum? Weil sie tausend sind!" fügte Auban im Geist hinzu.

Man hatte ihn vergessen. Während er gesprochen hatte, war der kühle Hauch der Vernunft über sie hinweggezogen. Nun war es wieder warm; die Wärme eines zukünftigen, winterlosen, paradiesischen Lebens. Und sie überboten sich in Schilderungen dieses Lebens; sie berauschten sich gegenseitig an ihren Worten; sie vergaßen, wo sie waren . . .

Auban hörte weiter.

Man spottete über die ewige Frage der Gegner: wer dann später die schmutzige und unangenehme Arbeit verrichten werde? — Es würden sich genug Freiwillige für Alles finden — meinte der Eine und der Andere: es würde keine solche Arbeit mehr geben, Maschinen seien erfunden für Alles —

Nie war Auban mehr davon überzeugt gewesen, wie in diesem Augenblicke, daß die meisten Menschen sich selbst die größten Feinde sind, und nie hatte er mehr empfunden, daß die Herrschaft der Liebe weit furchtbarer noch sein müßte, wie die Herrschaft des Hasses es war.

Er strebte darnach, die Vorrechte zu stürzen. Aber diese Kommunisten negirten mit den Vorzügen zugleich alle Werthe, selbst den der Arbeit. Sein Kampf ging gegen die Menschen und gegen das, was sie geschaffen hatten in Thorheit und Irrthum — ein Sieg war unausbleiblich; ihr Kampf aber richtete sich gegen die Natur selbst — ein Sieg, er war ewig unmöglich! —

Tiefer, weit tiefer noch lag der Riß, als wie er heute von ihm aufgedeckt war. Zwischen einer alten und einer neuen Weltanschauung hatte der Kampf begonnen. Und das Christenthum in allen seinen Formen war das Alte! —

Der größte Verbrecher an der Menschheit war der gewesen, welcher vorgegeben hatte, sie am meisten zu lieben. Seine Lehre der Selbstentäußerung — sie hatte die Entsagenden geschaffen: das Elend, welches jetzt nach Befreiung schrie . . .

Der Gott mußte fallen in jeder Gestalt! . . .

Noch über eine Stunde blieb man beieinander. Allmälig lenkte das Gespräch auf die Ereignisse des Tages: Chicago und ernste Riots in London standen vor der Thür. Man kam überein, die Zusammenkünfte bei Auban für einige Wochen zu unterbrechen.

Als sich der Amerikaner erhob und damit das Zeichen zum allgemeinen Aufbruch gab, waren die meisten überrascht, zu sehen, wie spät es war.

Auban schüttelte Allen die Hand, die Trupp's hielt er einen Augenblick länger wie gewöhnlich mit festem Druck, als wolle er noch einmal sagen: Entscheide dich! entscheide dich völlig! — Denn er gab in der That große Stücke auf ihn.

Der junge Deutsche war offenbar sehr wenig zufrieden mit Auban und suchte es auch nicht zu verbergen. Auban hatte nur ein Lächeln dafür. Um so freundlicher war Mr. Marell.

„Well, Auban", sagte er, und ergriff seine beiden Hände, „Sie sind ein seltsamer Mensch. Es ist viel Richtiges in Allem was Sie sagen; aber es ist Eis und Kälte, was Sie lehren, Eis und Kälte; das Herz geht leer aus" —

„O nein, Mr. Marell, die Freiheit ist warm, wie die Sonne. Kalt sind die Mauern des Kerkers allein. Das Herz wird reichere Schätze zu geben haben, wenn es auf keine Gebote hin mehr schlägt und schweigt. Unserer Vernunft aber sollte es nie die Leitung unseres Lebens entwinden — haben wir doch erst heute wieder gesehen, wie unfähig es ist, ihr in die Gebiete der Oekonomie hinein zu folgen."

Auban war allein. Er stieß beide Fenster auf. Während der Rauch in dichten Wolken dem Zimmer entfloh und der Aufwärter hinter ihm die Gläser forträumte, lehnte er sich an die Brüstung des Fensters und sah hinaus auf die Straße. Jetzt, wo die Abendluft seine Stirne kühlte, fühlte er, wie heiß er geworden war und wie ihn das Gespräch ergriffen hatte.

Und dafür deine Jugend! — dachte er bei sich. Das Opfer schien ihm wieder, wie so oft, zu groß für die Erkenntniß, die es ihm gebracht hatte. Ja, sie war kühl und herb, wie der Amerikaner gesagt hatte, diese Erkenntniß. Aber war sie nicht wie ein erfrischendes Stahlbad gewesen nach dem erschlaffenden Dämmerleben des Glaubens in thatenloser Hoffnung? —

Und er erinnerte sich, wie jung er noch war und wie viel ihm noch zu wirken bevorstand, und auch wenn dieses Wirken scheinbar so nutzlos sein sollte, wie der Versuch, den er heute in engem Kreise gemacht hatte, — dennoch erfüllte ihn eine große Kraft und eine starke Freude, und zurücktretend in das Zimmer, sagte er vor sich hin.

„Ja, für diese Erkenntniß der Freiheit deine Jugend!"

Und die Wände, die erschrocken waren über das plötzliche Schweigen nach dem Lärm des Gespräches, gaben ihm seine Worte zurück:

„Ja, dafür deine Jugend!"

Sechstes Kapitel.

Das Reich des Hungers.

Das East End London's ist die Hölle der Armuth.

Einer ungeheuren, schwarzen, regungslosen Riesen-Krake vergleichbar liegt dort die Armuth Londons in lauerndem Schweigen und umschließt von dort aus mit ihren mächtigen Fangarmen das Leben und den Reichthum der City und des West End: die linksseitigen breiten sich über die Themse und umfassen das ganze jenseitige Ufer — Rotherhithe, Deptford, Peckham, Camberwell, Lambeth, das andere London, den durch die Themse geschiedenen Süden; die rechten umschleichen die nördlichen Grenzen der Stadt in dünneren Fäden. Sie vereinigen sich dort, wo Battersea mit Chelsea und Brompton sich über die Themse hinüber verbindet . . .

Das East End ist eine Welt für sich, getrennt von dem Westen, wie der Diener von seinem Herrn. Man hört von ihm zuweilen, aber nur wie aus weiter Ferne, etwa so, wie man die Kunde von einem fremden Lande vernimmt, wo andere Menschen mit anderen Sitten und anderen Gebräuchen leben sollen . . .

Es war der erste Samstag im November, zu welchem Auban seinem Freunde Trupp seinen Besuch zugesagt hatte. Er gedachte mit demselben eine gemeinschaftliche East End-Wanderung zu verbinden, welche in dem Club russischer Revolutionäre ihren Abschluß finden sollte. Den Samstag hatten sie gewählt, weil mit den Nachmittagsstunden dieses Tages die Arbeit in London aufhört: Auban's Geschäft und Trupp's Fabrik für die Zeit von 36 Stunden sich schloß.

Auban verließ gegen ein Uhr sein Geschäft in einer der Nebenstraßen von·Fleet Street. Die Eile und das Getriebe des Geschäfts-
lebens schien sich verzehnfacht zu haben. Kaum vermochte er sich
durch das Gewühl von Karren, hochbeladen mit frischbedruckten
Zeitungsballen, welche einen· seltsamen Geruch von Feuchtigkeit aus-
strömten, von Lastwagen, deren fluchende Lenker nicht von der Stelle
kamen, von eiligen, aufgeregten, sich überhastenden Schaaren von
Clerks, Dienstmännern, Telegraphenboten, Kaufleuten nach Fleet Street
durchzubrängen. Er wollte, um nicht allzu viel Zeit zu verlieren,
nicht erst nach Hause gehen. So aß er in einem der nächsten überfüllten Restaurants, während er die neuesten Zeitungen durchflog.
Ueberall die Unemployed . . . Trafalgar Square: Polizei-Attacken;
die Versammelten mit Gewalt vertrieben; neue Verhaftungen wegen
aufreizender Sprache . . . Obdachlose Frauen im Hyde Park; sechszehn Nächte im Freien: verhungert und erfroren; die einen zum
Hospital, die anderen in's Work-House, die letzten in den Tod . . .
Vorbereitungen für die Ermordung der Chicagoer Anarchisten: da die
Galgen nicht ausreichen, ist der Beschluß gefaßt, sie in zwei Abtheilungen zu hängen, zuerst vier, dann drei; enorme Maßnahmen,
die Ordnung aufrecht zu erhalten; Gnadengesuche der Verurtheilten,
von vieren von ihnen unterzeichnet; der Gouverneur unerbittlich . . .
Auban ließ die Blätter sinken.

Das war sie, täglich und stündlich: die ungeheure Erniedrigung
des Lebens, in welcher der Eine zum Schlächter, der Andere zum
Opfer wird! Der Eine wie der Andere bezwungen vom Wahn . . .
Und nirgends für Beide ein Ausweg! Beide gehorchend dem von
Menschen geschaffenen Scheingott der Pflicht. Und beide von ihm
beherrscht, im Leben und im Sterben! —

Auban bestieg den nächsten Omnibus, dessen Endziel Liverpool
Street Station war. Er saß auf der Imperiale. Als er an der
Statue der Königin und des Prinzen von Wales vorüberfuhr, welche
an Stelle des verkehrhemmenden Thores von Temple Bar errichtet
worden ist, von dem aus in früheren, dunkleren Zeiten die blutigen
Häupter bestrafter Verbrecher dem Volke gezeigt wurden, dachte er an
den langsamen Aufstieg der Menschheit, den die ringende und klimmende

genommen hatte in der Knechtschaft. Wie weit würde sie sich einst entwickeln in der Freiheit! — Wie lange konnte es noch dauern, und auch diese Bildwerke der Götzen waren gestürzt, die Kronen, der Purpur gefallen, die Scepter zerbrochen, die letzten Reste des Mittelalters vertilgt! . . .

Dann galt es, den anderen Thrannen zu bekämpfen, den blinderen: das „souveräne Volk". Das würde die graue Zeit sein, die Zeit der Gewöhnlichkeit, der Nivellirung in der Zwangsjacke der Gleichheit, die Zeit der gegenseitigen Kontrolle, des kleinen Habers an Stelle der großen Kämpfe, der ununterbrochenen Widerwärtigkeiten . . . Dann würde der vierte Stand der dritte geworden sein, der Stand der Arbeiter zum Stand der Bourgeois sich „erhöht" haben, und das Kennzeichen Dieser würden dann Jene tragen: die Gewöhnlichkeit der Ideen, die pharisäische Zufriedenheit der Unfehlbarkeit, die satte Tugend! Und dann würden die echten Empörer, die großen und starken, in Schaaren wieder erstehen, die Kämpfer um das eigene, in jeder Bewegung bedrohte Ich . . .

Der Omnibus schob sich langsam, aber sicher Fleet Street hinunter. An Ludgate Hill war das Menschengedränge enorm. Nach Holborn Viaduct hin, jenem Wunderwerk eines modernen Straßenbau's, zogen sich Nebel: die Eisenbrücke von Farringdon Street war bereits von ihnen umhüllt. In der entgegengesetzten Richtung, wo unter Blackfriars Bridge die Themse rauschte, war es hell. Als die auf dem nassen Holzpflaster stampfenden Pferde den bis auf den letzten Platz beschwerten Wagen unter der Eisenbahnbrücke der London Chatham und Dover Bahn durchzogen, mühsam St. Paul's zu, schien das Gedränge unentwirrbar.

Aber St. Paul's tauchte auf mit seinen dunklen Massen, von deren schwarzem Hintergrunde sich die weiße Marmorgestalt der Königin Anna abhob . . . Das Herz der City, hier schlug es . . .

Weiter. Vorbei an den gigantischen Massen, welche in ihrer starren Ruhe nur noch einer vergessenen Vergangenheit anzugehören schienen.

Cheapside hinunter floß ein schwarzer Menschenstrom. Endlich tauchte der große Geldkasten, das fensterlose, niedrige, träge Gebäude der Bank, auf. Sein Thor war bereits geschlossen. Nun lag es da wie todt.

Auban war wieder ergriffen von dem ungeheuerlichen Leben, welches ihn umtoste.

Die unzähligen Banken, welche sich hier, wie die Kinder um ihre Pflegerin-Mutter, um die Bank von England lagerten, hatten geschlossen. Alles eilte zum Diner, nach Hause, zur Ruhe . . . Tausende und aber-tausende von durch die Wochenmühe ermattenden Menschen jagten durch-einander, jetzt getrieben ein Jeder von dem persönlichen Wunsche, auf ein paar Stunden die Zahlenreihezu vergessen, welche sein Leben aus-machten, sein Gehirn füllten bis in den letzten Winkel.

Junge Clerks, kleine Laufbuben in den verschiedensten Uniformir-ungen, bekümmerte Buchhalter, ernste Geschäftsleute, „schwere" Handels-herren, Spekulanten, Wucherer, große Geldfürsten, welchen die Welt zu Füßen liegt — wer wagt es, ihnen zu widerstehen? —, Alles hier durcheinander eilend, in rasendem Wirbel, scheinbar ein Chaos von Unordnung, in Wirklichkeit sich lösend in bewundernswerther Ordnung. —

Der Omnibus hielt hier länger. Man stieg aus und ein. Schaaren drängten nach, mußten zurückbleiben. Aber alle fanden den Platz, welchen sie suchten, in der fast unübersehbaren Reihe, in welcher sich ein Omnibus fast an den andern schloß . . .

Auban überschaute von seinem Sitze das Menschenmeer. Er verfolgte Den und Jenen mit seinen Blicken: einen jungen Kaufmann, offenbar war es ein Fremder, der wie verloren in diesem Gewimmel stand, nicht wissend, nach welcher Richtung hin er sich wenden sollte; dann einen älteren Herrn im Cylinder, tadellos einfach - schwarzem Gehrock, mit weißem Bart und einem Gesichtsausdruck, aus Hochmuth und Klugheit gemischt, der zu sagen schien: „Ich bin die Welt. Ich habe sie gekauft. Sie ist mein. — Was wollt Ihr? Ich besolde Euch Alle: den König und seinen Hofstaat, den Feldherrn und seine Armee, den Gelehrten und seine Gedanken, und alle meine Leute, welche arbeiten, damit ich bin. Denn die Menschen sind dumm. Ich aber bin klug und ich habe sie erkannt . . ."

Auban wandte seine Blicke wieder der Bank zu. Hier war das Versteck jenes großen Geheimnisses, welches alles Glück und Unglück in sich schloß. Unlösbar für die meisten war es für sie die höhere Macht, welche ihr Schicksal bestimmt. Mit Grauen, mit Bewunderung, mit sprachlosem Erstaunen hörten sie von den unermeßlichen Reichthümern, an denen sie keinen Antheil hatten. Woher kamen sie? Sie wußten es nicht. Wohin gingen sie? In die Hände der Reichen — das sahen sie. Aber was brachte sie hier zusammen? Was verlieh ihnen diese unermeßliche Gewalt, die Welt zu formen nach dem Gutdünken ihrer Besitzer? — Nein, sie würden es nie lösen, dieses entsetzliche Räthsel ihres eigenen Elends und des Glücks der Anderen. Hier lag der Vampyr, der ihnen Allen den letzten Blutstropfen aus den Adern sog, das Ungeheuer, welches ihre Frauen in die Entehrung trieb und ihre Kinder langsam erdrosselte — — Und sie eilten schneller vorüber an den dunklen Wällen, hinter denen das Gold lag, welches ihr eigenes Blut gewesen war.

Wenn sie hörten, daß auf dem Lande, in welchem sie lebten, eine Staatsschuld von so und so viel Millionen laste, und man ihnen sagte, daß Jeder unter ihnen an dieser Schuld mithafte, so ließ sie diese Albernheit vollkommen gleichgültig; was eine Milliarde war, wußten sie nicht, aber die letzte nicht bezahlte Zimmerrente und die 5 sh.-Schuld im Fleischshop lag drückend auf ihnen und erfüllte sie mit Angst vor den nächsten Tagen.

Zu manchen von ihnen begann der Sozialismus zu reden. Wenn er ihnen sagte, daß nichts auf der Welt Werth habe, als die Arbeit, und sie sahen, daß die, welche nicht arbeiteten, im Besitz aller Werthe waren, so wurde es ihnen nicht mehr schwer, die einfache Folgerung zu ziehen, daß es i h r e Arbeit sein mußte, welche die Besitzthümer Jener schuf, mit anderen Worten, daß Jene von ihrer Arbeit lebten, sie um ihre Arbeit bestahlen . . . Was es war, das Jene dazu ermöglichte, war für die Meisten nun wieder ein unentwirrbares Geheimniß: waren sie doch in der Mehrzahl und Jene nur Wenige gegenüber ihren Massen! — Die Einsichtigeren ahnten, daß wohl nichts Anderes helfen könnte, als dem Schutz- und

Trutzbündniß der Räuber ein gleiches Bündniß der Beraubten ent-
gegenzustellen. So wurden sie Sozialisten.

Für Auban hatte das Geheimniß längst seine Schrecken, das
Sphinxantlitz der Macht längst sein Grauen verloren. Seine Studien
hatten einen Schleier nach dem anderen von dem verhüllten Bilde
gerissen und Auge in Auge stand er nun der jedes idealen Schimmers
entkleideten Puppe des Staates gegenüber. Eine Holzpuppe — leer
und hohl, ein ungeheurer Schwindel, ein Popanz war der Gott, vor
dem Alle knieten. Aufgezogen von einigen geschickten Händen, sollten
automatische Bewegungen von wirklichem Leben zeugen!

Die Einsichtslosigkeit der bethörten Massen gab jenem Gerippe
die schrecklichen Waffen der Vorrechte in die starren Finger. Hier
diese Bank, die größte Englands, sie war vom Staat belehnt worden
mit der Schaffung von Papiergeld. So entstanden ungeheure Reichthümer, welche ein falsches Bild gaben von dem wahren Wohlstand
des Landes. Ohne Konkurrenz, wie es war, unterdrückte schon dieses
eine Prinzip, dessen Annahme und Durchführung die Gewalt erzwang,
den freien Verkehr, untergrub das Vertrauen auf die eigene und
fremde Kraft, stellte sich vernichtend zwischen Angebot und Nachfrage
und schuf jene grauenhaften Unterschiede des Besitzes, welche die
Einen zu Herren erhöhten, die Anderen zu Sklaven erniedrigten.

Das Monopol des Geldes, die Willkür des Vorrechtes, ein
allein geltendes Austauschmittel zu schaffen, fiel es, so fiel der Staat,
und dem Verkehr der Menschen untereinander war freie Bahn gegeben —

Aber Auban's Gedanken wurden unterbrochen.

Der Omnibus setzte sich endlich wieder in Bewegung, hinter sich
die riesigen Gebäude des Geldverkehrs lassend, die Bank und die
Börse, von welcher herab wie blutiger Hohn die Worte der Bibel
sprachen: „The earth is the Lord's and the fulness thereof.“

Als er durch die schmalen Straßen nach Liverpool Station sich
durchwand — die von brausendem Leben angefüllte Broad Street
verlassend, um trotz des Umwegs schneller an's Ziel zu gelangen —
war es Auban, als durchfahre er die kühle, dunkle Tiefe eines engen

Thales, so dicht umschloſſen ihn wie Wälle dieſe hohen, ernſten, schweigſamen Häuſer, welche nie ein Sonnenſtrahl erwärmt zu haben schien.

An den Rieſenhallen der Stationen von Liverpool Street hielt der Wagen. — Auban betrat den großen Bar-Room an der Ecke der Straße. Seine Abtheilungen waren überfüllt. Man drängte einander, stehend, die Gläſer und Becher in der Hand, lebhaft sprechend, diskutirend, sich überschreiend. Die Thüren flogen in beständiger Bewegung auf und zu; das Geld klapperte auf dem Holze.

Auban saß ziemlich lange in einer Ecke, in kleinen Zügen sein half and half schlürfend. Dann drängte er sich durch die Menschenfluthen den Bahnhallen zu. An das Gitter des Einganges gelehnt, inmitten einer Schaar von schreienden Newsboys, Schuhputzern, Blumenmädchen, Verkäufern aller Art und jeden Alters, stand ein kleiner, verwachſener Knabe, von Niemand beachtet, mit finsterm Trotz vor sich hinſtarrend, die Hände in die schmutzigen Fetzen seiner Hose vergraben, zerlumpt, verkommen, ein Greiſengeſicht auf magerem Kinderkörper. Auban sah ihn und sein geübtes Auge erkannte sofort den Hunger in diesen Blicken. Er kaufte einige Orangen an dem nächsten Kaufwagen. Mit wortloser Gier biß der Kleine in die Frucht, ohne aufzusehen, einem verhungernden Hunde gleich, der sich über einen Knochen stürzt. Seit wie lange mochte er nichts genoſſen haben? Seit wie lange schon hier so stehen, Trotz, Bitterkeit, Verzweiflung in dem kleinen Herzen, apathiſch vor sich hinſtierend auf seine nackten, auf den kalten Steinen erſtarrenden Füße?

Auban überrieselte es kühl. Das war der Anfang jenes Grauens, welches ihn jedesmal bereiſt hatte, wenn er zurückkehrte aus dem Ringe der „Enterbten", der schweigenden Oede des East Ends von London . . .

Als ihn die Bahn die kurze Strecke nach Shoreditch trug, tauchte in rieſenhaften Umrissen aus hundert vereinzelten Erinnerungen ein schattenhaftes Bild des ungeheuerlichen Lebens vor ihm auf: düster, brohend, schweigſam und gestaltlos-unfaßlich.

Er dachte so mancher andern Wanderung, auf welcher er lange
Stunden das unermeßliche Reich des Hungers durchkreuzt hatte: des
interessanten Nachmittags in diesem Sommer, als er zu Fuß die
ganze Isle of Dogs umgangen hatte, betäubt von der Großartigkeit
ihrer seit noch nicht zwanzig Jahren geschaffenen Anlagen, erschüttert
von der Armseligkeit dieser verlorenen Straßenwinkel, in deren bau-
fällige Häuser und trübselige Hütten ein ermüdetes Geschlecht seine
Sorgenlasten versteckt zu haben schien. — Dann des Abends in
Poplar, der diesen Nachmittag beschlossen hatte, an welchem er das
Vergnügen der Armen belauscht hatte in einer Singspielhalle niedersten
Ranges, unter halbwüchsigen Buben in Hemdärmeln, und Mädchen
im befederten Straßenhute, den zinnernen Topf mit Ale vor sich, die
Pfeife im Munde, auf dem 3 d.-Platz, dem besten und zugleich einzigen,
lauschend den schreienden Stimmen einiger heiseren Sängerinnen
und Neger-Imitatoren, umbrüllt von dem Lärm von hundert mit-
singenden Stimmen. — Dann jenes andern Nachmittags in Wapping,
das er durchbummelt hatte mit dem alten Seemann, der ihm die
enormen London Docks zeigte, ihn mitnahm am Abend in die
St. George Street, die berüchtigte Schifferstraße: in das Tanzlokal,
wo baumlange Malayen, schweigsame Nordländer, Neger und Chinesen,
die ganze seltsame, fremdartige, mit den Schiffen aus allen Ländern
der Welt hierher zusammengewürfelte Gesellschaft sich durcheinander
mischte und wühlte in Tanz und Ausschweifungen; und in die Opium-
kneipe bei der Münze, das dunkle Loch, wo das unheimliche Schweigen
des Todes über todtenähnlichen, in ihr Laster versunkenen Gestalten
zu ruhen schien. — Und Auban dachte an seine einsamen Abendgänge
in dem ungeheuren Elend der Distrikte von Whitechapel und Bow,
wo es fast keine Straße mehr gab, die er nicht wieder und wieder
durchkreuzt hätte im Entsetzen vor dem Schrecklichen, was er sah,
und im Grauen vor dem Schrecklicheren, was er hinter den schmutzigen
Wänden und zerbrochenen Fensterscheiben ahnte.

Auban hatte weder kostspielige Leidenschaften, noch besondere
Wünsche an das tägliche Leben, deren Erfüllung ihm viel von seiner
Zeit gekostet hätten. Seine Tage gehörten zum größten Theil seinem
Berufe, der ihn übrigens nicht sklavisch an die Stunde band; seine

Abendstunden meist seinen volkswirthschaftlichen Studien und dem
Verfolgen des Ganges der Bewegung. Dann die Sonntag-Nach-
mittage seinen Freunden. Was dazwischen noch lag, das verwendete
er auf die Wanderungen durch die ungeheure Stadt. Diese Wanderungen waren seine einzige wirkliche Freude, sein größter Genuß.
Er war glücklich, konnte er sich einen Nachmittag hierfür freimachen;
dann beugte er sich über die große Karte der Stadt, ließ seine Finger
hierhin und dorthin ziehen, bis er den Anfangs- und Endpunkt der
heutigen Wanderung bestimmt hatte. Wenn er sich eintauchte in das
geheimnißvolle Leben einer nahen Fremde, fühlte er sich gepackt, fortgerissen, gehoben von der Größe seiner Zeit, welche in nie ruhender
Kraft das Mächtige geschaffen; wenn er zurückkehrte in sein stilles
Zimmer, war er wie zermalmt unter dem Druck dieses übermächtigen
Lebens, das den Einen zur Höhe des Glücks trug, um den Andern
hinabzuschleudern in die Tiefe des Elends ...

Oft hatte er schon daran gedacht, für eine Zeitlang wenigstens
seine Wohnung hierher zu verlegen, mitten hinein in die Misère dieses
Lebens, um es so besser kennen zu lernen, als ihm dies je möglich
werden konnte durch die Beobachtung der Außenseite, aber immer
hatte es ihm an Zeit gefehlt. So mußte er sich an das halten, was
er sah und hörte, wenn ihn die Gelegenheit hierher trieb. Und das
war in der That schon genug.

Nun hatte Trupp diesen Vorsatz ausgeführt. Er hatte seinem
Freunde eine Karte geschrieben: er habe einer Differenz mit seinem
Meister wegen die Arbeit niedergelegt und wohne jetzt in der Nähe
von Whitechapel. Er schlug ein Rendez-vous in der Nähe von
Shoreditch vor.

Um 4 Uhr. Es hatte eben halb geschlagen. Auban wartete
ohne Ungeduld.

Trupp kam zur bestimmten Zeit. Seine gedrungene, breitschultrige
Gestalt bahnte sich sicher ihren Weg durch das Gedränge. Wieder,
wie an jenem Abend in Soho, sah er Auban stehen: die Hände
auf den Stock gestützt, leicht an den Eingangspfeiler von Shoreditch

Station gelehnt, aber diesmal mit den scharfen Blicken die Umgebung und die Menschen musternd, nicht sich in Gedanken verlierend.

Sie begrüßten sich. Der letzte Sonntag-Nachmittag wurde nicht erwähnt.

Trupp war noch finsterer wie gewöhnlich. Er erzählte voll Bitterkeit von der frechen Brutalität seines Meisters, der erbärmlichen Fügsamkeit seiner Mitarbeiter, der dumpfen Unthätigkeit seiner Genossen. Es müsse wieder ein Beispiel gegeben werden, sonst schlafe Alles ein. Er sah blaß aus, als habe er wenig geruht in den letzten Tagen. Seine Augen flackerten unruhig. — Sie gingen nach Hackney Road hinein, die traurig-lange Straße der Kümmerniß, wo die kleinen Shopkeepers wohnen. Dann wandte sich Trupp südlich, dem Distrikt von Bethnal Green zu.

Das Leben um sie herum verstummte plötzlich. Die Straßen wurden enger, düsterer, farbloser; der Schmutz immer größer. Hier und da noch ein erbärmlicher Laden mit Kleinkram und altem Getrödel. Sonst nichts als verschlossene Thüren und Fenster, deren Scheiben längst der Schmutz erblindet hatte.

Sie durchschritten einige Straßen; dann, mit jäher Biegung einen schmalen Gang, welcher unter einem Hause durchführte. Es schien etwas heller zu werden, denn die mehrstöckigen Häuser hörten auf.

Sie standen auf einem kleinen Platz. Von ihm auslaufend zogen sich in ziemlicher Regelmäßigkeit drei Gassen, welche von schmalen, sämmtlich zwei Stockwerke hohen Häusern gebildet wurden, deren enge Hinterhöfe aneinander stießen.

Sie waren kaum fünf Minuten bis hierher gegangen.

Trupp hielt wartend an. Er sagte kein Wort, aber Auban merkte, daß dies der Ort war, welchen er ihm vor Allem zeigen wollte.

Er trat auf einen aufgewühlten Erdhügel und blickte auf das Bild, welches sich ihm darbot.

Nie in seinem Leben glaubte er etwas Traurigeres, Niederdrückenderes, Trostloseres gesehen zu haben, als die starre Einförmigkeit dieser schmutzigen Löcher, von denen sich in grauenhafter Symmetrie das eine an das andere reihte, bis sich das zwanzigste verlor in die graue Trübe dieses fröstelnden Novembernachmittags. In den durch brusthohe, zerbröckelnde Mauern von einander abgetrennten Höfen, deren Enge kaum ein Ausspannen der Arme gestattete, schwammen trübe Lachen schleimigen Kothes; Haufen von Unrath waren in den Ecken aufgeschichtet; zerbrochenes Geräthe lag umher, wohin das Auge sah; hier und da hing ein Lappen grauer Wäsche, ein Fetzen Tuch bewegungslos in der kühlen Luft. Die Stufen der zu den Thüren hinaufführenden Steintreppen waren zertreten; die Läden der Fenster hingen, meist zerbrochen, kaum noch in den Angeln; die Scheiben waren zersplittert, kaum eine mehr ganz; die Löcher oft verklebt mit Papier; wo die Fensterflügel geöffnet standen, ragten nackte Wände.

Weit und breit keine Menschenseele. Es war, als sei soeben der Tod riesengroß durch diese Gassen geschritten und habe alles Athmende berührt mit seiner erlösenden Hand . . .

Dann sah Auban, wie sich etwas regte, in der Ferne. War es ein Thier, ein Mensch? Er glaubte, die gebückte Gestalt einer Frau zu erkennen. Aber er konnte nichts deutlich unterscheiden in dieser Entfernung. — Aus dem einen und andern der zahlreichen Schornsteine stieg ein spärlicher Rauch auf und löste sich in der bleigraufarbenen Luft.

Kein Künstler hat es je versucht, dieses Bild zu malen, dachte Auban, und doch brauchte er nur eine Farbe auf seine Palette zu stellen: ein schmutziges Grau.

Er horchte auf. Aus entlegener Ferne drang ein ununterbrochenes, dumpfes Rollen herüber in diese Verlassenheit und Stille: die zu diesem einen drohenden Grollen zusammengeballten tausendfachen Laute des treibenden Lebens von London. Aber hier fand es kein Echo der Antwort.

Trupp war unterdessen hin- und hergeschlendert: er hatte vor dem faulenden Körper eines verendeten Hundes gestanden, die verborgene, verrostete Laterne an der Straßenecke betrachtet, welche bis auf den letzten Splitter ihre Scheiben verloren hatte, und suchte nun vergebens in diesem staubigen Sandboden nach einer Spur von

Grün — nicht ein einziger Grashalm fand Nahrung in dieser ver-
fluchten Erde . . .

Verwahrlosung überall, wohin der Blick fiel, die Verwahrlosung
des Hungers, welcher täglich seinen entsetzlichen Kampf mit dem
Tode kämpft.

Langsam rissen die Freunde sich los von dem traurigen Anblick
und verstummt gingen sie die mittlere Straße hinab. Hier und da
öffnete sich halb ein Fenster, ein struppiger Kopf bog sich vor und
scheue, neugierige Augen folgten halb furchtsam, halb gehässig dem
völlig ungewohnten Anblick der Fremden. Ein Mann hämmerte an
einem zerbrochenen Karren, welcher die ganze Breite der Straße ver-
sperrte. Er erwiderte den Gruß der Vorbeigehenden nicht: maßlos
erstaunt starrte er sie an, wie die Erscheinung einer andern Welt;
eine Frau, welche in einer Hausthürecke regungslos gekauert hatte,
erhob sich erschrocken, preßte ihr Kind mit beiden Händen fester gegen
die von Lumpen kaum verhüllte Brust und stemmte sich, wie zum
Wiberstande bereit, gegen die Wand, keinen Blick von den Vorüber-
schreitenden lassend; nur eine Schaar von im Straßenschmutz spielenden
Kindern sah nicht auf — man hätte sie für Idioten halten können,
so lautlos trieben sie ihre freudlosen Spiele.

Trupp und Auban gingen schneller. Sie kamen sich vor wie
Eindringlinge in die Geheimnisse fremden Lebens, und sie eilten, all'
diesen Blicken der Furcht, des Hasses, des Neides, des Erstaunens,
des Hungers zu entgehen.

Am Ende der Straße hockte eine andere Gruppe von Kindern
zusammen: sie vergnügten sich an den Todeszuckungen einer Katze,
welcher sie die Augen ausgestochen und die sie am Schwanze auf-
gehängt hatten. Wenn das blutende, gequälte Thier mit den Füßen
zappelte, um sich freizumachen, stießen sie nach ihm mit der grausamen,
unheimlichen Freude der Kinder an sichtbaren Schmerzen. Trupp
trat mitten unter sie mit schneller Bewegung. „Schneidet sie los!"
herrschte er sie an. Aber er hätte ebensogut deutsch reden können, so
wenig wurden die in seinem Munde hart und unnatürlich klingenden

Laute verstanden. Mit maßlosem Erstaunen sahen die Kinder zu ihm empor, ohne zu wissen, was er von ihnen wollte. Er mußte selbst das verendende Thier losreißen. — Zu Auban zurückkehrend, gab er seiner Entrüstung über die schändliche Thierquälerei lauten Ausdruck. Jener zuckte traurig die Achseln. „Bessere Verhältnisse, bessere Sitten,“ sagte er, „was anders soll da helfen!“

Trupp schien jeden Winkel dieser Straßen zu kennen. Er führte den Weg hin und her, oftmals stillstehend, wenn sie vor einem der Häuser vorbeikamen, dessen geborstene Mauern zusammenbrechen zu müssen schienen, wenn man sich gegen sie stemmte; dann wieder schmale, armbreite Durchgänge findend, von deren Wänden eine schmutzige Feuchtigkeit herabträufelte, auf dem Boden sich sammelnd zu stinkenden, ekelhaften Lachen; so führte er wortlos und sicher Auban durch das dunkle Labyrinth dieses unermeßlichen Elends, dessen traurige Einförmigkeit nicht enden wollte, nach welcher Richtung sie auch sich hinwenden mochten.

Sie kamen in einen hofartigen Raum, der rings von hohen, grauen Häusern eingefaßt war. Gibraltar Gardens stand auf einem Schild an der Straßenecke. „Gibraltar Gardens!“ sagte Trupp. „Sie verhöhnen das Elend, das sie geschaffen haben!“ — Auf dem zersplitterten Asphalt des Hofes vergnügten sich einige Kinder mit Rollschuhlaufen — in den „Gärten von Gibraltar“, wo kein Grashalm gedieh! —

Die Freunde gingen weiter durch enge Straßen von sehr alten, gebückten, niedrigen Häuschen, durch deren Thüren man mit gesenktem Haupte gehen mußte. Tröbler wohnten hier und sie hatten mit ihrem „second hand“-Gerümpel die Straße zum Ersticken vollgestopft; und dann waren die Wanderer plötzlich im brausenden Leben der Church Lane. Mit einem Schlage veränderte sich die Physiognomie der Umgebung; aus todesähnlicher Verlassenheit in das rauschende Getriebe des Verkehrs eines Samstag-Nachmittags!

Auban war ermüdet. Er hinkte stärker. Auf seinen Wunsch betraten sie auf eine halbe Stunde das nächste Publichouse, wo er sich in eine Ecke drückte. Noch immer sprachen sie wenig miteinander; höchstens, daß sie sich gegenseitig eine Beobachtung mittheilten. Es

war ein Ginpalaſt niederſter Stufe, welchen ſie betreten hatten. Er
führte den Namen: „The chimney sweep“, wie Auban lachend
ſah. Der ſägemehlbeſtreute Boden ſtarrte von Schmutz und zertretenem
Speichel; der Bar ſchwamm von durcheinanderrinnenden Getränken
aller Art, welche zu einer klebrigen Kruſte vertrockneten; hinter ihm,
wo die großen Fäſſer vom Boden bis zu Decke an den Wänden
hinaufgeſchichtet waren, hatten die Aufwärter unaufhörlich zu thun,
die ſich ihnen entgegenſtreckenden Hände zu füllen; der betäubende
Geruch von Tabaksqualm und Branntwein, die feuchtwarmen Aus-
dünſtungen ungewaſchener Kleider und ſich aneinander drängender
Körper füllte die Räume bis in die letzten Winkel.

Hier ſuchte das Elend ſein entſetzliches Glück, indem es ſeinen
Hunger vertrank. Es war das rechte Eaſt End-Publikum: Männer
und Weiber, die letzteren in faſt ebenſo großer Anzahl wie die erſteren;
manche mit Säuglingen an den welken Brüſten, die meiſten aber alt
oder doch ſo ſcheinend. Zwiſchen den Erwachſenen drängten ſich
zerlumpte Kinder durch. Faſt Alles war betrunken, in den erſten
Stadien des Samstagrauſches, welcher am Sonntag ausgeſchlafen wurde.
Auban machte Trupp auf eine Inſchrift an der Wand aufmerkſam:
„Swearing and bad language strictly prohibited!“ . . . Sie
war einfach lächerlich, dieſe Aufforderung, um deren Drohung ſich
kein Menſch kümmerte.

Das Geſchrei und Toben war überwältigend. Es verſtummte
keinen Augenblick und wälzte ſich in ſchwellenden Schallwogen hin
und zurück von einer Abtheilung in die andere. Das lallende
Stammeln eines Betrunkenen wurde übertönt von dem rohen Geſchimpfe
eines erregten Alten, welcher behauptete, man habe ihm ſein Glas
ausgetrunken; und das wiehernde Gelächter, mit welchem man die
Weiber aufeinanderhetzte, wiederum von dem wüthenden Kreiſchen eines
Weibes, welches mit geballten Fäuſten vor ihrem Manne ſtand, der
ihr nicht folgen wollte. Junge Männer, faſt noch Knaben, ſangen
in einer Ecke mit ihren aufgeputzten Sweethearts Gaſſenhauer, oder
zeigten ihnen Niggertänze, indem ſie mit ſchweren Schuhen im Takte
den bröhnenden Boden ſtampften und den Oberkörper hin und her-
warfen. Die ganze Aufmerkſamkeit aller Weiber aber wurde plötzlich

gefesselt: ein Baby fing an zu weinen; vielleicht fand es an der Brust seiner betrunkenen Mutter keine Nahrung mehr. Von allen Seiten beugte man sich über das kleine, runzelige, graue Gesicht und Jede hatte sechs Rathschläge für einen, es zu beruhigen. Die natürliche Gutmüthigkeit brach hervor; man wollte helfen. Trotzdem schrie das Kind immer stärker, bis seine Klagen im Gewimmer erstarben.

Für Auban war das groteske Schauspiel dieses Lebens nichts Neues. Er war oft in diesen letzten Zufluchtsstätten des Elends gewesen, wo das Erscheinen eines nicht zerlumpten Menschen schon ein Ereigniß ist.

Heute waren indessen die Meisten in ihrer Trunkenheit bereits viel zu sehr mit sich beschäftigt, oder in Streitigkeiten und Disputen miteinander verwickelt, als daß man sich viel um die Fremden gekümmert hätte. Nur an Trupp drängte sich in zäher Hartnäckigkeit eine Alte, mit ihren blutunterlaufenen, trüben Augen ihn widerlich-zärtlich anstarrend und ihm im Idiom des East Ends, einem Slang, von dem er kein Wort verstand, ihre Anliegen vorlallend. Er beachtete sie nicht. Wenn sie gegen ihn fiel, schob er sie ruhig zurück. Auf seinem Gesicht zeigte sich dabei weder Ekel noch Verachtung. Auch dieses Weib war ihm ein Glied der großen Menschheitsfamilie und ihm eine Schwester.

Auf der Bank, Auban gegenüber, saß ein junges, völlig ver-wahrlostes Mädchen. Aus ihren großen dunklen Augen schoß sie Blitze der Wuth auf Trupp. Weshalb? Aus Haß gegen den Fremden, den sie in ihm erkannt hatte? Aus Zorn über der Alten Zudring-lichkeit, oder über seine kühle Abwehr? Aus Eifersucht? — Aus den Schimpfworten, welche sie ihm von Zeit zu Zeit zuschleuderte, war es nicht zu ersehen.

Auban betrachtete sie. Ihre verkommenen Züge, auf denen Ver-achtung mit Gemeinheit und Haß sich mischte, waren noch immer schön, trotzdem ihre rechte Backe blutig zerkratzt war und das Haar wirr auf die Stirne herabfiel. Ihre Zähne waren tadellos. Ihr unordentlicher Anzug, die schmutzige Leinenjacke, war auseinanderge-rissen, wie in frecher Absichtlichkeit herausfordernd, und ließ die noch kindlichen, weißen Brüste sehen. „Was brauche ich mich vor Euch zu geniren", sagten alle ihre Bewegungen.

Wie lange noch und auch die letzten Spuren von Jugend und Anmuth waren hinweggewischt? Welcher Unterschied noch zwischen ihr und dieser immer betrunkenen Alten, welcher Trupp jetzt, als sie von Neuem mit der ganzen Wucht ihres Körpers gegen ihn fiel, in's Ohr schrie, er verstehe kein Englisch, er sei ein Deutscher? —

„Are you, darling?" stammelte sie und näherte ihr Gesicht dem seinen. Doch in diesem Augenblick wurde sie völlig von der Trunkenheit überwältigt. Einen gurgelnden Laut von sich gebend, stürzte sie vornüber und lag regungslos auf dem glitschrigen Boden. Die grauen Strähne ihres Haares bedeckten zur Hälfte ihr verzerrtes Gesicht.

Die Männer lachten laut, die Dirne kreischte und überhäufte Trupp mit einer Fluth von Schimpfworten.

Auban war aufgestanden. Er wollte die Alte aufheben. Aber Trupp hinderte ihn. „Laß sie liegen. Sie liegt dort gut. Wenn Du alle betrunkenen Frauen aufheben wolltest, die wir heute sehen, hättest Du viel zu thun."

Er hatte Recht. Die Alte schlief bereits.

„Laß uns gehen", sagte Auban.

Das junge Mädchen war auf Trupp zugetreten und stellte sich ihm Brust an Brust gegenüber. Sie sah ihn mit ihren großen, von krankhafter Gier funkelnden Augen an. Aber sie sagte kein Wort. Trupp ging ihr aus dem Wege, der Thüre zu.

„You are a fool!" sagte sie da mit unbeschreiblichem Ausdruck. Auban sah noch, wie sie auf ihren Platz zurückkehrte und das Gesicht in den Händen verbarg.

Als sie auf der Straße standen, erschien ihnen das Brausen des Lebens wie Stille nach dem Toben, welches sie eben umlärmt hatte.

Es war dunkler und kühler geworden. Feuchtigkeit schwängerte die Luft. Je mehr der Abend nahte, desto unruhiger und belebter wurde die Straße. Die Verkäufer an den Wagen, welche den Straßenrand besetzt hielten, einer dicht hinter dem andern, schrieen lauter. Die Berge von Grünkraut und Orangen sanken zusammen; die alten

Kleider und Schuhe lagen wild durcheinander geworfen, betastet von so vielen prüfenden Händen; die second hand books wurden durchblättert, indem man sie in der zunehmenden Dunkelheit dicht zum Gesicht hob.

Die Verkäufer von Muscheln und Schnecken, dem abscheulichen Essen der Aermsten, hielten die Straßenecken besetzt. Der Anblick ihrer unappetitlichen Waare erfüllte mit brechendem Ekel . . .

„Brick Lane!" — sagte Trupp plötzlich.

Sie standen am Eingang der vielgenannten Straße.

Whitechapel! — East End im East End! Hölle der Höllen!

Wo endest du, wo beginnst du? — Deine ursprünglichen Grenzen eines Distrikts hat dein Name verwischt — heute denkt man bei seinem Klange an den dunkelsten Theil in der großen Nacht des East End, an die unheimlichste seiner Tiefen, an den bodenlosesten seiner Abgründe des Elends . . .

Hier liegen die Menschenleiber am unentwirrbarsten und am höchsten auf einander gethürmt. Hier kriechen die Schaaren derer, die kein Name nennt und keine Stimme ruft, am ruhelosesten über- und durcheinander. Hier preßt die Noth die menschlichen Thiere am engsten zu einer unerkennbaren Masse von Schmutz und Unrath zusammen und ihr kranker Athem liegt wie eine verpestete Wolke über diesem Theile der maßlosen Stadt, dessen engere Grenzen im Süden erst der schwarze Streifen der Themse bestimmt . . .

Von Norden nach Süden in leichter Windung zieht sich Brick Lane. Sie beginnt, wo sich Church Street in Bethnal Green Road verlängert, der an dem Museum gleichen Namens endet, welches errichtet wurde, um dem Bildungstriebe der „ärmeren Klasse" zu genügen, ebenso wie der nahe Viktoria Park angelegt ward, damit sie den kärglichen Athemzug frischerer Luft nicht ganz zu entbehren gezwungen war. Sie endet dort, wo sich von Aldgate aus in unabsehbarer Länge Whitechapel Road und Mile End Road nördlich,

südlich die stattliche, breite Commercial Road East, welche eher nicht
als bei den indischen Docks ihr Ende findet, gabelartig abzweigen.

Wer Brick Lane einmal langsam durchwanderte, der kann sagen,
er sei vom Pesthauch der Noth gestreift worden; wer sich verirrte in
ihre Nebenstraßen, der ging an dem Abgrundrande menschlichen Leidens.
Wer sehen will, wie viel die menschliche Natur zu ertragen im Stande
ist; wer noch immer dem Kindertraume glaubt, daß die Welt durch
Liebe erlöst, die Armuth durch Wohltaten gelindert, das Elend durch
Staatshülfe abgeschafft werden könne; wer die furchtbaren Wirkungen
des Mörders Staat in ihre letzten Konsequenzen hinein verfolgen
will: der betrete das Schlachtfeld von Brick Lane, wo die Menschen
nicht fallen mit zerspaltenem Schädel und durchschossenem Herzen,
sondern wo der Hunger sie mühelos mäht, nachdem die Noth sie ihrer
letzten Kraft des Widerstandes beraubt . . .

Es ist eine lange Wanderung, Brick Lane hinab. Die Freunde
gingen schweigend. Riesige Lagerhäuser, in der Ferne sichtbar, ge-
wölbte Eisenbahntunnel der Great Eastern Railway unterbrachen die
Eintönigkeit der aneinander gepreßten Häuserflucht. Oft hatten sie
Mühe, sich durch die auf- und niederwogenden Menschenströme durch-
zustoßen. Die Gerüche wechselten: faulende Fische, Zwiebeln und
Fett, penetrante Dünste gerösteten Kaffee's, die Stickluft des Schmutzes,
der verwesenden Stoffe . . . Läden mit blutigem Fleisch, auf Stäbe
gesteckt — „cats meat"; an jeder Straßenecke ein „Wine and
Spirits"-Haus, zerrissene Maueranschläge, auch hier noch in schreienden
Farben; eine Schaar junger Männer zieht vorbei — sie schreien und
singen; die Nebenstraße hinab tastet sich der Wand entlang eine be-
trunkene Gestalt, vor sich hinmurmelnd und gestikulirend, vielleicht
überwältigt von einem einzigen Glase Whiskey, da der Magen seit
Tagen nichts genossen hat . . .

Die Gegend ward immer unheimlicher. Das Judenviertel, die
Aermsten der Armen. Die Opfer der Ausbeuter, der „Sweaters",
Schneider und Kleinhandwerker. Unendlich genügsam, Lastthiere, im
Ertragen des Unmöglichen, bei achtzehnstündiger Arbeit oft zufrieden
mit sechs, ja mit vier Pence, völlig versunken in dumpfer Ergebung,
sind sie die willigsten Objekte der Ausbeuter und drücken die Löhne

auf einen Punkt, der weit unter der Hungergrenze steht. So sind sie der Schrecken und der Abscheu für alle Bewohner des East End, die sie tödten mit ihrer zähen Ausdauer und ihrer unheimlichen Entsagungsfähigkeit in diesem furchtbaren Kampf einer mehr wie erbarmungslosen, einer raffinirten Konkurrenz.

Sie allein haben es vermocht, in Whitechapel festen Fuß zu fassen: so lagern sie in der Mitte des East End, wie ein faulender Schwamm am Fuße eines riesigen Baumes . . .

Wieder in starrer Einförmigkeit begannen sich nach Osten hin diese entsetzlichen Reihen zweistöckiger Häuser hinzuziehen, deren graue Eintönigkeit dem Auge nirgends Halt gebietet.

So ist Brick Lane, deren Ende Auban und Trupp nun erreicht haben: unbeschreibbar in ihrer scheinbaren Gleichgültigkeit und schaurigen Düsterniß — durchgehe sie nicht einmal wie heute, sondern hundertmal und nichts Anderes verräth sie Dir von ihren versteckten Geheimnissen, ihren stummen Leiden, ihren todten Klagen, als das Eine: daß sie keinen Glücklichen noch sah . . .

Whitechapel! Als die Freunde die schmutzige Enge von Osborne Street, dem Eingang zu Brick Lane, durchschritten, begann die sechste Abendstunde. Sie standen in einem riesigen Menschenstrom, der sich Whitechapel und Mile End Road hinaufwälzte: tausende und abertausende von Arbeitern, die den äußeren, den äußersten Grenzen des Riesenleibes der Stadt zuströmten. Durch den Nebel glühten die rothen Augen der Laternen, in langen, in letzter Ferne sich vereinigenden Reihen. Die nördliche Seite der Straße war dicht besetzt mit zwei Reihen von Händlern jeder Art, ihren Wagen und Verkaufsständen, von denen herab qualmende Naphthalampen Lohen von Licht auf die Massen warfen, die sich durch den engen Mittelweg drängten, stroßend, treibend, erregt, halbbetäubt . . . Es ist der große Abend, der Vorsonntag. Wer noch einen Penny sein eigen nennt, giebt ihn aus.

11

Denn Whitechapel Road ist das große, öffentliche, Jedem zugängliche Vergnügungslokal des East End. An ihm liegen große Musikhallen mit weiten Gängen und hohen Etagen und Rängen, und hier kleine, versteckte Penny-Gaffs, in denen wenig zu sehen vor Tabaksqualm und nichts zu hören vor Lärm ist. — An ihm hat der Medizinmann mit der Wundersalbe, welche alle Krankheiten heilt — man braucht sie innerlich, wie äußerlich, es bleibt sich ganz gleich — sowohl, wie der Schießstand sich aufgeschlagen, die mit ihren wehenden Steinölflammen die Gaslichter unnöthig machen. — An ihm findet man den Kraftmenschen und die Meerjungfrau, das Wachsfigurenkabinet und den famosen Hund mit den Löwenklauen — man hat ihm die Vorderfüße gespalten: Alles zu sehen für einen Penny . . .

Auban und Trupp sahen nichts von allen diesen Herrlichkeiten. Sie hatten eine Strecke weit diese Fluth zu durchbahnen. Nur Schritt für Schritt gelangten sie vorwärts. Nun wieder nach Norden, von wo sie gekommen sind, einbiegend, führte Trupp seinen Freund durch zwei, drei dunkle Gassen, und wieder durch einen jener niedrigen Durchgänge, in welchem Staub, Kalk und Mörtel auf sie niederfällt von den Wänden, welche sie streifen . . . Plötzlich standen sie in einem jener stillen abgelegenen Höfe, welche ein Fremder nie betritt. Nichts war erkennbar hier, als die ragenden Steinmassen, welche Tags dem Lichte von oben her kaum einen Durchblick gestatten konnten, so dicht schlossen sie sich aneinander. Jetzt aber verloren sie sich völlig im Nebel und der sinkenden Nacht. Auban glaubte sich auf dem Grunde eines klaftertiefen Brunnens zu befinden, eingemauert zu sein von allen Seiten, lebendig begraben, ohne Ausweg und ohne Licht.

Aber er fühlte Trupp's Hand wieder auf der seinen. Sie zog ihn fort. Hier hatte Jener sich eingemiethet. Sein Zimmer lag zu ebener Erde, dicht neben der Thür. Als ein Licht es erhellte, sah Auban, daß es nichts enthielt als ein Strohbett, einen Tisch und einen Stuhl. Der Tisch war mit Papieren, Broschüren und Zeitungen bedeckt.

Während er diese traurige Spärlichkeit musterte, ging Trupp hin und her, den Kopf gesenkt, die Hände in die Taschen versteckt, wie er es immer that, wenn er innerlich erregt war. Indem er Auban auf den Stuhl nöthigte und sich selbst einen Koffer herbeizog, begann er, der die letzten Stunden so schweigsam gewesen war, mit unterdrückter, wie erstickter Stimme zu erzählen, was er in diesen Tagen gesehen hatte.

„Du meinst wohl, dies Zimmer sei dürftig? Weit gefehlt. Ich lebe fürstlich — bin ich doch der Einzige im ganzen Hause, der ein eigenes Zimmer für sich allein besitzt. Ja, in diesem „Family Hotel" wohnen einige hundert Menschen, einige Dutzend Familien. Hier und im ersten Stockwerk geht es noch: nur eine Familie theilt sich in ein Zimmer, die Eltern, die Kinder, erwachsen, unerwachsen, Alles durcheinander. Weiter oben hinauf — ich war noch nicht dort, denn im dritten Stock wird der Schmutz und der Gestank so, daß man umkehren muß — geht es nicht mehr so gut. Zwei Familien in einem Raum, nicht größer als dieser. Ob sie sich mit dem berühmten Kreidestrich helfen, ich weiß es nicht. Genug, sie behelfen sich: Schlaf-, Wohn-, Eßraum, Küche, Krankheits- und Sterbezimmer. — Alles in Einem. Oder ein solches Loch von zehn Fuß Breite und sechs Fuß in die Länge wird bewohnt von 6, 10, 12 Arbeitern — Schneidern. Sie arbeiten zwölf, vierzehn, sechszehn Stunden, oft noch länger. Sie schlafen Alle in dem einen Zimmer, auf dem Boden, auf einem Lumpenbündel, wenn sie nicht die Nächte bei giftigem Gaslicht durcharbeiten. Es können Tage vergehen, Wochen, ehe sie aus ihren Kleidern kommen. Was sie verdienen? Das ist verschieden. Twopence die Stunde? Sehr selten. Meist soviel nicht in drei, oft aber erst in sechs Stunden. Haben sie einen, anderthalb Shilling, wenn sie aufhören müssen vor Erschöpfung, sind sie froh. Für das Verfertigen eines Rockes, der im Laden für zwei Guineas verkauft wird, erhalten sie vier bis fünf, zuweilen nur — begünstigt ein Strike die Sweaters und erlaubt ihnen, jedes Angebot zu machen — zwei bis drei, ja einen Shilling. Willst Du noch mehr hören? — In der Schuhmacherbranche, bei den Verfertigerinnen der Matchboxes, den Hembennäherinnen, den Spinnerinnen, ist es ebenso. Für das Anfertigen von einem Gros Streichholzschachteln, werden etwa 2 Pence bezahlt — die Arbeit erfordert 3—4 Stunden; für

11*

das Nähen eines Dutzend Hemden 4 oder gar 3 und 2½; für das
Poliren eines Gros Bleistifte — anderthalbstündige Arbeit — 2 Pence —
für Alles finden sich Hände, welche nicht ruhen, bis sie sich die Nägel
von den Fingern geschunden haben!'

Auban unterbrach ihn. Er kannte seinen Freund. Ließ er ihn
gewähren, so würde jener Stunde auf Stunde so, wahllos hier- und
dorthin greifend in den Haufen aufgestapelter Erfahrung, eine Thatsache nach der anderen, ein Argument nach dem anderen hervorziehen,
und in blutendem Schmerz zugleich und in schrecklicher Freude ein
Bild hinstellen, dem gegenüber alle Einwände wirkungslos bleiben
mußten. Immer war sein ceterum censeo, wenn er erschöpft und
maßlos erregt schloß, die Revolution, die Vernichtung der alten Gesellschaft, die Zerstörung alles Bestehenden.

Er ließ sich in seinem rasenden Laufe nicht aufhalten. Immer
neue Felsen fand er, aus denen er Quellen für seine Theorien schlug.
Unterbrochen schweifte er ab, kam auf ein anderes Gebiet und riß
überall, ohne sich zu besinnen, den Schleier herunter, jeden Sonnen-
blick einer möglichen Hoffnung auf langsame Besserung verscheuchend,
jeden Gedanken an eine friedliche Reform erstickend, begrabend unter
der Last seiner Anklagen . . . Dann, wenn er seine Zuhörer ein-
gehüllt hatte in die Schatten seiner Verzweiflung, flüsterte er, vor sie
hintretend, ihnen das eine Wort: „Revolution!" zu und ließ sie allein
in der Nacht mit diesem einzigen Stern . . . So war er der Agitator
geworden, dessen Worte immer dann am hellsten gezündet hatten,
wenn der Augenblick sie geboren hatte. Die Lethargie der Gleichgültigkeit zu brechen, die Unzufriedenheit zu schüren, den Haß und die
Empörung zum Ausbruch zu bringen, verstand Trupp wie kein
Anderer. Daher war sein Wirken unter den Indifferenten immer
erfolgreich. Ein Organisator war er nicht. So mied er mehr und
mehr die Klubs. Diskussionen ging er gern aus dem Wege. Er
verstand nicht zu überzeugen. Waren der Jubel und die Begeisterung
der Stunde verflogen, dann — in der grauen Eintönigkeit des nächsten
Tages, die den Kampf zwecklos, die den Sieg aussichtslos erscheinen
ließ — bemächtigte sich Vieler von denen, welche er hingerissen, von
Neuem und stärker das dumpfe Gefühl der Unabänderlichkeit, welches

die gespannte Sehne der Hoffnung zurückschnellen machte. Er war ein Wegzeiger; ein Wegführer war er nicht.

Als Auban ihn unterbrochen hatte, griff sein fieberhafter Geist nach einer anderen Seite des Gespräches. Er erzählte von den Kindern dieses Elends, welche geboren werden in diesem, sterben in jenem Winkel, mehr als Dreißig unter Hundert, bevor sie ihr erstes Alter zurückgelegt, von Niemandem vermißt, gekannt kaum von der eigenen Mutter, nie gekleidet, nie gesättigt; von den glücklichen, welche bewahrt bleiben vor dem Leben der Ungewißheit, dem langsamen Tode des Hungers; von der Höhe der Preise, welche die Armen für Alles zu zahlen genöthigt sind, dessen sie bedürfen — vier, fünf Shilling wöchentliche Miethe an den Hausherrn für das Loch von Zimmer allein, während der Verdienst der ganzen Familie noch nicht zehn, zwölf beträgt; von dem verhältmäßig sehr hohen Schulgeld, welches sie für ihre Kinder zu zahlen gezwungen sind, die sie so nöthig brauchen, um ein paar Pence die Woche mehr dem Verdienst zufügen zu können; von ihrer völligen Hülflosigkeit in Allem, bei dem Tode ihrer Angehörigen zum Beispiel. Es war in letzter Zeit dunkle Gerüchte von entsetzlichen Vorkommnissen in die Oeffentlichkeit gedrungen, so unmöglich, daß Jeder sie für die Ausgeburten eines kranken Gehirns, einer sensationslüsternen Phantasie hielt. Sie beruhten auf Thatsachen. Trupp bestätigte sie.

Es war keine allzu große Seltenheit, daß Leichen unbeerdigt tagelang in demselben Zimmer liegen blieben, welches den übrigen Familiengliedern Tag und Nacht zum Aufenthaltsorte diente.

„Als ich hierher kam," sagte Trupp, war im Nebenhause ein junger Mann von etwa zwanzig Jahren gestorben. An einem Fieber, einem scarlet fever, glaube ich. Jedenfalls war seine Krankheit ansteckend. Der Mann war out of work; die Frau brustkrank. Sie hustete den ganzen ganzen Tag. Sie hatten vier Kinder; aber das zweitälteste, ein Mädchen, kam nur nach Hause, wenn sie keine andere Unterkunft fand. Sie und ihr Bruder waren die einzigen, die zuweilen etwas in's Haus brachten. Außerdem ist da noch die alte irrsinnige Mutter der Frau, die nie von ihrem Winkel im Zimmer aufsteht. Der Sohn also starb. Er war acht Tage krank gewesen.

Natürlich keine Pflege, keinen Arzt, keine Nahrung. Die Leiche blieb auf demselben Fleck liegen, auf dem der Kranke gestorben war. Kein Mensch rührte sie an. Statt nach Arbeit, lief der Mann einen ganzen Tag von einer Behörde zur anderen. Von einem Distrikt wies man ihn in den anderen: dieser hatte keinen Kirchhof, zu jenem sollte er nicht gehören. Er war Ausländer, konnte sich schwer verständlich machen — kurzum, der Todte blieb, wo er war, ohne Sarg, unbeerdigt. Nach drei Tagen sprach man im Hause von der Sache, nach fünf drang der Geruch durch die Spalten der Thür, nach sieben Tagen ward er so unerträglich, daß sich die Nachbarn in den nächsten Zimmern empörten; erst nach acht hörte ein Polizeimann davon und am neunten Tag endlich ward die völlig in Verwesung übergegangene Leiche abgeholt! Die Zeitungen haben nichts darüber berichtet. Wozu auch? Es ist ja doch Alles umsonst. — Neun Tage! Das erzählt sich ganz gut, aber ich wette mit Dir, keine Phantasie malt sich in Wirklichkeit das Bild dieses Zimmers aus!"

Er schwieg einen Augenblick. Auban fror. Er hüllte sich dichter in seinen Mantel und sah auf das Licht, welches zu erlöschen drohte.

Aber Trupp war noch nicht fertig. „Zuweilen werfen sie eine Leiche in irgend einen Winkel des Hofes, mag mit ihr geschehen, was will. — Hier gleich in der Nähe ist eine Gasse, welche nur von Dieben, Zuhältern, Mördern, einem Gesindel ersten Ranges, bewohnt wird. Kinder giebt es da schaarenweise. Als neulich eines derselben starb, blieb es liegen, wo es lag. Keinem sollte es gehören. Wer die Eltern waren, kein Mensch wußte es. — Von einem anderen Fall erzählte mir die Frau, die drüben wohnt. Dort oben — über uns — lebt ein Trunkenbold. Er hat eine Frau und sieben Kinder. Die Frau arbeitet für die ganze Familie. Neulich starb eines der Kinder — an jener unheimlichen Krankheit, für welche die Wissenschaft keinen Namen hat. „Langsame Erschöpfung in Folge ungenügender Ernährung" — nennen es nicht so die Berichte in den Zeitungen gewöhnlich? — Die Frau versetzt ihr Allerletztes, nur um einen Sarg und ein paar grüne Zweige kaufen zu können. Aber bis sie das zusammengebracht hat, darüber vergehen ein paar Tage. Eines Abends kommt der Mann nach Hause, natürlich völlig betrunken. Der Sarg ist ihm im Wege. Er nimmt ihn und wirft ihn mit der Leiche durch das Fenster, aus einer Höhe von drei Stockwerken. — Die Frauen haben den Menschen am nächsten Tage fast zerrissen; die Männer lachten bei ihrem Gin über den „smart fellow". Das ist East End Leben." —

Auban stand auf.

„Es ist genug, Otto", sagte er. „Kannst Du mir die Straße zeigen, von welcher Du eben sprachst?"

„Jetzt? — Ich werde mich hüten! Wir kämen nicht mehr mit heiler Haut heraus."

„Dann laß uns gehen." Als sie in der Thür standen, faßte er Trupp in's Auge. „Du wirst doch hier nicht wohnen bleiben?"

„Weshalb nicht? — Bin ich etwa besser? Habe ich mehr verdient, wie diese Armen? — Einer mehr oder weniger, darauf kommt es nicht an."

„Doch. Einer weniger im Schmutz ist immer besser, als Einer mehr." —

Als sie auf dem schmalen Korridor standen, öffnete sich die gegenüberliegende Thür. Ein dünner Lichtstreifen erhellte schwach den Gang und ließ in der Heraustretenden eine jüngere Frau erkennen. Sie murmelte etwas, als sie Trupp sah. Es klang wie eine Bitte und sie wies in das Zimmer zurück. Ein stickiger, modriger, verpesteter Dunst drang den Nähertretenden entgegen: der Dunst von ungelüfteten Kleidern, faulendem Stroh, sich zersetzenden Speisestoffen, untermengt und geschwängert mit den Miasmen widerlicher Krankheiten, entstanden durch diese Unreinlichkeit, die wie ein Filz Alles überzog und bedeckte: die Wände, den Boden, die Fenster. Kaum war in der Dunstwolke, welche trotz der Kälte das unheizbare Zimmer erwärmte, ein Bett zu unterscheiden, welches fast die ganze Länge einer Wand besetzte. Von diesem Bette empor erhob sich eine Gestalt, welche sicher nicht für menschlich gehalten worden wäre, hätte sie nicht nach der Thür hin eine Fluth von unverständlichen Schimpfworten gestoßen: das Gesicht durch Laster, Krankheit, Trunksucht völlig entstellt, den Kopf verbunden mit einem schmutzigen, blutgetränkten Lappen, mager, entkräftet die von Lumpen kaum verhüllten Glieder, glich der Mann bereits mehr einem Todten, wie einem Lebenden. Röchelnd fiel er zurück, ermattet von der Anstrengung seiner willen- und ziellosen Wuth. Trupp sprach mit der Frau. Auban verstand nur, daß es sich um die Aufnahme des Kranken in ein Hospital — das Paradies der Armuth — handelte. Er war müde und stumpf, und ging voran. Trupp folgte ihm bald. Er mußte den Freund am Arme führen, so durchlöchert war der knarrende Boden des dunklen Ganges, so ausgetreten die Steinfliesen der Treppe. „Das war auch Einer von Denen, die jeden Tag von der Polizei in's Armenhaus geschafft werden können — haben sie doch „no visible means of existence“! Sie haben eine wahnsinnige Angst davor —“ sagte Trupp.

Der Lichthof war menschenleer wie vorher. Man hätte glauben sollen, alle diese Häuser, welche ihn bildeten, seien unbewohnt, so still war es, so verrieth nichts von Leben.

„Es ist immer so“, sagte Trupp. „Die Kinder am Tage spielen nie laut.“

An der Ecke der nächsten Straße stand eine Gruppe von Menschen. Sie sprachen lebhaft miteinander. Offenbare Erregung ging von Einzelnen aus. Als Auban und Trupp näher traten, kam eine Frau auf sie zu. Sie heulte nach einem Arzte. Man machte ihnen bereitwillig Platz. Sie durchschritten einen Thorweg. Ein Hof, halbdunkel, eng, schmutzig, lag vor ihnen. Auch hier stand eine Gruppe von Männern und Frauen, an die sich Kinder drängten. Zwei Polizisten gingen in regelmäßigen Schritten auf und ab, soweit der gemessene Raum es ihnen erlaubte.

Auban wollte wieder umkehren, als sein Auge dem Scheine einer Laterne folgte, welche auf der Erde stand und ein trübes Licht auf einen Bündel Stroh warf, auf welchem eine menschliche Gestalt lag. Keiner hinderte ihn, als er näher trat. Die Umstehenden drängten sich herzu; die Polizisten schritten gleichgültig auf und ab.

Man hielt Auban für einen Arzt. Es war die Leiche eines etwa fünfzigjährigen Mannes, die da vor ihnen lag. Sie lag auf dem Rücken, die Arme halb ausgestreckt zu beiden Seiten herabgefallen, die geöffneten Augen nach oben gerichtet. Der Körper des Todten war nur bekleidet mit einem langen, schwarzen Rock, der auf der Brust auseinandergerissen auf dem nackten Fleische lag und den Hals mit dem emporgeschlagenen Kragen umschloß. Aus den ausgefranzten, kothigen und verschlissenen schwarzen Hosen sahen die nackten, mit bläulichen Frostnarben und Schmutz bedeckten Füße hervor. Ein abgetragener, am Rande aufgerissener Cylinderhut war bei Seite gerollt. Die ungepflegten grauen Haare waren über die Stirne gefallen; die linke Hand des Todten war geballt.

Auban beugte sich über ihn. Der Körper war von einer schrecklichen Magerkeit: die Rippen des Brustkastens traten scharf hervor, die Gelenke der Hände und Füße waren so schmal, daß eine Knabenhand sie hätte umspannen können. Die Wangen waren eingefallen und ließen die Backenknochen hart hervorstehen; die Nase trat spitz hervor; die Lippen völlig blutleer, wie schmerzlich etwas geöffnet; die hervortretenden Zähne scheinbar noch gut erhalten. Tief eingefallen waren die Schläfen und die Halsgegend — die Leiche sah aus, als ob sie bereits monatelang in einem trockenen Raum gelegen hätte, so dünn und dicht überspann die gelbliche Haut die Knochen.

Auban sah zu dem Polizisten empor, welcher sich neben ihn gestellt hatte.

„Starved?" fragte er halblaut.

Der Polizist nickte ernst und gleichgültig. — Verhungert! Durch die Umstehenden, welche bisher lautlos jeder Bewegung Auban's gefolgt waren, ging eine hastige Erregung. Von Lippe zu Lippe flog das Wort, und jede sprach es nach in einer andern Betonung des Grauens und der Furcht, als habe Jeder sein eigenes Todesurtheil vernommen. Die Kinder drängten sich enger an die Frauen, diese näher an die Männer. — Ein junger Bursche that einen höhnischen, lauten Ausruf; man stieß ihn fort. Dadurch kam Bewegung in die ganze Gruppe. Man drängte sich durcheinander: Jeder wollte einen Blick in das Gesicht des Todten werfen.

Die beiden Polizisten nahmen ihren Gang wieder auf, ab und zu beobachtende Blicke auf den Einen oder Andern gleiten lassend.

Auban hatte sich aus seiner knieenden Stellung emporgerichtet. Die Hand des Todten war schlaff niedergefallen, als er sie aufgehoben hatte. Es war keine Spur von Leben mehr in dem entseelten Körper.

Als er sich umwenden wollte, fühlte er plötzlich den eisernen Faustgriff Trupp's in seinem Arme. Er blickte auf und sah in ein völlig verstörtes Gesicht. Trupp's Augen waren in starrem Entsetzen und sprachlosem Staunen auf den Todten geheftet, als rufe derselbe in ihm eine furchtbare Erinnerung wach.

„Kennst Du ihn?" — fragte Auban.

Trupp gab keine Antwort. Er ließ keinen Blick von dem Leichnam.

Der Todte lag da und es schien plötzlich nicht nur Trupp, sondern auch Auban, als kehre in seine gebrochenen Augen ein letzter Strom von Leben zurück und als erzählten sie nun zum letzten Mal in stummer Sprache die Geschichte ihres Lebens: die Geschichte eines Niederstiegs von der Höhe zur Tiefe . . .

Trupp zog seinen Freund fort, aufschreckend aus seinen Gedanken. Die Umstehenden schauten ihnen in dumpfer Erwartung nach, da sie noch immer in Auban einen Arzt vermutheten. Nur die beiden Polizisten gingen weiter unbekümmert auf und ab: gleich würde einer ihrer Beamten mit einem Wagen kommen und morgen lag der Todte auf der Marmorplatte eines Sezirtisches . . .

Auf der Straße erzählte Trupp haftig, mit noch immer von Grauen unterdrückter Stimme:

„Ich habe ihn gesehen — einmal — vor vier Wochen war es — in Fleet Street . . . Er kam sie herunter — mir entgegen — ganz so, wie er eben dalag: ohne Schuhe, ohne Hemd, aber in Zylinder und in schwarzen Handschuhen. Sein Anblick war nicht lächerlich — im Gegentheil: er war entsetzlich. Er sah aus wie der leibhaftige Tod — mager wie ein Gerippe — wie ein Schatten!

— so schlich er der Wand entlang, immer geradeausjehend, keinen Menschen beachtend und von keinem beachtet. — Ein Gefühl sagte mir, ich solle es lassen — aber ich erkannte den Hunger und so ging ich auf ihn zu und fragte ihn Etwas. Er verstand mich nicht. Ich glaube: er hörte mich überhaupt nicht. Als ich ihm aber einen Shilling reichte, warf er einen Blick auf das Geld, dann einen auf mich, als wolle er mich auf der Stelle erwürgen, und warf, was ich ihm gegeben — meinen letzten Shilling —, dem nächsten Straßen- jungen zu. — Ich war natürlich so verblüfft, daß ich ihn gehen ließ . . ."

Auban schüttelte den Kopf.

„Ist es wirklich derselbe? —"

„Vergißt man das Gesicht, wenn man es einmal gesehen hat? —"

Auban schwieg. Das Zusammentreffen war seltsam, aber es war nicht unmöglich. Trupp konnte sich irren. Aber Auban glaubte selbst nicht, daß er sich täuschte.

Auch er war erschüttert. Dieses Gesicht — nein, man vergaß es nicht, hatte man es einmal gesehen. Trauriger aber noch, wie die blutlosen Wangen und die anklagenden Augen war ihm die Mager- keit dieser entkräfteten, völlig erschöpften, ausgesogenen Glieder ge- wesen. Der Hunger mußte eine lange, geduldige Arbeit gethan haben, ehe der Tod die lodernden Flammen dieses Lebens hatte auslöschen können! . . .

Vor Wochen noch stark genug, um mit der Kraft des Stolzes jede Probe zu bestehen, war es heute erst erlegen: in einen Winkel, den schmutzigsten, verstecktesten aller, hatte er sich verkrochen — dort, von Keinem unter diesen Millionen gesehen, war er zusammengesunken; dort, von Keinem gehört, hatte er den letzten Seufzer ausgehaucht —: müde, irr, stumpf, krank, verzweifelt war er — verhungert!

„Verhungert! . . . Verhungert! . . . Verhungert! . . ."

Trupp sagte es immer wieder vor sich hin.

Dann laut zu Auban:

„Das noch zu sehen, hätten wir nicht erwartet! — Sieh', wie mir Alles Recht giebt! Aber die Rache, welche wir nehmen werden, sie wird Alles austilgen!" —

„Nur nicht die Thorheit!" dachte Auban. Aber er sagte es natürlich jetzt nicht.

„Es kann keine Schuld geben: was hat der Blinde verschuldet, daß er blind ist? — Nur Thorheit, Thorheit überall — ja, und sie wird sich furchtbar rächen! . . ."

Plötzlich standen sie am Eingange zu dem großen, breiten Lebensstrom von Whitechapel Road.

Sie waren bis jetzt gegangen, ohne zu wissen wohin. Ueber dem, was sie gesehen, war alles Andere von ihnen vergessen. Nun schreckte sie das Licht auf, daß sie plötzlich übergoß. Sie sahen sich um. Alles war wie es vor zwei Stunden gewesen. Wieder die Lichter! Wieder das Leben, das strömende, rauschende, immer und immer wieder siegende Leben nach den Schrecken des Todes!

„In den Club!" sagte Auban. Es war das erste Wort, welches er sprach. Er war ermüdet, hungrig, aber äußerlich wie innerlich ruhig, gleichsam erstarrt. Trupp fühlte nichts von Durst und Erschöpfung. Während er mit der Sicherheit der Gewohnheit den Weg abschnitt und Commercial Road kreuzte, blickte er vor sich hin, düster, verschlossen scheinbar, aber von Empörung durchrüttelt, gemartert von einem dumpfen Schmerze.

Sie hatten nur noch wenige Minuten zu gehen. Eine Straße lag vor ihnen, in die Dunkelheit des Abends gehüllt, von keinem Lichte erhellt. Es war Berner Street, E. C. Die Häuser liefen in einander über: kaum unterschied man Thüren und Fenster in dem Schatten der Nacht. Nur der seit Langem hier Vertraute hätte vermocht, hier ein bestimmtes Haus zu finden. Auban tastete sich mit seinem Stocke mehr, als er ging.

Hier lag der Club der jüdischen Revolutionäre des East End. Trupp stand vor der Thüre still und ließ den eisernen Klopfer fallen. Es wurde sofort geöffnet. Aus einem Zimmer, das zur Rechten lag, tauchten Köpfe auf, freundliche Hände kamen Trupp entgegen, als er erkannt wurde. Auban sah, mit welcher Freude er die entgegengestreckten Hände ergriff und wieder und wieder schüttelte. Er selbst war seit

einem Jahre nicht hiergewesen. Er zweifelte, bekannte Gesichter zu
finden. Aber er hatte sich kaum unter die lebhaften Gruppen gemischt,
welche die kleinen, niedrigen Zimmer des Erdgeschosses füllten, theils
stehend, theils die Tische und Bänke besetzend, als er eine Hand auf
seiner Schulter fühlte und in das Gesicht eines alten Kameraden
blickte, den er seit Jahren, seit seinen Pariser Sturmjahren, nicht mehr
gesehen.

„Auban!"

„Baptiste!" Die Erinnerungen flogen auf, wie eine Vogelschaar,
deren Käfigthür plötzlich die Hand des Zufalls öffnet. —

Der „International Working Men's Club" war neben der
„Morgenröthe", der dritten Sektion des alten Kommunistischen Arbeiter-
Bildungs-Vereins, der einzige Club revolutionärer Sozialisten des
Ostends. Eingewanderte Russen und Polen bildeten die größte Zahl
der Mitglieder, welche sich wohl auf zweihundert belaufen mochte. Ihr
weites Feld der Propaganda war das ganze Whitechapel, welches ja
zum größten Theil von ihren Heimathgenossen bewohnt wurde.

Auban ließ sich von seinem Freunde Stellen aus der Zeitung
übersetzen, welche der Klub mit Aufbietung großer Opfer wöchentlich
herausgab, von keiner Seite unterstützt, von den reichen Glaubens-
genossen des West End (denen es mittels Bestechung sogar einmal
gelungen war, das Blatt zeitweilig ganz zu unterdrücken) bitterlich
gehaßt und befehdet. Sie hieß „The Worker's friend" und war
mit hebräischen Lettern in jener eigenthümlichen Mischung des pol-
nischen, deutschen und englischen Idioms gedruckt, welche von den
ausgewanderten Polen hauptsächlich gesprochen und nur schwer von
Anderen verstanden wurde.

Trupp stand in einer Gruppe von lebhaft auf ihn Einsprechen-
den. Man bat ihn zu reden. Er hatte offenbar keine Lust. Aber
er willigte ein und folgte ihnen nach dem oberen Saal, nachdem er
hastig ein Glas Bier heruntergestürzt hatte.

Auban blieb sitzen und ließ sich zu essen geben. Der Bekannte,
welcher ihn wiedererkannt hatte, bestürmte ihn mit Fragen. Sie er-
fuhren Manches von einander: der Eine ihrer Freunde war hierhin,
der Andere dorthin geschleudert worden von der großen, mächtigen

Woge der Bewegung. Alles hatte sich verschoben, verändert, ein
verwandeltes Aussehen angenommen in dem Laufe dieser wenigen Jahre.

Auban wurde noch ernster, als er gewesen war. Er fühlte
wieder das Surren des weiter und weiter greifenden Rades, das
Dröhnen des zermalmenden Fußtrittes, welcher auch über ihn hinweg-
geschritten war . . . Ueber seinem Haupte schwebte ein Schwert mehr.
Er fürchtete nichts mehr, seit er nur noch für sich kämpfte. Aber
noch immer rannen aus den Narben seines eisernen Herzens die Tropfen
des Schmerzes.

Sie sprachen von Dem, von Jenem. Der war als Spitzel ent-
larvt worden? War es möglich? Keiner von ihnen hätte es gedacht.
„Er war ein Schurke.“

„Er war vielleicht nur unglücklich“, meinte Auban. Aber das
wollte der Andere nicht gelten lassen.

So sprachen sie eine Stunde zusammen.

Dann stiegen sie die enge Treppe hinauf zu dem Saale, welcher
bis in den Hintergrund hinein von Menschen gefüllt war. Er war
mittelgroß und faßte kaum mehr als 150 Personen. Einfache, lehnen-
lose Bänke durchzogen ihn in die Quere und an den Längswänden
hin. Ueberall bittere Armuth, aber überall auch das Bestreben, diese
Armuth zu überwinden. An den Wänden hingen einige Portraits:
Marx, Proudhon, Lassale, wie er das goldene Kalb des Kapitalismus
umstürzt; ein Karton in schwarzem Rahmen: „Mrs. Gundry“ — die
geizige, habsüchtige, neidische Bourgeoisie, die mit Schätzen aller Art
beladen dem Hungernden die Bitte um einen Penny versagt . . .

Ganz vorn schloß eine kleine Bühne den Raum. Hier stand
an dem Tische des Chairman Trupp. Er sprach deutsch. Auban
drängte sich etwas vor, um ihn zu sehen. Er verstand nicht mehr
als einzelne Worte; kaum konnte er errathen, von was gesprochen
wurde. Erzählte er das Erlebniß seines heutigen Abends? . . . Auban
fühlte die furchtbare Leidenschaft, welche in heißen Wogen der Gluth
von dort aus die Versammlung überfluthete. Athemlos hing man
an den Lippen des Redners, kein einziges seiner Worte zu verlieren.
Durch diese jungen Leute, kaum dem Knabenalter entwachsen, diese
Frauen, ermüdet und gebrochen von der Last ihrer endlosen Arbeit,

diese Männer, welche — dem Boden der Heimath entrissen — sich hier doppelt und dreifach getäuscht zusammengefunden hatten, ging es wie ein elektrischer Strom. Selten hatte Auban auf allen Gesichtern eine solche Hingabe, ein so brennendes Interesse, so glühende Begeisterung gesehen wie hier. — Er kannte sie. Fragen, die den Kindern des Westens höchstens Stoff zu ruhigem, gleichgültigem Meinungsaustausch geboten hätten, wurden hier diskutirt, als ob Leben und Tod an ihnen hänge; im Gegensatz zu dem eigenen kummervollen, gedrückten, engen Leben nur das Ideal des Paradieses! Kein anderes! Höchste Vollkommenheit im Kommunismus: Frieden, Brüderlichkeit, Gleichheit vor Allem! Christen, Idealisten, Träumer, Thoren, das waren diese jüdischen Revolutionäre des Ostends — Stiefkinder der Vernunft, Bannerträger der Begeisterung.

Trupp endete. Man drängte sich zur Diskussion.

„Seid Egoisten!" hätte Auban ihnen zurufen mögen. „Seid Egoisten! Der Egoismus ist die einzige Waffe gegen den Egoismus Eurer glaubensverwandten Ausbeuter, es giebt keine andere. Braucht sie: kühl, eisern, überlegen, ruhig, und Ihr seid die Sieger!"

Aber er sprach seine Gedanken nicht aus. Auf die Zeit, in welcher er selbst — begeistert und begeisternd — der wilden Brandung aufgeregter Massen gegenüber gestanden hatte, waren Jahre des Lernens gefolgt. Auf seinem Studienplan hatte nur ein Wort gestanden: die Menschen. — Seitdem er sie kannte, wußte er, daß die Wirkung des gesprochenen Wortes um so größer ist, je allgemeiner, idealer es sich giebt, je mehr es dem dumpfen Drange des Herzens entgegenkommt. Die Phrase ist es, welche überall von der Menge bejubelt wird; das klare nüchterne Wort der Vernunft, entkleidet des Flitters, sich wendend an das Eigen-Interesse, verneinend alle Moralgebote der Pflicht, verhallt unverstanden und wirkungslos.

Hatte er das nicht erst wieder am vergangenen Sonntag erfahren?

Daher würde er, wollte er heute noch sprechen, auch jetzt statt jubelnden Beifalls nur Mißverständniß ernten. —

Die Diskussion war in vollem Gange. Fast jeder der an den Rednertisch Tretenden sprach mit dem brennendsten Eifer, zu überzeugen, zu überreden: kein Wort ging verloren.

Trupp drängte sich in den Hintergrund des Saales. Dort wurde er wieder von allen Seiten umringt. Man wollte Aufklärung über diesen und jenen Punkt seiner Rede haben. Er antwortete Jedem. — Auban hatte sich gesetzt. Sein Bekannter hatte ihn ver= lassen. Er verstand kein Wort. Er sah die erregten Gesichter, welche durch einen dünnen Nebel von Tabaksqualm ihn umwogten.

„Heute flammende Begeisterung, morgen Ernüchterung und Entmuthigung . . . Heute Haymarket, morgen Galgen . . . Heute Revolution, morgen ein neuer Wahn und seine alte Herrschaft!" dachte er.

Trupp rief ihm zu, ob er mit in die „Morgenröthe" gehe. Es sei auch dort Versammlung und er wolle auch dort reden. Aber Auban ließ ihn allein gehen.

Die Arbeiter = Marseillaise wurde gesungen. Man begann auseinanderzugehen. Ein Durcheinanderdrängen entstand.

Ein hochgewachsener, breitschulteriger deutscher Genosse mit blondem Bart und blondem Haar, das Glas in der Hand, sang, den Kopf hocherhoben, mit klarer, fester Stimme, gleichsam ton= angebend, die erste Strophe des Liedes über die Andern hin:

> „Wohlan, wer Recht und Freiheit achtet,
> Zu unserer Fahne steht zu Hauf!
> Ob uns die Lüge noch umnachtet,
> Bald steigt der Morgen hell herauf!
> Ein schwerer Kampf ist's, den wir wagen,
> Zahllos ist unserer Feinde Schaar —
> Doch ob wie Flammen die Gefahr
> Mög' über uns zusammenschlagen,
>   Tod jeder Tyrannei!
>   Die Arbeit werde frei!
>   Marsch, marsch!
>   Marsch, marsch!
>   Und wär's zum Tod!
>   Denn unsere Fahn' ist roth!" —

Alle sangen den Refrain mit.

Auban summte die französischen Worte der Marseillaise . . . Wie viele Male hatte er sie schon vernommen, wie viele Male sie schon mitgesungen? In Hoffnung, in Empörung, in Verzweiflung, in Siegessicherheit? — Von wem war sie nicht schon gesungen worden!

Zufällig sah Auban, wie die Augen eines jungen Mannes, es war offenbar ein Pole oder Russe, mißtrauisch auf seiner fremden Gestalt ruhten. Nun mußte er doch lächeln.

Sollte er ihm sagen, wer er war? — Man kannte ihn nicht mehr. Aber noch hätte die einfache Nennung seines Namens genügt, um alle Zweifel und jedes Mißtrauen sofort zu verscheuchen.

Aber er ließ es. Er sah nach der Uhr: nicht mehr lange durfte er weilen, wollte er den letzten Zug der unterirdischen Eisenbahn für Kings Croß auf Aldgate noch erreichen.

Er ging. Man war beim Schlußvers des Liedes angelangt. Sie sangen:

> „Tod jeder Tyrannei!
> Die Arbeit werde frei!
> Marsch, marsch!
> Marsch, marsch!
> Und wär's zum Tod!
> Denn unsere Fahn' ist roth!
> Denn unsere — Fahn' ist — roth!
> Denn unsere — Fahn' — ist — — roth! —“

Auban stand auf der Straße. Sie war stockfinster. Mühsam tastete er sich nach der Stelle des großen Straßen = Vereinigungspunktes durch. Aber bevor er noch die ersten Gasflammen erreicht hatte, tauchte plötzlich aus dem Dunkel ein riesiges Gebäude vor ihm auf: in vier Reihen übereinander zwölf, vierzehn, zwanzig hell erleuchtete Fenster . . . Das war eine der großen Faktoreien, von denen jeder Parish des Ostens von London vierzig bis fünfzig zählt.

War es eine Seidenweberei? Auban wußte es nicht.

Dieses Gebäude, häßlich, roh, lächerlich in der Form, ein viereckiges Monstrum mit hundert rothen, glühenden Augen, mit den huschenden Schatten menschlicher Gestalten und den riesigen Maschinenarmen hinter ihnen, war es nicht das grelle Sinnbild der Zeit, die charakteristische Verkörperung ihres eigentlichsten Wesens: Industrie?

Der Höhepunkt des Abends war erreicht, als Auban wieder an dem Kreuzungspunkt der beiden Riesenstraßen stand. Schon begann sich die hier und da ausbreitende Uebermüdung der Stille des Sonntags zu vermählen. Bald sollten die Publichäuser sich schließen. In den Nebenstraßen verloren sich mehr und mehr Gestalten aus dem großen Menschenstrom.

Aber noch immer war das Gewühl fast undurchdringlich. In fieberhafter Hast wurden von den Meisten die letzten schaalen Tropfen des schaalen Trankes dieses Samstagrausches geschlürft.

Albgate war keine fünf Minuten mehr entfernt. Noch blieb Auban eine halbe Stunde Zeit, bis der letzte Zug der Untergrund= bahn nach Kings Croß von Albgate Station abging. Und bezwungen von einem inneren Drange, dessen er sich vergeblich zu erwehren suchte, bog er noch einmal in eine der nördlichen Nebenstraßen ein, in eine Nacht voll räthselhafter Fremde . . .

Nur wenige Laternen brannten hier noch, nur wenige Menschen schlichen an ihm vorüber. Dann kamen Querstraßen. Er bog nach Westen ein.

Er passirte eine Gruppe von jungen Leuten. Sie waren in einem halblauten Disput begriffen, um den Polizisten nicht auf sich aufmerksam zu machen, und achteten nicht auf Auban. Dieser ging dicht an der Wand hin.

Aus einem vergitterten Fenster fiel Licht. Er blieb stehen und spähte durch die schmutzüberzogenen Scheiben. Es war die Küche, die common kitchen eines Lodging=Hauses, die er sah, der gemeinsame Raum, in welchem sich alle Besucher aufhalten, ehe sie die für eine Nacht gemiethete Schlafstelle aufsuchen.

Das Zimmer war überfüllt. Es mußten sich mehr als siebzig Personen in ihm befinden: sie lagen, saßen und standen in kleineren und größeren Gruppen umher; einige kauerten abseits. Eine große Anzahl hatte sich um den Kamin gedrängt. Dort bereiteten sie sich ihr Essen: ihren Thee, ihr Stück Fisch, ihren Fleischabfall. Sie warteten aufeinander. Sobald ein Geschirr vom Feuer fortgezogen

wurde, nahm ein anderes den Platz ein. Die Wärme der kargen
Gluth schien gering zu sein, denn Viele fröstelten in ihren Lumpen
und drängten sich aneinander.

Nur ein Tisch stand in der Mitte des Raumes. Kopf an Kopf
über ihn hingebeugt schliefen dort bereits die Meisten in wirrer
Unordnung: Männer, Frauen, Kinder durcheinander. Nur Wenige
aßen dort und auf den schmalen, an den Wänden sich hinziehenden
Bänken. Aber der Tisch war mit gebrauchtem Geschirr aus Blech
und Zinn, mit Tassen, Schüsseln und Tellern übersät, die von den
Uebermüdeten fortgeschoben waren, ehe der Schlaf sie überwältigt
hatte. Der Boden war übersät mit Abfällen aller Art: Kinder,
welche sich losgemacht hatten von dem Schooß ihrer schlafenden
Mütter, krochen wie blinde Hündchen auf ihm umher.

Der matte Schein des kohlenden Feuers erhellte nothdürftig
diesen Raum. Zwei qualmende Lampen an den Wänden waren
dem Verlöschen nahe.

Nichts von dem, was er heute, nichts von dem, was er
jemals im East End gesehen, hatte einen tieferen Eindruck auf
Auban gemacht, als das schweigende, düstere, unheimliche Bild dieses
Raumes.

War es die späte Stunde, die ihre Wirkung auf ihn ausübte? —
War es die Ueberhitzung seines durch stundenlange Anspannung
ermatteten Gehirnes, die diese Ausgeburt gebar? — Oder trat ihm
gerade jetzt, wo er allein war, so greifbar nahe, was er schon so
oft gesehen: das Nachtbild des Abgrundlebens der Verstoßenen? —

Er hielt den Athem an, während er mit seinen Blicken jeden
Winkel des Bildes durchdrang.

Keine Phantasie hätte einen trostloseren Raum und in ihm eine
groteskere Gruppirung ersinnen können, wie sie sich hier ihm zeigte:
hier dieser weiße Alte, dem der Stock der Hand entfallen war,
während er vornübergebeugt eingeschlummert war; dort das junge
Mädchen, welches vor sich hinstarrte, während ihr Zuhälter sie mit
Schimpfworten überhäufte; hier diese ganze Familie, die eine Gruppe
bildete: der Vater offenbar ein beschäftigungsloser Arbeiter und die
Mutter, verzweifelt über ihre Lage, die Kinder beruhigend, welche

sich um um eine Scherbe streiten; dort die schlafenden Reihen — sie lagen wie todt . . .

Und über ihnen Allen die trübe Dunstwolke ewigen Schmutzes und ewigen Hungers. Keine Freude, kein Reiz, keine Hoffnung mehr . . . Tag so für Tag . . . Nacht so für Nacht . . .

Auban riß sich mit Gewalt los von dem Bilde ohne Farbe, ohne Zeichnung, ohne Stimmung.

Er kannte diese Schlafhäuser, in denen man Unterkunft fand für einzelne Nächte. Zum Ueberfluß stand es auch dort noch mit weißen Buchstaben auf der rothgestrichenen Wand: Die Nacht für 3 d. — 4 d. — und für 6 d. — Für 6 d. — das waren die „chambers“, wo Jeder sein eigenes Bett erhielt, dessen Wäsche alle paar Wochen einmal wenigstens erneuert wurde, nachdem es zwanzig verschiedene Körper beherbergt. — Für 4 d. schlief schon Alles in Reihen, ganz dicht aneinandergedrängt, den Raum bis auf den letzten Platz ausnutzend. — Für 3 d. endlich — das war das große Zimmer mit leeren Bänken, über die man sich legte, oder auch die Küche, wo man auf der Stelle liegen blieb, auf der man eingeschlafen war; für 3 d. gegen nichts Anderes geschützt, als gegen die eisige Kälte der Nachtluft und die Leben zerstörende Feuchtigkeit des Straßenpflasters . . .

Ein Mann taumelte zur Thür heraus. Man hatte ihn fortgewiesen, da er nicht bezahlen konnte. Auban wollte ihn anreden, um ihm zu helfen, aber Jener war völlig betrunken. Er taumelte weiter, vor- und rückwärts, schlug mit den Händen um sich, und tastete sich lallend und schwankend an den Häuserwänden fort — hinein in die Nacht, die ihn verschlang.

Auch Auban ging weiter. Er hatte vergessen, wo er war und zu welcher Stunde.

Plötzlich besann er sich. Er mußte die Straße, die er gekommen, wieder zurückgehen, um sich zu orientiren, daß er richtig gegangen war. Dort lag die Straße, wo er eingetreten war — also geradeaus, wieder dem Westen zu . . .

Alle hundert Schritte jetzt nur noch ein unstätes Licht. Enger und enger die Straße. Das Pflaster immer schlechter, immer größere Schmutzlachen und Kehrichthaufen . . .

Aber Auban wollte nicht mehr zurück.

Die Thür eines Hauses stand offen. Wieder ein Lodging-Haus, aber eines der uneingeschriebenen. Eines der berüchtigten rookeries, wie das Volk sie nannte. Es war überfüllt. Die ganze enge, steile Treppe, soweit Auban sie übersehen konnte, war besäet mit zusammengekrümmten, dunklen Menschenleibern. Ueber- und nebeneinander wie Todte, welche in Haufen hierher geworfen waren, so lagen sie da. Bis auf die Straße hinaus, auf die Schwelle noch, hatten sie sich hingekauert. Nichts war mehr deutlich erkennbar: das Fleisch, welches unter Lumpen und Fetzen hervorsah, war so schmutzig wie diese selbst, getränkt von Feuchtigkeit, Schmutz und Krankheit . . .

Auban schauderte. Er eilte weiter. Eine Querstraße. Dann eine hohe Mauer. Ein siebenstöckiges Massenwohnhaus, wie ein Riese plötzlich aus dem Dunkel hervortauchend. Es blieb seitwärts liegen. Immer geradeaus — dem Westen zu.

In der nächsten Straße nun wieder einzelne Menschen. Aber kaum erkennbar: an die Wand gemalte Schatten, oder wie versteinert in den Hausthüren hockend. Kein Lärm, kein Gespräch; kein Lachen, kein Singen . . . Todtenstille.

Auban begann jetzt an der Richtung des Weges irre zu werden. Wieder wurden die Straßen völlig verlassen.

Er kannte doch diese Gegend. War er nicht hier schon bei Tage gewesen? Alles erschien ihm verändert. Diese Mauer zur Linken — nie hatte er sie gesehen. War er fehlgegangen? Unmöglich! Er strengte sein erregtes Gehirn zum Zerspringen an, indem er stehen blieb. Er überlegte — so mußte und nicht anders konnte es sein: ging er nach links, nach Süden, so mußte er in drei Minuten Whitechapel High Street, ging er geradeaus, nach Westen, in derselben Zeit Commercial Street erreichen . . .

Also vorwärts — geradeaus! . . .

Er fühlte erst jetzt, wie müde er war. Sein lahmes Bein schmerzte. Am liebsten hätte er sich auf den Boden gelegt, um zu schlafen.

Aber er rief seinen Willen zu Hülfe und ging weiter.

Ein Gedanke stieg in ihm auf: wenn er jetzt angefallen würde, wer würde seine Rufe um Hülfe hören? — Niemand. Er hatte keine andere Waffe bei sich als seinen Stock, der ihm schwer in der Hand zu liegen begann. — Begegnete ihm Jemand und erkannte in ihm einen Fremden, so war es fast unmöglich, daß er sich die Gelegenheit, ihn zu berauben, entgehen lassen würde . . . .

Ein ganz neues Gefühl bemächtigte sich seiner. Es war nicht Furcht. Es war vielmehr das Grauen des Widerwillens, hier in dieser Nacht, diesem Schmutz, dieser Einsamkeit angefallen zu werden von einem wilden Thiere in Menschengestalt und hier einen Kampf auf Leben und Tod bestehen zu müssen.

Er sah ein, wie unvorsichtig es von ihm gewesen, sich in diese fast unvermeidliche Gefahr begeben zu haben. Er erinnerte sich jetzt auch, daß er in dieselbe Straße eingetreten war, an deren Eingang ihm vor einiger Zeit ein Polizist gesagt hatte, er möge sie nicht passiren, wie er dies wahrscheinlich jedem besser Gekleideten sagte.

Auban beschleunigte nun seinen Gang auf's Aeußerste. Aber die Mauer wollte kein Ende nehmen. Die Dunkelheit war undurchdringlich. Nicht auf zehn Schritte hätte er eine Wand von einem Menschen unterscheiden können.

Er umklammerte mit eisernem Griff den Stock, ohne sich auf ihn zu stützen. Er glaubte jeden Augenblick einen Angreifer aus dem Dunkel hervortauchen zu sehen, ihn in seinem Nacken oder an seiner Seite zu fühlen . . . Aber er war entschlossen, sein Leben wenigstens theuer zu verkaufen.

Er lief und schwang seinen Stock vor sich her. Der Schweiß rann von seiner Stirn. Sein Grauen wuchs . . .

Wo war er? — Das war nicht mehr Whitechapel. . Das war eine Nacht ohne Anfang und ohne Ende; eines Abgrunds ungemessene Tiefe . . .

Plötzlich schlug sein Stock gegen eine Wand. Und jetzt unterschied Auban zu seiner Rechten auch wieder Häuser und Fenster. Eine kurze Straße, schwach erhellt von einer einzigen Laterne, und so eng, daß ein Wagen sie nicht hätte passiren können, that sich auf. Sie mündete auf eine größere . . .

Auban befand sich in der nächsten Minute auf der ganzen Breite von Commercial Street. Nach fünf Minuten stand er keuchend

unter der runden Glaskugel des Lichtes, welches den Eingang zu
den Schalterräumen und den nach der Tiefe führenden Treppen
erhellte.

Er hatte das letzte Ziel seiner heutigen Wanderung erreicht:
Aldgate Station.

Noch blieben ihm genau zehn Minuten bis zum Abgang des
Zuges.

Der ganze Weg vom Club bis hierher hatte nicht länger als
eine halbe Stunde gedauert. Auban glaubte, es müßten Stunden
vergangen sein, seit der Gesang der Marseillaise an sein Ohr ge=
drungen war . . .

Während er sich anlehnte, um seine jagenden Pulse zu be=
schwichtigen, während vor ihm die Straßenverkäufer ihre Bretter und
Tonnen mit den Ueberresten ihrer Waaren forträumten und um ihn
in besinnungsloser Trunkenheit und überreizter Eile die Menschen
sich stießen und drängten, wandte er noch einmal seinen Blick dem
Osten zu . . .

Und mit einem Schlage fand er, was er gesucht hatte, zu be=
zeichnen: der ungeheure Rachen des Riesenleibes von East End war
dieses Whitechapel, welches da gähnend vor ihm lag! Was in die
Nähe seines giftigen Athems kam, taumelte, verlor den letzten Halt,
wurde zermalmt von unerbittlichem Gähnen und verschlungen, während
alle Laute des Elends, von dem Röcheln der Angst bis zu dem
Seufzen des Hungers, erstarben in der stinkenden Dunkelheit seiner
Tiefe. Und alle Länder der ganzen Welt warfen ihren Abfall hinein
in dieses gierige Maul, damit sich endlich dieser schreckliche, kraftlose,
unersättliche Leib befriedigen könne, dessen Hunger unermeßlich und
immer im Wachsen schien . . .

Und während Auban zurückwich vor dem Dunst, hatte er plötzlich
in der letzten ihm noch bleibenden Minute die grandiose Vision des
Kommenden: weit öffnete dieser Riesenrachen seine geifertriefenden
Kiefer und spie in würgender Wuth eine enorme Schlammwoge von
Unrath, Koth und Fäulniß über London aus — — . . . Und

Alles begrub — wie ein in's Wanken gerathener Berg — diese ekle Woge: alle Größe, alle Schönheit, allen Reichthum ... London war nur noch eine endlose Lache von Fäulniß und Moder, deren scheußliche Dünste die Himmel verpesteten und alles Leben langsam erstickten ...

Siebentes Kapitel.

Die Tragödie von Chicago.

In drohende Wolken von Rauch und Blut schienen die Tage gehüllt, mit denen die zweite Woche des November begann.

Während in London der Schrei nach „Arbeit oder Brod" immer furchtbarer in die Ohren der privilegirten Räuber und ihrer Beschützer drang, waren die Augen einer Welt nach Chicago gerichtet, auf die erhobene Hand der Gewalt. Würde sie fallen? Oder „begnadigend" sich senken? —

Die Ereignisse des Tages überhäuften und überstürzten sich.

Auban hatte die ersten Tage der Woche in seinem Bureau verbracht, hart arbeitend, denn er wollte sich die beiden letzten möglichst frei halten.

Als er Mittwoch nach dem Lunch sein Kaffeehaus aufsuchte, sah er Fleet Street und Strand besät mit buntfarbigen Flaggen und Wimpeln, welche sich seltsam von dem trostlosen Grau des Himmels, dem schlammigen Schwarz des Straßenschmutzes und den gestauten Menschenmassen, welche die Trottoirs zu beiden Seiten undurchbringlich besetzt hielten, abhoben. Lord Mayor's Show! Der neugewählte Bürgermeister der Stadt hielt alter Sitte gemäß seinen pomphaften Umzug und das Volk vergaß auf einige Stunden bei dem Anblick des bunten, kindischen Schwindels seinen Hunger.

Welche Zeit! dachte Auban. 10 000 Pfund bezahlt die Stadt jährlich diesem nichtsnutzigen Schwätzer für seine werthlosen Geschäfte und während er in Guildhall mit schwelgerischem Raffinement tafelt, zernagt der Hunger nach einem Stück Brod diese ungezählten Tausende!

Er wollte nichts sehen von der Prozession. Er suchte sich seinen Weg durch halbleere Nebengassen. Ein feiner Regen träufelte

unabläſſig nieder. Mit der Feuchtigkeit durchdrang Kälte und
Unbehagen die Kleider.

Er kaufte ſich eine Morgenzeitung und durchflog ſie haſtig.
Trafalgar Square auf jeder Spalte! Verſammlungen der Arbeits=
loſen Tag für Tag — heute erlaubt, morgen verboten . . . Ver=
haftungen der Redner . . . — Beunruhigende Gerüchte aus Deutſch=
land: die Krankheit des Thronfolgers ſoll unheilbar ſein . . . leiſe,
ängſtliche Vermuthungen über ihre Natur . . . Krebs . . . die
Wendung im Schickſal eines Landes zum Guten oder Böſen abhängig
von dem Leben und Sterben eines Mannes!. . . — Frankreich —
nichts . . . — Chicago!. . . Kurze Notizen über die Begnadigungs=
briefe von vieren unter den Verurtheilten an den Gouverneur von
Illinois, in deſſen Hand nach Verwerfung des neuen Prozeſſes nun
die letzte Entſcheidung liegt . . . über den Fund von Bomben in
einer Zelle . . . Natürlich! die Stimmung in weiten Kreiſen iſt den
Verurtheilten zu günſtig. Da werden plötzlich Bomben „gefunden“ —
gefunden in einer Tag und Nacht bewachten Gefängnißzelle! — und
ſie ſchlägt wieder um! — Allzu gelegen kam dieſer Fund in einem
Augenblicke, wo die Geſuche um Begnadigung ſich mit hundert=
tauſenden von Unterſchriften bedeckten, die, wie die Zeitungen ein=
bringlich illuſtrirten, aneinandergelegt einen Raum von elf Meilen
in der Länge bedecken konnten, als daß die bewußte, überlegte Abſicht
dieſer Nachricht nicht unverkennbar geweſen wäre.

Auban ballte die Zeitung zuſammen und warf ſie von ſich.
Nun hatte er keine Hoffnung mehr. In entſetzlicher Deutlichkeit
ſtiegen die kommenden Tage vor ihm auf und der Froſt ſchüttelte ihn
wie Fieber.

Der elfte November fiel auf den Freitag. Vor dem mit
Papieren, Zeitungsblättern und Büchern überladenen Tiſch in ſeinem
Zimmer ſaß Auban. Es war um die fünfte Stunde des Nachmittags
und das Licht des Tages erloſch zwiſchen den trüben Straßenreihen.

Auban hatte den ganzen Tag damit verbracht, noch einmal aus
der Fülle des Materials, welches ihm ſein amerikaniſcher Freund
vollſtändig zur Verfügung geſtellt hatte, die Tragödie, über deren

letztem Akt sich heute der Vorhang gesenkt hatte, in jeder einzelnen
ihrer Szenen, von Beginn bis zum Ende, vor sich abspielen zu lassen.

Was er in allen seinen Theilen — miterlebend — entstehen
und wachsen gesehen hatte, stand nun vor ihm als geschlossenes Ganze.

Aber immer noch wühlten seine Finger in den übereinander
gehäuften Zeitungen und durchblätterten die Broschüren in nervöser
Hast, als suche er noch nach diesem und jenem Punkt, auf welchen
das Licht noch nicht hell genug gefallen war.

Die Unmöglichkeit seiner heutigen Arbeit, in voller Deutlichkeit
das Ganze, wie das Einzelne zu durchschauen, quälte ihn bis zur
Verzweiflung. Die Widersprüche waren zu zahlreich. Nie würde sich
die Tragödie völlig erhellen, über welche heute der letzte Schleier
gefallen war.

Dennoch hoben sich in starrer Erkennbarkeit die Thatsachen vor
Auban empor.

Vor seinem Geiste steht Chicago, der Vereinigten Staaten zweit-
größte Stadt: vor fünfzig Jahren noch ein kleines Grenzdorf, vor
zwanzig Jahren ein Trümmerhaufen, durch Feuersbrunst zu ihm geworden über Nacht, aber über Tag wieder erstanden, heute die
prächtige Stadt an dem großen See, der große Kornspeicher der
Welt, der Mittelpunkt eines unermeßlichen Verkehrs, überschäumend
im Besitz einer Kraft, von welcher das alternde Leben des Ostens
nichts mehr weiß . . . In dieser Stadt des rapiden Wachsthums
mit ihrer nun fast erreichten Million Einwohner, von denen der
dritte Theil Deutsche sind, in ihrer ganzen furchtbaren Deutlichkeit
die Folgen der staatlich bevorrechteten Ausbeutung menschlicher Kraft:
das Ansammeln des Wohlstandes in einzelnen Händen zu schwindel-
hafter Höhe und in treuer Wechselwirkung damit immer größere
Massen an den Rand der Unmöglichkeit, ihr Leben zu fristen, getrieben . . . Und in diese gährende Stadt, wie ein neuer und furcht-
barerer Brand, die Fackel der sozialen Lehre geworfen: geschürt von
tausend Händen, greift die Gluth mit einer Schnelligkeit um sich,
welche die Tage der Revolution als gekommen erscheinen läßt . . .

Die Gewalthaber schicken ihre Polizisten; und das Volk schickt
seine Führer, hinter welche es sich stellt. Jene knütteln und schießen

streikende Arbeiter nieder; und diese rufen mit schallender Stimme: „To arms! To arms!" — und zeigen den Wahlspruch: „Proletarier, bewaffnet Euch!" als einzige Rettung.

Gewalt gegen Gewalt! Thorheit gegen Thorheit!

Die Bewegung zu Gunsten des achtstündigen Arbeitstages in den Vereinigten Staaten, die „Achtstunden-Bewegung", deren Beginn um fast zwei Jahrzehnte zurückdatirte und als deren Ende von einer Million Arbeitern, den „Knights of Labor" mit 400,000 Arbeitern und den „Federated Trades Unions" mit einer gleichen Anzahl an der Spitze, dem ersten Mai des Jahres 1886 entgegengesehen wird, ist das Ziel, um welches von beiden Seiten gleich leidenschaftlich gekämpft wird . . . Was die Forderungen früherer Jahre als „Recht" bereits hier und da auf dem Papier erobert hatten, blieb unerworbenes Recht.

Die 1883 gegründete „Internationale Arbeiter-Assoziation" von Revolutionären deutscher Zunge in Chicago, welche sich Anarchisten nannten, aber die kommunistische Lehre des gemeinschaftlichen Besitzes vertheidigten, nimmt, obwohl sie in dem allgemeinen Wahlrecht nur ein Mittel sehen, die Arbeiter durch Vorspiegelung der Erlangung politischer Rechte von der Erwerbung ihrer ökonomischen Gleichberechtigung abzuhalten, dennoch, um sich ein wichtiges Propagandafeld nicht entgehen zu lassen, Stellung in dieser Frage, welche bald zu der einzigen Frage des Tages wird . . .

Dem 1. Mai gehen in Chicago, dem Mittelpunkt der Achtstundenbewegung, unerwartete Ereignisse voran: die Schließung einer großen Fabrik — die dadurch erfolgte Broblosmachung von 1200 Arbeitern — haben Versammlungen zu Folge, auf denen es zu ernsten Zusammenstößen mit den uniformirten, und den nichtuniformirten Polizisten, den Privat-Detektivs der Pinkerton'schen Schutz-Patrouillen im speziellen Dienst der Kapitalisten, den berüchtigten „Pinkertonianern", kommt . . .

So wird am 3. Mai, nachdem an dem so lange erwarteten ersten in Chicago allein mehr als 40,000 Arbeiter, in den Staaten aber 360,000 die Arbeit niedergelegt haben, von denselben ein Angriff auf die Arbeiter gemacht, und eine große Anzahl derselben verwundet. Die Versammlung des 4. Mai, auf den Haymarket einberufen von dem „Exekutiv-Comité" der J. A. A., hat den Zweck, gegen diese Frevelthaten der gesetzlichen Gewalt zu protestiren.

An demselben Tage noch wird von einem der Führer, dem Redakteur der großen deutschen „Arbeiter-Zeitung", ein Cirkular geschrieben, welches unter dem Namen „Rache-Cirkular" zu einer entsetzlichen Berühmtheit gelangen sollte.

Es ist in zwei Sprachen geschrieben: das englische wendet sich an die amerikanischen Arbeiter, welche es aufforderte, sich ihrer Vorfahren würdig zu zeigen und sich zu erheben, „wie Herkules in seiner Kraft"; das deutsche lautet:

„Rache! Rache!

„Arbeiter, zu den Waffen!

„Arbeitendes Volk, heute Nachmittag mordeten die Bluthunde, Eure Ausbeuter, sechs Eurer Brüder draußen bei Mc Cormicks. Warum mordeten sie dieselben? Weil sie den Muth hatten, mit dem Loos unzufrieden zu sein, welches Eure Ausbeuter ihnen beschieden haben. Sie forderten Brot, man antwortete ihnen mit Blei, eingedenk der Thatsache, daß man damit das Volk am wirksamsten zum Schweigen bringen kann! Viele, viele Jahre habt Ihr alle Demüthigungen ohne Widerspruch ertragen, habt Euch vom frühen Morgen bis zum späten Abend geschunden, habt Entbehrungen jeder Art ertragen, habt Eure Kinder selbst geopfert — Alles, um die Schatzkammern Eurer Herren zu füllen, Alles für sie! Und jetzt, wo Ihr vor sie hintretet und sie ersucht, Eure Bürde etwas zu erleichtern, da hetzen sie zum Dank für Eure Opfer ihre Bluthunde, die Polizei, auf Euch, um Euch mit Bleikugeln von der Unzufriedenheit zu kuriren. Sklaven, wir fragen und beschwören Euch bei Allem, was Euch heilig und werth ist, rächt diesen scheußlichen Mord, den man heute an Euren Brüdern beging und vielleicht morgen schon an Euch begehen wird. Arbeitendes Volk, Herkules, Du bist am Scheidewege angelangt. Wofür entscheidest Du Dich? Für Sklaverei und Hunger, oder für Freiheit und Brod? Entscheidest Du Dich für das Letztere, dann säume keinen Augenblick; dann, Volk, zu den Waffen! Vernichtung den menschlichen Bestien, die sich Deine Herrscher nennen! Rücksichtslose Vernichtung ihnen — das muß Deine Losung sein! Denk' der Helden, deren Blut den Weg zum Fortschritt, zur Freiheit und zur Menschlichkeit gedüngt — und strebe, ihrer würdig zu werden! Eure Brüder."

Die Versammlung auf dem Haymarket am Abend des 4. Mai ist eine so ordentliche, daß der Bürgermeister der Stadt, welcher mit der Absicht gekommen war, die Versammlung beim ersten Anzeichen von Unordnung zu schließen, dem Polizei-Kapitän bedeutet, er möge seine Leute nach Hause schicken.

Der Wagen, von welchem herunter die Redner sprechen, steht in einer der großen Straßen, welche auf den Heumarkt münden. Einige tausend Menschen umgeben ihn, welche ruhig erst den Worten des Verfassers des Manifestes, dann dem ausgedehnten Vortrag eines englischen Leaders über die Achtstunden-Bewegung folgen; es sind viele Details in ihnen, welche das Verhältniß des Kapitals zur Arbeit betreffen.

Ein dritter Redner spricht ebenfalls englisch.

Am Himmel steigen Wolken auf, welche mit Regen drohen, und der größte Theil der Zuhörer verläuft sich. Da macht, als der letzte Redner schließen will, die Polizei in einer Stärke von hundert Mann einen geschlossenen Angriff auf die noch Zurückgebliebenen. In diesem Augenblick fällt, von unsichtbarer Hand geschleudert, eine Bombe in die Reihen der Angreifer. Sie tödtet auf der Stelle einen derselben, verwundet sechs andere tödtlich, verletzt eine große Anzahl, etwa fünfzig. Unter mörderischem Feuer der Polizei flüchten sich die Reste der Versammlung in die Nebenstraßen . . .

In Chicago herrscht der Wahnsinn der Furcht. Keiner unter den Gegnern sieht in dem Bombenwurf die Selbstvertheidigung eines zur Verzweiflung Getriebenen . . . Und während in den Arbeiterkreisen die falsche Annahme um sich wuchert, es sei die berechnete That eines Polizei-Agenten, welche dem bedrohten und schreckbebenden Kapital ermöglichen sollte, einen tödtlichen Schlag gegen die Achtstunden-Bewegung zu führen, bearbeitet die im Solde dieses Kapitals stehende Presse die öffentliche Meinung mit ungeheuerlichen Gerüchten von blutigen Verschwörungen gegen „Recht und Gesetz", mit der Wiedergabe von aufreizenden Stellen aus Zeitungsartikeln und Reden, während sie selbst als das beste Mittel, den Hunger der Tramps zu stillen,

Blei und Kugeln, und für die Arbeitslosen die Mischung von Arsenik
in ihre Mahlzeiten, um sie los zu werden, empfohlen hatte . . .

Die drei Redner des Abends werden verhaftet. Ebenso vier
weitere bekannte Persönlichkeiten aus der Bewegung; ein achter, der
Herausgeber des englischen Arbeiterblattes, des „Alarm", ein Amerikaner,
stellt sich später freiwillig . . . Von den Vielen, welche eingezogen
und verhört waren, werden diese Acht zurückbehalten und vor die
Schranken des Gerichtes gefordert.

So standen die Thatsachen der Vorgeschichte vor Auban's Augen:
eine Schlacht war geschlagen worden in dem großen Kriege zwischen Kapital
und Arbeit, und die Sieger setzten sich zu Gericht über ihre Gefangenen.

Dem Kampfe aber war für geraume Zeit ein jähes: Halt! —
geboten.

Der zweite Akt der Tragödie beginnt: der Prozeß.

Vor Auban's Augen hebt sich langsam der Vorhang von dem
Prozeß, wie er ihn verfolgt hatte in allen seinen Stadien nach den
zahllosen Berichten der Zeitungen, wie er ihn kannte aus den Reden
der Verurtheilten, und wie er ihn heute wieder durchgearbeitet hat
nach den Auszügen der Akten, die dem Supreme Court von Illinois
übergeben waren.

Es war in der That eine mühsame Arbeit gewesen, der er den
heutigen Tag gewidmet. Doppelt mühsam für ihn in der fremden,
der seinen so fremden Sprache. Aber er wollte noch einmal und zum
letzten Male prüfen, ob die Gegner wenigstens den Schein des
Rechtes auf ihrer Seite hatten.

Auch von diesem Standpunkte aus ist die Verurtheilung der
Angeklagten nichts als ein Mord. War wirklich eine Verschwörung
im Werk gewesen, dahin gerichtet, die nächsten Attaken der Polizei
mit Bombenwürfen zu erwidern, so stand jedenfalls die individuelle
That des 4. Mai in keiner Beziehung mit ihr. Für Niemand kam
die Thorheit derselben überraschender, als für die, welche unter ihren
Folgen so furchtbar leiden sollten . . .

Zunächst ist die Zusammensetzung der Jury eine willkürliche:
wenn auch etwa tausend Bürger der Stadt vernommen werden, so

sind es doch nur solche, deren eingestandene Voreingenommenheit gegen
die Bewegung des Sozialismus die Vertheidiger der Angeklagten zur
Ablehnung zwingt, bis sie sich genöthigt sehen, Männer anzunehmen,
die sich nach eigenem Geständniß zum Theil bereits ein Urtheil gebildet
haben, ehe noch die Untersuchungen begonnen. Von dem großen
Arbeiterbezirk Chicago's, welcher der ganzen Bevölkerungszahl der
Stadt von dreiviertel Millionen Menschen allein mit 150,000 Ein-
wohnern gegenübersteht, kommen auf jene tausend Vernommenen nur
zehn; und diese zehn leben dazu noch in nächster Nähe der Polizei-
station. Der Staat verwirft die meisten von ihnen; derer, die er
annimmt, ist er im Voraus sicher. Das ist die Jury, in deren Hände
die Entscheidung über Leben und Tod gelegt wird! . . . Immer
findet sich die mit Anmaßung gepaarte Dummheit bereit, eine Rolle
der Lächerlichkeit und der Verächtlichkeit zu spielen; furchtbar wird sie,
wenn ihr, wie hier, die Brutalität der Gewalt sich beigesellt — dann
wehe Jedem, der ihr in die Hände fällt! . . .

Die übrigen Vorarbeiten bestehen in der Inhaftnahme und Be-
arbeitung einer übergroßen Anzahl von Personen aus der arbeitenden
Klasse — keine Brutalität ist dem Polizei-Hauptmann, einem eitlen
Streber gewöhnlichster Art, zu brutal, keine Hinterlist zu niedrig, um
aus ihnen herauszulocken, in sie hineinzulegen, was er wissen will:
daß eine Verschwörung bestanden hat. Er nimmt gefangen, wen er
will; er verlängert, verkürzt die Haft nach Gutdünken; er behandelt
seine Opfer, wie er will — Niemand hindert ihn. Kein Kaiser herrschte
je souveräner, als die aufgeblähte Winzigkeit dieses brutalen Strebers.

Gegen Ende des Juli sind auch die Vorarbeiten beendet. Der
Staatsanwalt stellt seine Anklage auf, welche auf Verschwörung und
Mord lautet. Der riesige Prozeß, welcher Mitte Juni mit Zusammensetzung der Jury seinen Anfang genommen, tritt damit in sein zweites
Stadium. Einen Tag später beginnen die Vernehmungen der Zeugen
unter beispiellosem Zudrang des Publikums, welcher unvermindert
bleibt, so lange sie dauern.

Der Staat hat sehr verschiedene Zeugen. Die Einen sind vor
die Entscheidung gestellt, mitangeklagt zu werden oder gegen die Angeklagten auszusagen. Sie und ihre Familien haben von der Polizei

Unterstützungen erhalten und lange Unterredungen mit ihr gepflogen. Selbst daraufhin sind sie nicht im Stande, mehr zu sagen, als daß Bomben verfertigt und vertheilt worden sind, aber sie müssen hinzufügen, daß die Vertheilung nicht zum Zwecke der Benutzung auf dem Haymarket-Meeting geschah.

Ein anderer Hauptstaatszeuge ist ein notorischer Lügner von übelstem Rufe bei Allen, die ihn kennen. Seine Aussagen fallen am meisten in's Gewicht. Auch er hat Geld von der Polizei erhalten. Er hat Alles gesehen: wer die Bombe warf und wer sie entzündete; er weiß, wer abwesend war und wer anwesend; nur von den gehaltenen Reden hat er nichts gehört. Und er kennt die ganze Verschwörung in allen ihren Einzelheiten . . .

Alle diese Staatszeugen haben sich untereinander widersprochen — aber man breitet die blutigen Kleider der getödteten Polizisten vor der Jury aus; der Eine und der Andere der Angeklagten hat nie eine Dynamitbombe gesehen — aber der Staatsanwalt verliest alberne Stellen aus dem gewissenlosen Buche eines professionellen Revolutionärs über „revolutionäre Kriegskunst"; einige der Beschuldigten haben in gar keinem Verkehr mit einander gestanden, kannten sich kaum — aber die Geschworenen werden mit Auszügen aus Reden und Zeitungsartikeln überschüttet, welche die Erregung und die Leidenschaft der Stunde geboren und welche oft weit zurückliegen . . .

Denn: „die Anarchie ist vor Gericht". Indem diese acht Männer geopfert werden, soll ein vernichtender Schlag gegen die ganze Bewegung geführt werden, durch den man sie auf lange Zeit hinaus zu lähmen gedenkt: Bourgeoisie gegen Proletariat, Klasse gegen Klasse!

Die Vertheidiger der Angeklagten thun ihr Möglichstes, die Opfer den Klauen der Gewalt zu entreißen. Aber indem sie gezwungen sind, sich auf den Boden des Gegners zu begeben, um ihn zu bekämpfen, auf das Terrain, welches wie zum Hohn das „allgemeine Recht" genannt wird, müssen sie nothwendigerweise unterliegen. Und sie unterliegen.

Gegen Ende des August fällt das Urtheil aus dem Munde der Jury, welches sieben Männer dem Tode überliefert, bevor er nach ihnen verlangt.

So ist enblich das entsetzliche Narren-Schauspiel dieses Prozesses, welches den vierten Theil eines Jahres für sich in Anspruch genommen, beendet. — Ein neuer Prozeß, bringend verlangt, wird abgelehnt.

Vor dem Richter halten die Angeklagten ihre Reden, diese berühmt gewordenen Reden, aus denen die Leiden, die Klagen, die Wünsche, die ganze Verzweiflung und die ganze Hoffnung, alle Erwartung und aller Trotz des Volkes in allen Tönen des empörten Herzens so ergreifend, so kühn, so einfach und so leidenschaftlich, so stürmisch und — so unklar sprechen . . .

Noch ein volles Jahr vergeht, ehe der Schlächter Staat seine Aermel aufstreifen kann, um mit seinen unersättlichen Händen auch diese Opfer zu erwürgen. Und fast schien es anders kommen zu wollen. Denn während von den Arbeitern willig alle nöthigen Opfer gebracht werden, um alles noch Mögliche zu ermöglichen, bereitet sich in weiteren Kreisen ein Umschwung der Gefühle vor und die Ueber= zeugung von der Unschuld der Verurtheilten tritt an die Stelle der eingeschüchterten Furcht und die des künstlich erzeugten Hasses.

Die Wetterfahne der „öffentlichen Meinung“ beginnt sich zu drehen.

Dennoch bestätigt der Supreme Court von Illinois, welchem im März des folgenden Jahres der Fall zur neuen Prüfung übergeben ist, im September das Urtheil.

Und ebenso das Bundesgericht in Washington.

Der Tag der Ermordung steht vor der Thür.

In den Händen eines einzigen Mannes nur liegt jetzt noch die Macht, die fallende Hand des Todes aufzuhalten: es ist der Gouver= neur von Illinois. Ihm steht das Recht der Begnadigung zu.

Drei der Verurtheilten reichen ein Schreiben ein, in welcher sie die Anklage als ebenso falsch wie absurd bezeichnen, aber bedauern, der Gewalt das Wort geredet zu haben; die übrigen vier weisen in Briefen voll Stolz, Muth und Verachtung die Begnadigung für ein Verbrechen zurück, an welchem sie unschuldig sind. Sie verlangen „die Freiheit oder den Tod“. In diesen Briefen schreibt der Eine:

„— Die Gesellschaft mag eine Anzahl der Anhänger des Fort= schritts, die uninteressirt den Arbeitern gedient haben, hängen, aber ihr Blut wird Wunder wirken. Es wird den Niedergang der modernen Gesellschaft und die Geburt einer neuen Aera der Civilisation beschleunigen."

Der Andere:

„Die Erfahrung, die ich während des 15-jährigen Aufenthaltes in diesem Lande in Bezug auf die Wahl und die Verwaltung unserer öffentlichen Aemter, die total von Korruption zerfressen sind, gemacht habe, haben mir jeden Glauben an die Existenz gleicher Rechte für Arm und Reich genommen, und die Handlungsweise der öffentlichen Beamten, der Polizei und der Miliz haben den festen Glauben in mir hervorgerufen, daß dieser Stand der Dinge nicht lange weiterbestehen kann."

Und der Dritte, nachdem er dem Gouverneur die Wahl gelassen hat, „ein Diener des Volkes", oder „ein Werkzeug der Monopolisten" zu sein:

„Ihre Entscheidung in diesem Falle wird nicht allein mich, sondern Sie selbst, und die, welche Sie vertreten, richten . . ."

So drücken sie sich selbst die Märtyrerkrone tiefer in die trotzigen Stirnen.

Von allen Seiten wird der Gouverneur bestürmt. Auf hundert und aberhundert Versammlungen werden hundert und aberhundert Resolutionen gefaßt, welche gegen die Verurtheilung protestiren. In allen Theilen der Welt erschallen die Rufe der Sympathie, der Entrüstung, die Rufe nach Aufschub, nach Begnadigung . . . nur in Chicago selbst schließt die Hand der Gewalt den Mund der Bevölkerung mit brutaler Wucht.

Nur bei Dreien wird der Tod zu lebendigem Begräbniß verwandelt; fünf sollen sterben.

Da, im letzten Augenblick, als die Wogen der öffentlichen Theilnahme den geplanten Mord unmöglich zu machen drohen, werden in der Zelle des einen Verurtheilten plötzlich Bomben „gefunden". Die feile Presse thut das ihre. Sie läßt ununtersucht, wie Bomben anders als mit dem Willen der Polizei dahin gebracht werden konnten, wo sie zu so gelegener Zeit entdeckt wurden, — sie läßt von Neuem ihre Rufe der Angst um „die gefährdete, öffentliche Ordnung" ertönen und fabelhafte Gerüchte von blutigen Plänen, das Gefängniß, die ganze Stadt in die Luft zu sprengen, erzielen ihre einschüchternden Wirkungen. Die Woge der Sympathie weicht zurück . . .

Noch eine Szene: vor dem Manne, in dessen Hände die Gewalt, die Macht gegeben sind, liegen weinende Frauen. Sie umfassen seine Kniee: eine arme Mutter bittet um das Leben ihres Sohnes; eine Frau, die dem geliebten Mann nur durch die Gitterstäbe des Gefäng-nisses die Hände zum Bunde reichen durfte, verlangt nach Gerechtig-keit; eine verlassene Gattin weist auf ihre zitternden Kinder, da die Worte ihr versagen — aber nichts vermag das seelenlose Bild von Stein zu rühren, in dessen Herzen nur die Oeden der Aermlichkeit, in dessen Hirn nur die Vorurtheile der Gewöhnlichkeit herrschen.

Schaudernd wendet sich die Freiheit ab.

Der Tragödie zweiter Akt ist zu Ende. Ueber die Todesqualen von achtzehn Monaten rollt endlich der schwarze Vorhang der Ver gangenheit . . .

Auban stand auf und schritt auf und ab, die Hände über den Rücken gekreuzt. Es war dunkel geworden. Das Feuer erlosch.

Er war in Gedanken versunken. Das Rascheln von Papier schreckte ihn auf: die Abendzeitung wurde durch die Thürspalte ge-schoben. Er bückte sich nieder und riß sie hastig an sich.

Tod oder Leben — ? —

Ein Schrei des Entsetzens rang sich von seinen Lippen. Bei dem Schein des sterbenden Feuers hatte er ein kurzes Telegramm durchflogen: „Special Edition — 6¼ Uhr — Chicago, 10. No-vember — Schrecklicher Selbstmord — der eine der Verurtheilten — soeben mit einer Bombe — in seiner Zelle — den Kopf zerschmettert — Unterkiefer völlig fortgerissen —"

Die Luft seines Zimmers legte sich schwer auf Auban. Er glaubte zu ersticken. Hinaus! — hinaus! — Hastig ergriff er Hut und Stock und eilte fort.

Als er nach einer Stunde heimkehrte, fand er am Kamin, die qualmende Pfeife im Munde, die Zeitung in der einen, den Schür-haken, mit welchem er das Feuer zu neuer Gluth stocherte, in der andern Hand, Dr. Hurt. Er war überrascht. Es war das erste Mal seit dem Tode seiner Frau, daß jener ihn zu einer andern Zeit als den Sonntag-Nachmittagen besuchte.

„Störe ich Sie, Auban? — Hatte einen Krankenbesuch in der Nähe, dachte, es sei gut, meine Füße zu wärmen und ein vernünftiges Wort zu reden in diesen Tagen, wo die Menschen sich wieder einmal gebärden, als ginge die Welt unter —"

Auban drückte ihm kräftig die Hand.

„Sie hätten nichts Besseres thun können, Doktor", sagte er. Er sprach jedes Wort klar und deutlich, aber seine Stimme war völlig klanglos. Dr. Hurt sah ihm zu, wie er die Lampe entzündete, Wasser kochen ließ und Whiskey-Gläser und Tabak heranschob.

Dann saßen sie sich gegenüber, die Füße der Wärme entgegen-gestreckt.

Keiner von Beiden wollte offenbar das Gespräch beginnen.

Endlich zeigte Auban auf die Zeitung, welche Dr. Hurt in der Hand hielt und fragte: „Haben Sie gelesen?"

Hurt nickte ernst.

Aber als er in Auban's Gesicht sah, wie blaß und entstellt es war von nieder gezwungenen Schmerzen, sagte er besorgt:

„Wie sehen Sie aus!"

Auban winkte abwehrend mit der Hand. Dann aber neigte er sich vornüber und vergrub sein Gesicht in beiden Händen.

„Ich bin durch eine Nacht von Wahn gegangen!" — sagte er langsam und leise, den Vers eines modernen Dichters recitirend . . .

Dr. Hurt sprang auf und indem er zum ersten Mal die Maske seiner eisigen Zurückhaltung fallen ließ, legte er die Hand auf Auban's Schulter und sagte:

„Auban, mein Freund, nehmen Sie es nicht so schwer! — Es mußte so kommen, über kurz oder über lang —"

„Was verlangen Sie?" fuhr er dann ungeduldig werdend fort, „was verlangen Sie von den Regierungen? — Daß sie die Hände in den Schooß legen und ruhig zusehen, wie die Fluth der Bewegung sie verschlingt? — Nein, Sie, der Sie gleich mir wissen, daß Recht nichts Anderes ist als Gewalt und der Kampf des Lebens nichts Anderes als der Trieb nach dieser Gewalt, nein, Sie können in diesem Ereigniß von Chicago nichts sehen als die traurige Episode eines gemeinen Kampfes, den Ihr Verstand begreifen muß als eine Nothwendigkeit."

Auban sah den Sprecher an. Seine Augen loderten und seine Lippen bebten.

„Aber ich habe einen persönlichen Abscheu gegen alle Feigheit. Und diese kaltblütige Ermordung ist eine Feigheit, wie ich mir sie größer und widerwärtiger nicht denken kann! — Welcher Muth — die Thoren hinter, die Vorurtheile neben und die „göttliche Einwilligung" über sich zu haben, und zu morden? — Welche Feigheit, eine Schlacht schlagen zu lassen! — Nicht Mann gegen Mann zu stehen, sondern sich zu verstecken hinter dem Talar des Gesetzes, den Bajonetten der Soldaten, den Fäusten roher Knechte — stupiden Thieren, die keinen andern Willen haben, als den ihrer Herren! — Welche Feigheit, sage ich, die Dummheit in ihrer Mehrheit für sich zu haben und dann zu sagen, ich sei im „Recht"! — Giebt es wohl eine größere? —"

Da sein Gast keine Antwort gab, fuhr er fort:

„Es gibt für mich nur eine wahrhaft vornehme und anständige Gesinnung: die passive; und nur eine Bethätigung, deren Erfolge ich groß nenne: die der eigenen Kraft. Meine Achtung für alle Jene, die aus sich selbst geworden sind, mit sich selbst stehen und fallen, ist unbegrenzt; aber ebenso unbegrenzt ist meine Abneigung gegen Jene, welche die Thorheit auf die Schultern hebt, sie heute zu erhöhen, um sie morgen in ihr Nichts zurückfallen zu lassen."

„Ja, es wird Alles zusammengeworfen, das wahre und das falsche Verdienst", sagte Dr. Hurt.

„Warum giebt es noch Herrscher auf Thronen? — Weil es noch Unterthanen giebt. — Woher dieses soziale Elend? — Doch nicht, weil die Einen sich erhöhen, sondern weil sich die Andern entäußern. — Wir leben unter dem Fluche einer völlig unnatürlichen

Idee: der christlichen. Wir haben die Aeußerlichkeiten der Religionen zum Theil abgeschüttelt. Aber von dem Segen, hätten wir die Idee der Religion über Bord geworfen, von dem frischen Wind, der dann unsere Segel schwellen müßte, ist noch wenig zu spüren. — Glauben Sie mir, Doctor, zwischen einem Bourgeois und einem Sozialdemokraten herrscht eine innerliche Verwandtschaft. Aber nichts führt von Beiden zu mir. Ein Abgrund liegt zwischen uns — zwischen den Bekennern des Staates und denen der Freiheit!"

„Sie denken, wie die Natur", sagte der Andere nachdenklich, „und daher ist wohl die Gesundheit und die Wahrheit auf Ihrer Seite."

Und zurückkommend auf das verlassene Gespräch, fragte er:

„Und wurde Ihr Abscheu nicht geweckt, als Sie von dem Bombenwurf hörten?"

„Nein. Ich sah hier nur eine That der berechtigten Nothwehr. Auf ihre eigene Verantwortung machte die Polizei einen Angriff auf eine friedliche Versammlung. Ihre Brutalität wurde diesmal bestraft, während sie für gewöhnlich frei ausgeht. — Ich beklage die That, nicht nur als völlig zwecklos, sondern auch als schädlich. Aber mehr noch beklage ich Jene, welche nicht einsehen wollen, daß solche Thaten immer nur die Ausbrüche einer Verzweiflung sein können, die Nichts mehr zu verlieren hat, da man ihr Alles genommen."

„Und Jene, welche immer nur Andere zur Anwendung von Gewalt zu reizen suchen, ohne selbst je dabei zu sein, wie lautet Ihr Urtheil über diese?"

„Daß es jämmerliche Feiglinge sind, und daß das Blatt, welches vor einiger Zeit schrieb, man möge doch endlich einmal dem Manne, der von New-York aus unablässig nach dem Kopf eines europäischen Fürsten schrie, ein Billet nach Europa kaufen, um ihm so die Gelegenheit zu geben, ihn sich selbst dort zu holen, gar nicht im Unrecht war . . ."

Dr. Hurt hatte sich wieder gesetzt und eine ernste Pause entstand. Sie sprachen über Anderes. Dann sagte Hurt wieder:

„Ich fange an, dieses Volk zu hassen. Es ist wie ein Moloch, der seine Arme geöffnet hat und nun Opfer um Opfer verschlingt. Dieses große Kind, welches so lange mit Ruthen gezüchtigt wurde, wird plötzlich verhätschelt bis zur Lächerlichkeit. Es wird mannbar und erstaunt über die Kraft seiner eigenen Glieder. Wenn es sich derselben ganz bewußt geworden sein wird, wird es Alles zertrampeln, was ihm unter die Füße kommt. Es hat der Gewalt all' ihre Attitüden bereits abgelauscht: die lächerliche Unfehlbarkeit, den dünkelhaften Hochmuth, die bornirte Selbstgefälligkeit. Ich sage Ihnen, Auban, die Zeit ist nicht mehr fern, wo es für jeden stolzen, freien und unabhängigen Geist eine Unmöglichkeit sein wird, sich noch Sozialist zu nennen, da man ihn sonst in eine Linie stellen könnte mit jenen elenden Kriechern und Erfolgsanbetern, die jetzt schon vor jedem Arbeiter auf den Knieen liegen und ihm den Schmutz von den Fingern lecken, nur weil er ein Arbeiter ist!"

Nun war Dr. Hurt der Erregte, während Auban in eine brütende Traurigkeit versunken schien, die durch das, was er hörte, nur noch vermehrt wurde, da er ihm beistimmen mußte.

„Jede Zeit hat ihre Lüge", fuhr Dr. Hurt fort, „die große Lüge der unseren ist die „Politik", wie die der kommenden das „Volk" sein wird. Von ihrem reißenden Strom wird Alles ergriffen, was klein, schwächlich und unselbstständig ist. Alle Menschen von „Heute". Dort im Strom kämpfen sie ihre kleinen, werthlosen, alltäglichen Kämpfe. — Die Menschen aber von Morgen, und zu ihnen gehören wir, sie bleiben am Ufer, oder sie erreichen es wieder, nachdem der Strom sie eine Zeit lang zu verschlingen drohte. Und dort, am Ufer der Erkenntniß, stehen wir, und darum wollen wir die Tagesereignisse unserer Zeit, deren Zeugen wir sind, an uns vorübergleiten lassen. Nicht wahr?" —

Auban war ergriffen. Zum ersten Mal in dieser langen Zeit, die er ihn kannte, that dieser seltsame und seltene Mensch sein Herz vor ihm auf und zeigte ihm dessen vernarbte Wunden. Was mußte auch er gelitten haben, bis er so fest, so hart und so einsam geworden war? —

„Wohl haben Sie Recht!" sagte er. „Auch ich schwamm im Strome und auch ich stehe am Ufer. Und an meinen Füßen und meinen Blicken treiben die blutenden Leichen von Chicago vorüber."

„Es sind nicht die ersten und es werden nicht die letzten sein."

„Wohl haben Sie Recht," sagte Auban wieder. „Ich war mit unter denen, die im Strome kämpfen. Als ich zwanzig Jahre alt war, als ich nichts kannte von der Welt, die einen Menschen in meinen Augen bewußte Sünder, die andern schuldlose Engel waren, als mir die Folgen die Ursachen, und die Ursachen die Folgen zu sein schienen — da haben sie auf mich gehört, wenn ich zu ihnen sprach. Wo ich den Muth dazu hernahm, vor Hunderten mit meinen Phrasen zu paradiren — ich weiß es heute nicht mehr. Ich war gefeit gegen Alles: ich stand im Dienste der Sache. Wie konnte ich da fehlen? — Aus diesem Gedanken schöpfte ich meine ganze Kraft; nicht aus mir selbst. Daher oft meine Unermüdlichkeit, mein unerschütterlicher Glaube, meine Gleichgültigkeit gegen mich selbst. — Und je weiter ich mich von der Wirklichkeit entfernte, desto näher kam ich meinen Hörern. Ich ging oft weiter, wie ich wollte —"

„Das war auch der Weg der Führer von Chicago: sie wurden vorwärts getrieben und konnten nicht zurück. Sie mußten sich selbst überbieten, um sich behaupten zu können. Es ist dies das oft so tragische Geschick aller Derer, die den Maßstab ihres Werthes bei Andern suchen."

„Meine Schicksal wäre das ihre gewesen," sprach Auban weiter. „Uebrigens war ich nicht glücklich. Ich glaube nicht, daß Selbstaufopferung wirklich glücklich machen kann. — Und ich hätte nicht so sterben mögen — heute habe ich es wieder gefühlt. Nein, ich will kämpfen und siegen, ohne eine Wunde zu empfangen!"

„Viele werden sagen, das sei sehr bequem —"

„Mögen sie es sagen. Ich sage: es ist schwerer, als sich selbst hinzugeben, den Feinden zum Vergnügen und den Freunden nicht zum Nutzen. — Und wollen Sie wissen, was es war, daß mich zu dieser Erkenntniß brachte? Ein Lächeln, ein höhnisches, eisiges Lächeln.

Es war, als ich meine Rede vor den Richtern hielt. Ich schleuderte ihnen Wahrheiten zu, welche die Einen verblüfften, die Andern zur Wuth brachten. Ich sprach von meinen Menschenrechten und von ihren Rechten der Gewalt — kurz es war eine pomphafte, leidenschaftliche und ganz ungewöhnliche Rede, ohne alle Politik und natürlich auch ohne irgend einen Zweck, die kindische Rede eines idealen Menschen. Es ist immer lächerlich, mit ethischen Forderungen an Menschen heranzutreten, besonders an solche halbwilde, unverständige, dumme Menschen, die aus Paragraphen und Formeln alle Weisheit des Lebens schöpfen. Aber das empfand ich damals noch nicht. Während ich indessen so sprach — ich sprach eigentlich mehr für die, welche mich nicht hörten — sah ich auf dem klugen Gesicht eines Beamten ein Lächeln, ein spöttisches, mitleidiges, secirendes Lächeln, welches sagte: Du Narr, was kümmern wir uns um Deine Worte, so lange sie nicht Thaten werden! —

Doch nein, ich muß mich verbessern: ich sah das Lächeln nicht, denn ich sprach ganz unbekümmert weiter. Erst später im Gefängniß am es mir zum Bewußtsein, daß ich es empfungen hatte, und nun verfolgte es mich lange Zeit — ich sehe es heute noch, wenn ich die Augen schließe!

Durch die Mauerspalten meines Gefängnisses grinste es mich an. Es war ein Feind, den ich zu bezwingen hatte. Aber ich sah, das war Keiner, der sich mit Worten in die Flucht schlagen ließ. Nur ein einziges Mittel gab es, ihn zu bannen: sich ein gleiches Lächeln zu erwerben. Nur ihm gegenüber war jenes machtlos. Ich erwarb es mir. Ich hatte ja Zeit. Und alles erschien mir verändert, was ich erlebt und gesehen, unter dem Lichte dieser neuen Betrachtungsweise. Ich sehe die Menschen, wie sie sind; die Welt, wie sie ist. Heute lächelt man nicht mehr über mich."

„Es war sicherlich die größte That Ihres Lebens, Auban, daß Sie die Kraft hatten, sich loszureißen und auf eigene Füße zu stellen. — Aber die Kommunisten — sollte man es für möglich halten, daß die meisten sich empört über die Begnadigungsgesuche von einzelnen der Verurtheilten aussprechen?! — Darin einen Verrath, eine Erniedrigung zu sehen, einen Wisch zu unterschreiben, mit dem ich mein Leben aus den Händen meines Mörders retten kann! Tausend solcher

Setzen würde ich unterzeichnen und hinterher über den Dummkopf lachen, welcher von mir „Ehrlichkeit" erwartete, während er mich durch Hinterlist und Gewalt in seine Macht bekam. Auban, diese Kommunisten sind Fanatiker, sie sind krank, verworren, sie leiden an moralischen Hirngespinnsten — "

„Ich habe am letzten Sonntag gesagt, was ich zu sagen hatte", sagte Auban ruhig.

„Und ohne allen Nutzen. Nein, diese Leute müssen durch Erfahrung klug werden. Lassen Sie sie."

„Die Erfahrung wird furchtbar sein. Es ist traurig für mich, zu sehen, wie immer die sich neue Leiden schaffen, welche schon so viel gelitten haben."

Wieder glitt das Gespräch ab und bewegte sich während der nächsten Stunde fern von Chicago.

Der Doktor hatte das Zimmer mit Rauch gefüllt, welchen er in hastigen, kurzen Stößen aus seiner nie erkaltenden Pfeife stieß. Der strenge Ernst des Gemaches war gemildert durch die Strahlen der Lampe und die Flammen des Feuers. Ein Hauch der Behaglichkeit fast erfüllte es mit der später werdenden Stunde.

„Kennen Sie das Märchen von des Kaisers neuen Kleidern?" fragte Auban. „So ist es es auch mit dem Staat. Die meisten Menschen, ich zweifle nicht daran, sind innerlich davon überzeugt, daß sie weit besser ohne ihn fertig werden könnten. Sie bezahlen widerwillig ihre Steuern, welche sie instinktiv als einen Raub an ihrer Arbeit empfinden. Aber der Gedanke, „es müsse so sein, da es immer so gewesen," läßt sie das erlösende Wort nicht aussprechen: sie schielen Einer nach dem Andern, zweifelnd und zaudernd. Es gehört aber die ganze Unbefangenheit der unverfälschten Natur dazu, um dieses künstliche Hemmniß, die Quelle all' unseres äußeren Elends, mit den Worten umzustoßen: Aber er hat ja gar nichts an! Das Ganze ist ja ein krasser, offen zu Tage liegender Schwindel dümmster Art! — Und dieses Wort der Erlösung ist gefunden, es heißt: Anarchie!"

Auban sprach weiter, da sein Zuhörer nachdenklich schwieg.

„Oder nehmen wir das folgende Beispiel: Es ist am Morgen einer Schlacht. Zwei Heere stehen sich gegenüber, die man hierher zusammengetrieben hat, damit sie sich gegenseitig vernichten. In einer Stunde soll die Metzelei beginnen. — Wie Viele von beiden Seiten, glauben Sie wohl, wenn dem Willen des Einzelnen die freie Wahl gelassen wäre in dieser Stunde, würden bleiben, um zu Mördern zu werden; und wie Viele würden die aufgezwungenen Waffen fortwerfen und heimkehren zu den friedlichen Beschäftigungen ihres Lebens? — Alle würden umkehren, nicht wahr? Bleiben vielleicht nur der kleine Haufe, dem Krieg und Gewalt anerzogene Berufe sind. Und doch handeln alle die Andern gegen ihren Willen, ihre Vernunft, ihr besseres Wissen, weil es ihnen nicht klar geworden ist. Sie müssen. Denn der Fluch des Wahns — ein Etwas, ein Unfaßliches, ein Unverständliches, Schreckliches treibt sie . . . Sagen Sie mir, Doktor, was das ist, dieses Grauenhafte?"

„Gewohnheit, Dummheit und Feigheit," sagte Hurt.

„O, ich habe gar nichts gegen Kriege! Denken Sie das nicht!" rief Auban, und er stieß mit den Händen die Blätter auf seinem Schreibtisch zusammen, damit Jener nicht sehen sollte, wie erregt er wurde. „Nicht das Geringste. Raufbolde und Brutes hat es zu allen Zeiten gegeben. Aber mögen sie allein unter sich ihre Kämpfe und Streitigkeiten ausfechten, und nicht andere, völlig unbetheiligte, am liebsten in Frieden lebende Menschen zur Theilnahme an ihren Raufgelagen zwingen unter dem lügnerischen Vorgeben, ihr eigenes Interesse erfordere es, im Namen des „heiligen Krieges für das Vaterland" und ähnlicher Schwindeleien sich gegenseitig dahin zu morden! — Ich habe gar nichts gegen Kriege —," rief er noch einmal, „mögen sie nur geführt werden von denen allein, welche sie wollen. Um so besser — geht auf einander los, ihr brutalen Schlächter, zerfleischt Euch gegenseitig, rottet Euch gegenseitig aus, die Erde wird aufathmen, wenn sie von Euch befreit ist! — —"

„Einstweilen aber sitzen wir noch in den Käfigen unserer Staaten, kauernd in ihren Ecken, uns gegenseitig bewachend und beobachtend, immer auf der Hut, drücken uns an den Gitterstäben hin, knurren uns an, bis wir auf einander losstürzen, weil der Raum uns erdrückt und das Futter uns zu ungleich zufliegt," spottete der Dokor.

Auban antwortete in gleichem Tone.

„Das ist der Kampf um's Dasein, mein Freund, der Stärkere zermalmt den Schwächeren — so hat die Natur es gewollt! —"

„Ja, diese Phrase, das Schlagwort einer unverstandenen Wissenschaft, kam ihnen zur gelegenen Zeit!"

„Mit ihr entschuldigen sie ihre gewaltsame Unterdrückung und Einengung der Natur in die unnatürlichen Grenzen einer staatlichen Zwangsgemeinschaft und unter die stupiden Gesetze, welche sie für unfehlbar halten und die sie doch selbst geschaffen. Es ist immer dasselbe: die Arbeit kann konkurriren so lange, bis sie inmitten des von ihr geschaffenen Ueberflusses verhungert; das Kapital bleibt der Konkurrenz enthoben."

Bei Auban's Worten war Hurt wieder plötzlich sehr erregt geworden.

„Alles kann ich vertragen, nur nicht, daß die Wissenschaft, die klare, sichere, unerbittliche Wissenschaft, die unbestechliche, von diesen Schwindlern der Gewalt und des „Bestehenden" ihren Diensten nutzbar gemacht und in dieser Weise verfälscht wird!" rief er.

Auban spottete weiter.

„Und was für herrliche Exemplare der Gattung Mensch aus diesem „Kampf um's Dasein" als die „Stärksten" hervorgehen, nicht wahr? — Ein Beispiel. Da ist Einer von unseren oberen Zehntausend, Mitglied der jeunesse dorée: hoher Hut, Monocle, Schnabelschuhe. Er rührt keine Hand. Aber sein Kapital arbeitet für ihn. Es wirft ihm jährlich 1000 Pfund in den Schooß. Er ist faul, dumm, interesselos, mit dreißig Jahren ein Wrack.

Da sind andrerseits hundert Arbeiter, junge Burschen, thatkräftig, frisch, voll Muth und Willen, ihre Kräfte zu verwerthen — sie können nicht, wie sie wollen. Alles ist ihnen verschlossen. Sie erlahmen, werden müde, stumpf, sie erliegen. Ihr Leben ist, wenn sie sterben, nichts gewesen, als Arbeit und Schlaf. Sie beendeten jene nur, um sich zu diesem niederzulegen; und sie standen von diesem nur auf, um sich zu jener zu begeben.

Der Eine hat die Mittel, um nicht zu arbeiten; die Andern haben die Mittel nicht, um zu arbeiten. So saugt der Vampyr Einen nach dem Andern auf: er ist das Produkt der vergeudeten

Arbeit von hundert Menschen. Ein krankes, unproduktives Leben hat hundert gesunde, produktive Leben ganz einfach vernichtet. Jenen hat das Nichtsthun entnervt, Diesen die Ueberarbeit entkräftet.

Was ist das, he? — Kampf um's Dasein? Göttliche Weisheit? Ordnung der Natur?" —

Er machte einen Augenblick halt und sah auf den Doktor, welcher mächtige Rauchwolken aus seiner Pfeife blies. Dann sprach er weiter.

„Oder auch — ein anderes Bild, gleich anmuthend. Die „gnädige Frau". Den Tag über liest sie Romane, oder redet ihren „Dienstboten" in die Arbeit, von der sie nichts versteht. Abends läßt sie sich auf den Ball fahren. Was sie auf dem Leibe trägt, der Schmuck der Diamanten, hat an und für sich gar keinen Werth —"

„An und für sich hat nichts Werth," unterbrach ihn Hurt.

„Aber es repräsentirt ein Vermögen an Werth," fuhr Auban unbekümmert fort.

Doch er wurde von Neuem unterbrochen.

„Ach, lassen wir das, Auban!" murrte Hurt. „So lange die Arbeiter nicht vernünftiger werden, sind solche Existenzen, und weit schlimmere noch, die unausbleibliche, ganz natürliche Folge."

Es war spät geworden, die Atmosphäre des Zimmers drückend und heiß. Das Feuer war müde. Hurt sah nach der Uhr. Aber bevor er sich erhob, brach plötzlich und ungestüm, wie eine Flamme, die heimliche, schamhafte, heiße, fast widerwillige Liebe dieses eigenthümlichen Mannes zu allen Unterdrückten und Leidenden aus zornigen Worten hervor, welche polternd von seinen Lippen fielen:

„Diese Thoren! Wollen sie nie klug werden? — Bomben zu werfen, welcher Unsinn! — Um es den Regierungen nur ja recht leicht zu machen, sie zu vernichten, nicht wahr? — Aber es scheint mir, daß diese Menschen es darauf anlegen, sich gegenseitig in Opfern zu überbieten, und nicht im Siegen, sondern im Unterliegen ihren Stolz suchen! Opfer über Opfer! Nein, ich will nichts mehr damit zu thun haben, wenn sie nicht klug werden wollen, so sollen sie es bleiben lassen!"

Er war aufgestanden. In scheinbar leichtem Tone fügte er, sich gegen Auban wendend, dessen trübe Blicke sich nicht von dem Tische wenden wollten, auf welchem die zerknitterten Zeitungen und Blätter wie eine ungelöste Aufgabe lagen, hinzu:

„Sie dürfen von mir nicht zu viel verlangen, Auban. Ich stehe jeden Tag an Todtenbetten — was will das Leben weniger Einzelner, die gewaltsam herausgerissen werden, bedeuten gegen jene Schaaren, die Niemand zählt und die Keiner nennt, und die doch auch nur Opfer waren der Anderen, obwohl sie sich nie zu wehren versuchten!"

Er reichte ihm die Hand.

„Lesen Sie die Geschichte. Schlagen Sie sie auf, wo Sie wollen, überall die Siegenden und überall die Unterliegenden. Die Sache ist immer dieselbe gewesen, nur die Zahlen waren verschieden. Ob sie fallen; erschossen auf dem Schlachtfelde, verhungert an der Straßenecke, erdrosselt vom Galgen — bleibt es sich nicht gleich? — Nicht zu fallen, zu siegen — dafür sind wir da!"

Auban konnte nicht antworten. Eine unruhige Angst hatte ihn ergriffen vor der Nacht, die kam, in der er allein mit sich bleiben sollte.

Hurt schickte sich zu gehen an. Doch als er schon den Thürgriff in der Hand hatte, wandte er sich noch einmal zu Auban, trat auf ihn zu und sagte: „Uebrigens will ich Ihnen noch danken. Ich wollte es längst schon thun.

Sie wissen, ich bin ein alter Skeptiker. Ich glaube an nichts und alle Utopien sind mir ein Greuel. An die Freiheit als ein Ideal glaube ich also nicht. Aber Sie, nur Sie haben eine Art gehabt, mir die Freiheit als ein business klar zu machen, daß ich Ihnen sagen will, falls Ihnen daran etwas liegt: in Ihrem Sinne bin ich ein Anarchist!"

Damit drückte er ihm kräftig die Hand und die Blicke der beiden Männer begegneten sich für einen kurzen Augenblick: nun kannten sie sich. Kein Blutbund war es, den sie mit einander schlossen. Kein Versprechen, das sie band, gaben sie sich. Keine Verpflichtung gingen sie ein gegen einander.

Aber sie sagten sich mit diesem Blicke: Wir wissen, was wir wollen. Vielleicht ist die Stunde nicht allzu fern, wo wir uns

ſtark genug fühlen, der Gewalt Stand zu halten. Dann mag es
ſein, daß wir zuſammenſtehen. Bis dahin: Wachſamkeit und
Geduld! . . .

Auban war allein. Und mit einer ungeſtümen Bewegung richtete
er ſich empor und durchmaß wohl eine Stunde lang ſein Zimmer,
während ſein Feuer völlig erloſch.

Als die Müdigkeit ihn ergriff, klang es in ſeinen Ohren wieder:
Lies die Geſchichte!

Er griff wahllos nach dem nächſten Bande und las die Nacht
durch bis zum Morgengrauen.

Er watete bis an die Kniee durch das Blut der Vergangenheit.
Er ſah das Entſtehen und Vergehen der Völker. Er ſah die Verantwortlichkeit für ihr Leben auf die Schultern Einzelner gewälzt,
und er ſah dieſe Einzelnen unter ihr zuſammenbrechen, oder mit ihr
ſpielen, wie das Kind mit dem Balle . . .

Er ſah, wie die, welche das „Gute wollten‟, das Schlechte
ſchufen: den Irrthum.

Er ſah, wie die, welche das „Schlechte erſtrebten‟, das Gute
brachten: den Irrthum zerſtörten.

Er ſah, daß Alles, was geweſen war, nicht anders hätte ſein
können, eben, weil es ſo, und nicht anders geweſen. Nicht zu
trauern und zu fluchen galt es daher, ſondern zu erkennen.

Erkannte Irrthümer zu vermeiden — das die Loſung, das der
Nutzen und der Segen der Geſchichte, das war, was ſie lehrte . . .

Auban las. Und über den Trümmern von Völkern vergaß er
Chicago . . .

Dann ſchloß der Schlaf ſeine Augen. Behutſam zog er das
Buch zwiſchen ſeinen Fingern fort. Es glitt zur Erde.

Nur das Licht brannte weiter.

Schwere Träume bedrängten den Schläfer. Unruhig hob und
ſenkte ſich ſeine Bruſt und der ſonſt in dem ſcharfen, harten Zug um
die Mundwinkel verborgene Schmerz war aus ſeinem Verſteck hervor-
gekrochen und lagerte jetzt auf den mageren Wangen. Die blaſſen
Lippen waren leicht geöffnet.

So ging die Nacht zu Ende, die gefürchtete.

Als Auban erwachte, war der Morgen gekommen. Er kleidete sich um.

Dann erst griff er nach den Zeitungen. Er wußte, was er lesen würde. Als er sah, wie seine Hand zitterte, welche das Blatt umschlug, ging er noch einige Male auf und ab, bevor er begann. Er wollte stark sein.

Dann las er, ohne Hast, bleich, mit einer unheimlichen Ruhe. Aber sein Herz stand still.

Das war der letzte Akt der Tragödie von Chicago: der Morgen des 11. November.

Die Stadt ist im Zustand der Belagerung: jedes öffentliche Gebäude ist bewacht — man befürchtet Alles, vor Allem Brandlegung: das Militär ist zusammengezogen, die Feuerwehr alarmirt; in den Absteigequartieren wird jeder Ankommende bewacht; die Mitglieder der Jury, der Richter, der Staatsanwalt, die Häupter der Polizei sind unter Schutz gestellt . . . Die größeren Fabriken haben geschlossen . . . Das Gefängniß ist umgeben von einer undurchbringlichen Reihe von bewaffneten Polizisten . . . Ein Tumult entsteht: eine verzweifelnde Frau irrt mit ihren weinenden Kindern längs der lebendigen Mauer hin und versucht in wahnsinniger Angst zu ihrem Manne zu gelangen, ehe es zu spät ist. Sie wird von rohen Händen gefaßt und muß die schrecklichsten Stunden ihres Lebens zwischen den steinernen Wänden einer Zelle verbringen . . .

Schweigen, das Schweigen der Furcht herrscht wieder. In den umliegenden Straßen drängen sich die Menschen. Wo sie sich sammeln, gehen sie wieder aus einander. Sie sind gelähmt unter der Wucht dieser Stunden . . .

Im Innern des Gefängnisses.

Die Verurtheilten sind erwacht. Sie schreiben ihre letzten Briefe, sie werden auch jetzt noch belästigt von der niedrigen Aufdringlichkeit eines Priesters, den sie von sich weisen, sie nehmen ihre letzte Mahlzeit ein, sie tauschen durch die Entfernung ihrer Zellen letzte Worte der

14

Freundschaft und der Hoffnung mit einander aus, die der Sache gelten, für welche sie sterben; und was sie bewegt, dafür finden sie Ausdruck in Strophen, die ihnen ihr Gedächtniß giebt, und deren ungewohnter Schall dröhnend und machtvoll die starren Wände entlang irrt:

Ein Fluch dem Götzen, zu dem wir gebeten —
Der uns geäfft, gefoppt und genarrt —

Ein Fluch dem König, dem König der Reichen,
Der uns wie Hunde erschießen läßt —

Ein Fluch dem falschen Vaterlande —
Wo nur gedeihen Schmach und Schande . . .

Und:

„Poor creature! Afraid of the darkness,
Who groan at the anguish to come?
How silent I go to my home!
    Cease your sorrowful bell —
    I am well!“ — — —

Und jenes unsterbliche Lied, in welches sie alle Vier einstimmen, die Marseillaise der Arbeit, der nach Befreiung'ringenden Arbeit — — —

„Von uns wird einst die Nachwelt zeugen!
Schon blickt auf uns die Gegenwart . . .“

Ja, die Gegenwart, welche bereit war einer besseren Zukunft die Wege zu ebnen, nicht die, welche in ohnmächtiger Blindheit eine begrabene Vergangenheit wieder erstehen lassen wollte, hatte ihre Blicke in dieser Stunde auf sie gerichtet, voll Schmerz und Trauer . . .

Der Sheriff erscheint. Die Verurtheilten umarmen sich, drücken sich die Hände, die gefesselt werden; die Hinrichtungsbefehle, todte Worte, mit denen die Gewalt ihren Mord zu beschönigen sucht, werden verlesen.

Der Gang zum Tode wird angetreten.

Sie durchschreiten die Thür, welche in den Hof des Gefängnisses führt: der Galgen steht vor ihren Augen. Nach einander steigen sie die Stufen zu ihm hinauf, blaß, aber ungebrochen. Weiße Kappen werden über ihre Köpfe gezogen. In diesem letzten Augenblick erschallen hörbar durch die Verhüllungen ihre Stimmen:

„Die Zeit wird kommen, wo unser Schweigen mächtiger sein wird, als unser Reden — —" ertönt die erste.

„Hurrah for Anarchy!" — von einem Lachen noch begleitet, die zweite. Und

„Hurrah for Anarchy! Dies ist der glücklichste Augenblick meines Lebens" — fällt die dritte ein.

Endlich die vierte und letzte:

„Wird mir erlaubt werden, zu reden? O Frauen und Männer meines lieben Amerika — —"

Der Sheriff giebt das Zeichen. Da noch einmal:

„Lassen Sie mich reden, Sheriff! Lassen Sie die Stimme des Volkes gehört werden —"

Die Klappe fällt . . . Und Feiglinge sehen, wie Helden sterben — — —

.

Bis hierhin hatte Auban zu lesen vermocht, den folgenden Satz hatte sein Blick nur gestreift — denn vor ihm stand plötzlich in greifbarer Deutlichkeit der Gefängnißhof von Chicago: er sieht die Menge von zweihundert Personen, welche ihn füllt, die Zwölf der Jury, die höheren Gerichtsbeamten, die Wächter, die Zeitungs-Reporter — eine Heerde feiger Knechte; er sieht den Galgen, die vier Männer, deren Züge er so oft im Bilde gesehen, aufrecht, trotzig, groß; und er sieht ihr Sterben, die zuckenden Bewegungen ihres Todeskampfes, welcher vierzehn Minuten dauert . . . Vierzehn Minuten! Der Schlächter tödtet sein Vieh auf einen Streich, der Räuber sein Opfer mit einem Schlag, nur diese Mörder ergötzen sich in scheußlicher Freude an dem „Sieg der Gerechtigkeit", die sie selber sind, und verschanzen die eigene Feigheit hinter dem Worte, mit dem immer und immer bisher alle Verbrechen die Gewalt entschuldigt hat: „Sein Wille geschehe — . . ."

14*

So deutlich stand vor Auban's Augen, wie eine Vision, das Ende der Tragödie, daß er es nicht mehr ertrug und die Stirn vornüber auf die über den Tisch hingestreckten Arme sinken ließ. So lag er lange. Denn er hatte Alles niederzukämpfen, was von Neuem in ihm erwacht war an Schmerz, Groll, Wuth, an Trauer und an Haß.

Als er sich erhob, war er wieder er selbst. Aber er durchmaß wieder und wieder die Länge seines Zimmers mit seinen ruhelosen Schritten.

Die Tragödie von Chicago —:

Welches Publikum! Jene ganze Menschheit, die sich civilisirt nennt! Kein einziger unbetheiligt; Alle genöthigt, Stellung zu nehmen . . .

Auf der einen Seite: gestillter Blutdurst, viehische Freude, jubelnder Sieg der Gewalt; erleichtertes Aufathmen nach überstandener Gefahr; prahlend die schmutzige Gesinnung der Alltäglichkeit mit Genugthuung über den Triumph der Ordnung; brüstend die Moral sich mit ihrer eigenen Bornirtheit; erwachende Reue der Gewissen; neue Angst vor dem nun Kommenden; und beginnende Erkenntniß —

Auf der anderen: Schreie des Schreckens, von Grauen und von Furcht erdrosselt; ohnmächtige Empörung und knirschender Zorn; Scham über die eigene Feigheit, Zorn und Schmerz über die der Anderen; Bitterkeit, bis auf den Grund der Herzen sich senkend; dumpfe Ergebung in das Unvermeidliche; tausend Hoffnungen auf irdische Gerechtigkeit begraben, tausend neue auf den endlichen Sieg der Sache erstanden, welche die Bluttaufe empfangen; Durst nach Rache am Tage der Abrechnung, bis zur Unerträglichkeit gesteigert; sentimentale Wehmuth; und beginnende Erkenntniß —

Alle schlummernden Gefühle, deren das Herz fähig ist, geweckt! Alle Leidenschaften aus ihren Verstecken gerufen, sich bekämpfend in der rasenden Gier, einander zu zerfleischen! In diese Wolken von Rauch und Blut jede Ueberlegung, jede ruhige Vernunft untergetaucht — das war es, was dieser Mord schuf . . .

Die Tragödie von Chicago —:

Welche Szenen! Welcher Wechsel in ihnen!

Im erſten Akt:

Das Erbeben der Erde, welches den Ausbruch des Vulkans verkündet.

Die Schaaren ſammeln ſich auf beiden Seiten zum Kampf.

Ueberlegen, ſich ermannen, wollen; die Gefahr ahnen, alle Kräfte zu Hülfe rufen, ſich rüſten.

Der Lärm des Feldgeſchreis: Achtſtundentag!

Die erſten Zuſammenſtöße: das Pfeifen der Kugeln, das Knirſchen der Zähne, das Geheul der Wuth, die Schreie der Empörung, das Stöhnen der Sterbenden, das Weinen der Weiber.

Ueber unzählige glühende Köpfe und fiebernde Herzen hin das Rauſchen fieberhafter Worte voll Gluth und Feuer.

Ein donnernder Krach: Rauch und Geſchrei. Tod und Ver- nichtung.

Der Reigen der Leidenſchaften raſt vorüber — — — — —

Im zweiten Akt:

Nach dem lauten, offenen Kampfe auf dem Felde der Oeffent- lichkeit der ſtille, verſteckte, aber weit ſchrecklichere auf dem „Boden des Geſetzes“.

Weite Gerichtsſäle und enge Kerkerzellen. Gitterſtäbe, welche die Freunde von den Freunden ſcheiden, und hohe Gefängnißmauern, ſo hoch, daß die Sonne ſelbſt ſie nicht erſteigt . . . O goldene Sonne der Freiheit — achtzehn Monde dich nicht zu ſehen und dann, ohne einen deiner Strahlen erhaſcht zu haben, nieder in die ewige Nacht —

Und endlich im dritten und letzten Akt: — — — — — —

— — — — — — — —

— — — — — — — —

Der Vorhang war gefallen. Aber die Tragödie war nicht zu Ende.

Nein, die, welche sie in Szene gesetzt, hatten das Nachspiel vergessen!

Ein Nachspiel, ein ungeahntes Nachspiel mußte folgen mit unabwendbarer Nothwendigkeit. Das war die Propaganda, welche diese fluchwürdige That geschaffen: das Echo, welches die Geschichte des Lebens und Sterbens in unzähligen noch schlummernden Herzen zur Antwort erwecken würde. Tausende würden fragen: „Warum mußten diese Männer sterben?" — Tausende würden antworten: „Für die Sache der Unterdrückten." — Und weiter: „Die Unterdrückten sind wir, jede Stunde sagt uns das. Aber ist es nicht unsere Bestimmung, zu leiden?" Und wieder die Antwort: „Nein, Eure Bestimmung ist, glücklich zu sein. Die Tage Eurer Befreiung sind gekommen. Für Euer Glück sind diese Männer gestorben. Lest ihre Reden — hier sind sie. Lernt aus ihnen kennen, wer sie waren, was sie wollten, daß sie keine Mörder, sondern Helden gewesen." — Und die Unterdrückten werden wach. Sie erheben die arbeitsmüden Stirnen, und es klirren die Ketten an ihren Händen. Und jetzt hören sie ihr Klirren. Da packt sie die Wuth, sie bäumen sich auf und die Ketten reißen. Und hoch die eisernen Waffen durch die Lüfte schwingend, stürzen sie sich auf die Unterdrücker, greifen und würgen die um Gnade Schreienden. Ihre Hände wollen ablassen, aber eine Stimme ruft: „Chicago!" Nur dies eine Wort: „Chicago!" Und alle Gedanken an Gnade schweigen. Ohne Barmherzigkeit wird der größte Kampf zu Ende gekämpft, den die erbebende Erde je gesehen . . .

Zu den Gräbern ihrer Todten treten die Sieger. Sie entblößen ihre Häupter und sprechen: „Ihr seid gerächt. Schlaft in Frieden."

Und heimkehrend lehren sie ihre Knaben, wer Jene gewesen sind, die so sie ehrten, wie sie lebten und wie sie starben.

Das würde das Nachspiel der Tragödie von Chicago sein . . .

Ueber die zerknitterten Zeitungen gebeugt lag Auban, sie mit seinen Armen und seiner Stirne bedeckend, als könne er so ersticken,

was betäubend aus ihnen aufstieg, wie der Dunst frischen Blutes . . .
Sein klopfendes Herz schrie nach einem Worte der Erlösung aus dieser
Stunde.

„Thorheit —" flüsterte sein Verstand ihm zu.

Aber er fühlte, daß es ein zu wohlfeiles Wort war. Und so
starb es auf seiner Lippe.

Achtes Kapitel.

Die Propaganda des Kommunismus.

Trupp war auf dem Wege zu seinem Klub.

Es war der Abend des Tages, an dessen Morgen die Londoner Zeitungen die näheren Nachrichten über den Mord in Chicago gebracht hatten, und seit Trupp sie gelesen, war er, wie getrieben von Gefühlen für welche er keine Bezeichnung hatte, und wie gehetzt und verfolgt von unsichtbaren Feinden, die er nicht kannte, durch das unermeßliche Häusermeer gewandert, ziellos, zwecklos, kreuz und quer, ohne zu wissen, was er that . . .

Er sah weder die Straßen, die er durchschritt, noch die Menschen- ströme, durch die er sich seinen Weg bahnte . . . Wo er gewesen war, er wußte es nicht. Einmal hatte die Themse vor ihm gelegen, und er hatte wohl eine Stunde lang, an das Geländer einer Brücke gelehnt, gestanden, starr und verständnißlos niederblickend auf die schwarze Fluth des Stromes; mehrere Male hatte er die Hauptadern des Verkehrs gekreuzt und sich dann jedesmal instinktiv stillere und abgelegenere Straßen gesucht, wo nichts den jagenden Gedanken seines überreizten Gehirnes in die Zügel fiel . . .

Er hatte den ganzen Tag nichts gegessen, als ein Stück Brot, das er sich, fast ohne es zu wissen, beim Vorübergehen an einem Bäckerladen gekauft, und nichts getrunken . . .

Nicht einmal, was er gedacht hatte, hätte er zu sagen vermocht. Und doch hatte sich Gedanke an Gedanke in seinem Gehirn geschlossen, in rasend schneller Aufeinanderfolge, welche sich ununterbrochen zu einer einzigen Kette gereiht hatten, deren zahllose Glieder sämmtlich ein und dasselbe Zeichen trugen: Chicago! —

So oft er aufgesehen und sein Blick die gleichgültigen Gesichter der Menschen getroffen hatte, war eine unbezähmbare Wuth in ihm emporgequollen, ihnen an die Gurgel zu springen, um sie aufzurütteln aus ihrer Ruhe mit brutaler Gewalt. Nur wenn er, den Kopf gesenkt, dahingeschritten war, hatte nichts an ihm von dem Sturme gesprochen, der sein Inneres bis auf die tiefsten Gründe aufrollte und Wogen ohnmächtiger Wuth in ihm emportrieb . . .

Erst, als die Schatten des Abends sanken, war er erwacht: wie aus einer dumpfen Betäubung, wie aus einem Opiumrausche, nur daß seine Träume nicht süß und bestrickend, sondern folternd und herb gewesen waren, wie der eiserne Druck einer Faust . . .

Da erst hatte er sich umgesehen; denn er hatte keine Ahnung, wo er war. Er war im Edgware Road, im Norden vom Hyde Park — noch weit genug vom Club, noch eine halbe Stunde und länger, aber er hätte sich ja auch in den äußersten Vorstädten von Highgate oder Brixton finden können, stundenweit von Tottenham entfernt und unfähig, den Club heute Abend noch zu erreichen.

Noch halb betäubt von dem Schlage dieses entsetzlichen Tages, aber noch nichts von der tödtlichen Ermattung verspürend, welche seinen Körper ergriffen haben mußte nach dieser rasenden Wanderung machte er sich mit schmerzenden Füßen, schweißbedeckt am ganzen Körper und zitternd vor Frost in der kalten Abendluft auf den Weg.

Er wußte jetzt genau, welchen Weg er nahm, und er achtete darauf, den kürzesten zu finden.

Zwei Gefühle hatten in diesen letzten beiden Tagen unablässig in ihm gekämpft.

Das eine war das der tiefsten Niedergeschlagenheit . . . Der Mord in Chicago war vollzogen, ohne daß von den Genossen der Versuch gemacht war, die Vollstreckung zu hindern. Oder, wenn sie nicht zu hindern, so doch zu unterbrechen. Zwar hatte er nie mit voller Hoffnung zu glauben gewagt, denn er wußte nur zu gut, wie selten die Worte mit den Thaten übereinstimmen, aber dennoch war dieser ungetrübte Sieg der Gewalt ein ungetrübter Schlag für ihn.

Das andere Gefühl war ein Gefühl der Beruhigung, wenn er daran dachte, wie unerschöpflich die Quelle der Propaganda fließen würde, welche diesem Märthrertode entsprang. Chicago war das Golgatha der Arbeiter geworden. Ewig, wie hier das Kreuz, würden dort die Galgen ragen . . .

Mit dem Instinkt aber, den eine fast zwanzigjährige Antheil= nahme an der sozialen Bewegung ihm verliehen, ahnte er auch, daß die Frage des Anarchismus nun in ein anderes Licht gerückt war, in welchem sie für jeden Betrachtenden von allen Seiten erkennbar nun stehen würde: in das Licht des Tages. Vieles, was bisher — bedeckt mit den Schleiern einer geheimnißreichen und für die Meisten unerreichbaren Zurückgezogenheit — zweifelhaft geblieben war, mußte sich jetzt entscheiden. Ein wenigstens zeitweiliger Stillstand der Propaganda war ganz unvermeidlich. Die verlorene Spanne würde sich wieder einholen lassen — zweifellos. Aber über der Pforte der nächsten Jahre stand für ihn und seine Genossen: Entmuthigung, Lethargie, Unlust! —

Dies Alles, aber auch noch manches Andere, bedrückte ihn mit dumpfer Schwere. Zunächst die Stellung Auban's. Er verstand seinen Freund nicht mehr. Seine Beweggründe, seine Ziele waren ihm unerfaßlich geworden.

Daß er eins mit ihm noch war in den Mitteln, wie er glaubte, hielt sie noch zusammen.

Wie aber sollten sie sich ferner noch verstehen, nachdem Jener gerade das, was er, der Kommunist, als ersten und letzten Grund alles Elends und aller Unvollkommenheit betrachtete: das Privat= eigenthum, in Schutz nahm?

An der lautern Ehrlichkeit Auban's konnte kein Zweifel auf= kommen. Er wäre lächerlich gewesen. Auban wollte die Freiheit. Er wollte auch die Freiheit der Arbeit. Er liebte die Arbeiter. Er hatte tausend Beweise davon gegeben. Ihre Interessen waren die seinen.

Eine solche Liebe starb nie. Trupp wußte das.

Aber trotz alledem: er verstand ihn nicht. Er würde ihn nie verstehen. Nie würde er in dem Privateigenthum etwas Anderes er=

blicken können, als die Hochburg der Gegner. Und auf deren Zinnen stand Auban, sein Freund, der Genosse so langer Jahre — er konnte den Gedanken nicht fassen! . . .

Dazu kamen die persönlichen Zwistigkeiten und Mißverständnisse im eigenen Lager, in der Gruppe, zu welcher er gehörte. Nie hörten sie auf. Immer waren sie gewesen, so lange er denken konnte, und nie hatten sie etwas von der Widerwärtigkeit für ihn verloren, mit welcher sie die besten seiner Kräfte gelähmt hatten, seit er in London war. Die Genossen waren ihm zu schlaff, zu unthätig, zu unentschlossen. Er hatte in den letzten Jahren seine Ansprüche an sich und Andere maßlos gesteigert. Nun enttäuschte ihn Alles; nun wurde keine seiner Erwartungen mehr befriedigt.

Alles blieb hinter ihnen zurück. Er selbst hatte keinen anderen Gedanken mehr, als den an die Sache. Dieser Gedanke nahm sein ganzes Denken und Handeln gefangen. Er verfolgte ihn während der mühsamen Arbeit seiner Tage mit der zähen Unablässigkeit, mit welcher sonst nur die Liebe das Wesen des Menschen beherrscht; er hielt ihn wach bis in die Nacht und verscheuchte die Müdigkeit über den zahlreichen Arbeiten der Propaganda, mit denen man seine Schultern belud; er drückte ihm die Feder in die des Schreibens so wenig geübte Hand, wenn die Spalten des Blattes Lücken aufwiesen, und entzog seinem durstenden Munde das Glas, um das Geld dafür auf den großen Altar zu legen, welcher beladen war mit Opfern der Arbeit . . .

Dieser Gedanke an die Sache war es, die aus ihm die in ihrer Art bedeutende Persönlichkeit gemacht hatte: er hatte seine Fähigkeiten verzehnfacht, seine Kraft in die Form der Beständigkeit und Unerschütterlichkeit gegossen, seinem Leben Ziel und Richtung gegeben. Sie beherrschte ihn und er war ihr Sklave, wenn auch ein Sklave, der keine seiner Fesseln je fühlt, weil er glaubt, frei zu sein. Er hatte seinem Körper den Zaum dieses Gedankens auferlegt und er hatte es dahin gebracht, daß er ihm gehorchte, wie ein Roß seinem Reiter: es durfte keine Ermüdung und keinen Hunger kennen, wenn dieser es nicht wollte.

Nicht weil er selbst für sich frei sein wollte, sondern weil er durch Nichts in dem Dienst seiner Sache gehindert sein wollte, war er unverheirathet geblieben, oder vielmehr: hatte er sich nie auf längere Zeit mit einem Weibe verbunden. Er war ein vorzüglicher Mensch, fast in jeder Beziehung. Er hatte keine Fehler der Kleinheit; die Größe der Sache erstickte sie. Von nicht gewöhnlicher, wenn auch einseitiger und wenig durchgebildeter Intelligenz, von unerschütterlicher Gesundheit, ohne Nerven und mit Muskeln von Stahl, mit einem eisernen Willen und einem Zug schlichter Größe — so stand er da: an der Spitze des Volkes gleichsam, als sein bester und würdigster Repräsentant, hoch aufgerichtet mit dem Stolze des Proletariers, der im erkannten Bewußtsein seiner Kraft, im Bewußtsein dessen, daß er „Alles" ist, von einer bereits im Sinken begriffenen Klasse die Welt fordert und sie fordert mit dem Ungestüm eines Kindes, der Wuth eines Empörers, der Sicherheit eines Feldherrn, der seine Truppen kennt und weiß, daß sie unbesiegbar sind. Und der sie fordert, ohne zu ahnen, was er verlangt.

Die Geschichte braucht solche Menschen, um sie zu — verbrauchen. Sie sind es, mit denen sie ihre äußerlichen Schlachten schlägt, indem sie dieselben an die Spitze der Massen stellt, deren Stärke entscheidet.

Die Freiheit sieht in ihnen nur Hemmnisse. Denn sie kämpft nur in den Einzelnen, welche nichts repräsentiren als sich selbst.

Trupp war ein vorzüglicher Mensch. Aber er war oft auf beiden Augen blind. Er war ein Fanatiker. Er war zudem der Fanatiker einer Phantasie. Denn eine Phantasie ist der Kommunismus, welche die Gewalt zur Hülfe rufen mußte, um trostlose Wirklichkeit zu werden ... —

Trupp schritt dahin, und seine wachen Gedanken schnitten tiefer noch, und schmerzlicher empfand er sie, als die Narkose der Betäubung, unter welcher er den Tag über gelegen hatte. Er näherte sich seinem Club. —

Die Revolutionäre des Sozialismus haben sich verstreut über die ganze Welt. Sie haben den fernsten Erdtheil bereits erreicht und pochen mit ihren Fäusten an die entlegensten Pforten.

Sie glauben die Morgengänger des neuen Tages zu sein, welcher der Menschheit kommt.

Ueberall schließen sie sich zusammen: hier nennen sie sich Partei und erstreben auf den Wegen des allgemeinen Wahlrechts und streng gefügter Organisation unter erwählter Führung Einzelner die politische Macht, um einst in ihrem Besitz die soziale Frage von oben herab lösen zu können vermittelst Gewalt; und dort nennen sie sich Gruppe und lehren den gewaltsamen Umsturz der äußeren Verhältnisse als einzige Rettung aus der unerträglichen Noth, welche immer ihren Höhepunkt erreicht zu haben scheint und dennoch immer größer wird, der Wolke gleichend, die näher und näher kommt, die wir gestern noch kaum bemerkten, die heute schon mit ihrem drohenden Schatten über uns steht, und die sich morgen entladen wird — sicherlich morgen; nur ihre Stunde, ihren Ort und die Größe ihrer Kraft kennen wir noch nicht.

Ueberall hin verstreuen sie ihre Flugblätter, ihre Broschüren. Ueberall gründen sie ihre Zeitungen . . . Die meisten dieser Gründungen vergehen allerdings so schnell wieder, wie sie entstanden sind: sie sterben an Erschöpfung, sie werden unterdrückt, aber ihre Zahl ist doch so groß, daß sie nicht mehr festzustellen ist. Es sind Samen= körner, auf unfruchtbaren Acker und unter das Unkraut gefallen: nur einzelne schlagen Boden, gehen auf, schlagen Früchte für wenige Sommer . . . Aber die Hand, welche sie säete, wird nicht leer; Muth, Ausdauer und Hoffnung füllen sie immer wieder . . .

Ueber alle großen Städte der Welt haben sich die Revolutionäre des Sozialismus hin vertheilt.

Aber in keiner der ganzen Erde ist ihr Schwarm so bunt, wie in London. Nirgends drängt er sich so zusammen; nirgends weicht er so auseinander. Nirgends bekämpft er sich bitterer untereinander und nirgends steht er mit größerer Bitterkeit dem gemeinsamen Feinde gegenüber, wie hier. Nirgends redet er so verschiedene Sprachen, wie hier, und nirgends spricht er in verschiedeneren Lauten verschiedenere Ansichten aus.

Er weist alle Typen auf; und er zeigt sie sämmtlich sowohl in ihren ausgeprägtesten und interessantesten, wie auch in ihren verwaschensten und banalsten Formen.

Für den Neuling ist er ein Chaos. Aber dasselbe wird ihm bald zum besten Lernfelde, auf welchem er bald sich heimisch fühlt.

Das Flüchtlingsleben von London hat eine große Geschichte.

Als der englische Sozialismus, dessen langsames Wachsthum noch heute nicht zur Reife gediehen ist, noch in den Windeln lag, kamen die Flüchtlinge der vierziger Jahre nach London und begründeten in dem „Kommunistischen Arbeiter-Bildungs-Verein" — auf Anregen von Männern wie Marx und Anderen — den ersten Flüchtlingsbund der deutschen Arbeiter in London, welcher einst die Mutter so verschieden gearteter Kinder werden sollte, daß sich dieselben untereinander nicht mehr als Geschwister anerkennen wollten . . .

Die Russen kamen, mit Herzen an ihrer Spitze, der von hier aus seinen „Kolokol" läutete; und Bakunin kam hierher aus seiner sibirischen Verbannung. Freiligrath kam mit herrlichen Liedern auf bebenden Lippen; und Kinkel kam für kurze Zeit aus dem Gefängniß von Spandau; und Ruge mit den zerschlagenen Trümmern seiner „Jahrbücher" . . . Hier lebte Mazzini, der große Patriot, der republikanische Verschwörer. Hier endlich die Franzosen: Louis Blanc, Ledru-Rollin und die Genossen ihres Schicksals . . .

Alle fanden sie Ruhe und Frieden hier, die friedlose Ruhe des Exils und das dürftige Brot des Verbannten . . .

Dann hören die großen Namen auf. Eine Pause tritt ein.

Als die Achtziger Jahre nahen und die Lehre des freien Kommunismus, welche den Namen Anarchismus sich beilegt, mit der Person eines ihrer ersten und thätigsten Vertreter nach London kommt, und derselbe dort in der „Freiheit" ihr erstes Organ gründet, hat sich der „Kommunistische Arbeiter-Bildungs-Verein" bereits in drei Sektionen getheilt, welche sich bald gänzlich in bitteren Kämpfen untereinander trennen: hier die Sozialdemokraten, die „Blauen", dort die Anarchisten, die „Rothen". Einige Jahre später wird der Erscheinungsort der neuen Zeitung nach New-York verlegt; London aber, wo seit 1878, dem Jahre der Annahme des Sozialistengesetzes in Deutschland, die Bewegung in ein ganz neues Fahrwasser getreten ist, ist abermals das Hauptquartier aller deutschen Flüchtlinge, wenn auch in anderer Weise, wie vor dreißig Jahren geworden . . .

Ihre Physiognomien, ihre Bestrebungen, ihre Zwecke, wie ihre Ziele, sie haben sich total verändert. — Alles ist in Gährung gerathen. Alle stehen gegeneinander; Alle, die kommen — ermüdet von den erlittenen Strapazen, erbittert durch die maßlosen Verfolgungen, gereizt zu jeder möglichen Thätigkeit — werden hineingezogen: denn in dieser Bucht des Exils brandeten die Wogen weit wilder noch als auf dem verlassenen Meere.

Es scheint zeitweilig, als ob die Flüchtlinge den fernen Feind vergessen hätten, so erbittert bekämpfen sie sich untereinander. Von den Sektionen des Muttervereins lösen sich schroff einzelne Gruppen ab, welche selbst den alten Namen nicht mehr behalten. Einzelne Personen, von Unruhe und Ehrgeiz angestachelt, suchen den Zwiespalt zu benutzen, um die zerrissenen Fäden in der eigenen Hand wieder zu knüpfen und — zu behalten. Die Kämpfe für und gegen dieselben werden bis zur Erschöpfung durch Wochen und Monate hindurch geführt, bis sie im Sande verlaufen und keine Spuren zurücklassen als Entfremdung, einen Stoß Flugblätter mit Verdächtigungen gegen einander und eine zwecklose Broschüre.

1887, im Jahre des Mordes von Chicago, waren die vier deutschen Arbeiterclubs Londons nur noch durch das dünne und bereits brüchige Band der Affiliation mit einander verbunden. Nur einzelne der Mitglieder besuchten sich und verkehrten noch mit einander. Als Körperschaften trafen sie nur zusammen, wenn es galt, mit den englischen Sozialisten vereint eine Demonstration zu veranstalten, ein Meeting möglichst imposant in Szene zu setzen oder die Tage des März zu feiern.

Trupp fand seinen Club an diesem Abend stark besucht. Gewöhnlich waren seine Räume nur an den Sonntag-Nachmittagen und -Abenden gefüllt, wenn die Mitglieder nicht nur, sondern auch ihre Frauen und Kinder, und die eingeführten Gäste kamen, um den regelmäßigen musikalischen und theatralischen Aufführungen beizuwohnen. Diese Aufführungen, zu welchem gegen Sixpence-Entree Jedermann Zutritt hatte, wurden veranstaltet, um den Propaganda-Kassen, den Zeitungs-

unb Broſchüren-Fonds, ben zahlloſen Gelegenheiten, welche unaufhörlich
pekuniäre Unterſtützungen erheiſchten, neue Quellen zu öffnen, unb bei
Tanz unb leichter Unterhaltung, in welche oft nichts von ben erregten
Kämpfen ber Diskuſſionsabenbe unb geſchloſſenen Verſammlungen
hineintönte, bie Sorgen ber vergangenen Woche zu vergeſſen, unb bie
Gebanken an bie kommenbe zu bannen.

Kaum vermochte ſich Trupp burch ben engen Gang, welcher von
ber Thür zu ber ſchmalen, in ben tiefer als bie Straßen liegenben
Saal hinunterſteigenben Treppe führte, burchzubrängen. Der links
vor ber Treppe liegenbe Bar-Raum war überfüllt. Die Meiſten
ſtanben vor bem Schenktiſch, allein ober in Gruppen, bas Glas in
ber Hanb, währenb nur bie kleinere Anzahl an ben wenigen Tiſchen
Platz gefunben hatte. Aber für Trupp fanb ſich boch noch ein
Eckplatz auf einer ber Bänke. Man rückte noch enger zuſammen unb
haſtig ergriff er bas nächſte ber ihm bargereichten Gläſer, es mit
einem Zuge leerenb.

Die Stimmung unter ben Anweſenben war ſehr verſchieben.
Währenb einige Gruppen von ben lauten Auseinanderſetzungen über
irgenb eine Frage bewegt wurben, ſaßen anbere faſt ſtumm. An
bem Tiſch, wo Trupp noch Platz gefunben hatte, herrſchte brückenbes
Schweigen. An ſeinem anberen Enbe ſaß ein junger Mann. Er
las aus einer Zeitung vor, aber ſeine Stimme war unbeutlich unb
Thränen ſtürzten aus ſeinen Augen, als er bie Einzelheiten ber Hin-
richtung mittheilte. Man umſtellte ihn von allen Seiten. Auf allen
Mienen lag ein brohenber Ernſt. Aber nur unterbrückte Worte ent-
flohen ben zuſammengepreßten Lippen unb nur bie Blicke gaben
Zeugniß von bem, was bie Meiſten bachten.

Plötzlich erkannte Trupp in einer Gruppe von Genoſſen, welche
an bem Ausſchank ſtanben, von bem aus ber Wirth unb ſeine Frau
unermüblich bie Wünſche ber Gäſte zu befriebigen ſuchten, Auban.
Sie hatten ſich ſeit acht Tagen, ſeit ihrem gemeinſamen Eaſt Enb-
Ausflug nicht geſehen.

Weshalb Auban heute Abenb gekommen war? — Es war mehr
ein Zufall als vorbebachte Abſicht geweſen, bie ihn in bie Nähe von
Tottenham Court Road geführt unb ihm ben Gebanken eingab, auf

eine Stunde den Club zu besuchen. Der Tag war ihm in Arbeit schneller, wie er zu hoffen gewagt, vergangen. Auf die Stürme der Morgenstunden war die Stille der Ueberwindung gefolgt. Wer ihn an diesem Abend sah, fand ihn unverändert kühl und beherrscht wie immer.

Er war gleich bei seinem Eintritt von Bekannten begrüßt worden. Man hatte ihm die neuen Räumlichkeiten des Hauses gezeigt: die oberen Zimmer, wo ein Billard stand und die kleinen Berathungen in geschlossenem Kreise abgehalten wurden, und den großen, im Erd= geschoß liegenden Versammlungssaal, welcher sehr geräumig war und mit seinen hellen, sauberen Wänden einen sehr freundlichen An= blick bot.

In früheren Jahren hatten die Club-Mitglieder nur das düstere und unsaubere Hinterzimmer einer öffentlichen Wirthschaft zu ihrer Verfügung gehabt, wo sie nicht mehr bleiben mochten, besonders nach= dem es ihnen durch die Streitigkeiten, welche es wochen= und monate= lang durchhallten, verleidet war. Und mit der immer bereiten Opfer= willigkeit hatten sie sich nun dieses Haus gemiethet, wo sie sich wohl fühlten.

Im Bar-Raum, der zu eng war für die sich dorthin immer zuerst Drängenden, war Auban schnell in ein Gespräch gerathen. Man hatte von der letzten Diskussion gehört, welche bei ihm statt= gefunden hatte, und viele Einwände gegen seine Theorien bereit.

Wie? — Er wollte das Privateigenthum bestehen lassen und den Staat abschaffen? Aber der Staat sei ja gerade zum Schutze des Privateigenthums da. Und einer der Anwesenden fragte auf englisch:

„So lange das Privateigenthum besteht, wird es des Schutzes bedürfen. Folglich kann der Staat nur fallen, wenn auch Jenes fällt. Was haben Sie darauf zu entgegnen? —"

„Es ist möglich, daß das Privateigenthum des Schutzes bedarf.

Ich werde mir diesen Schutz kaufen, und ich werde mich mit Anderen zum Schutz unseres Eigenthums verbinden, um es zu ver=

15

theidigen, falls immer dies nöthig sein sollte. Aber ich behaupte, daß neunundneunzig Prozent aller sogenannten „Eigenthumsverbrechen" von denen begangen werden, welche, von den heutigen Zuständen zur Verzweiflung getrieben, ihre Arbeit gar nicht oder nur tief unter der Grenze ihres Preises — angenommen, daß die Kosten die wahre Grenze des Preises bilden — verwerthen können. Ich behaupte daher, daß dieselben eine Seltenheit werden müssen von der Stunde an, in welcher Jeder sich den vollen Ertrag seiner Arbeit zu sichern im Stande ist, d. h. von der Stunde an, in welcher die staatliche Einmischung aufhört.

Ferner behaupte ich, daß dieser Selbstschutz eine viel wirksamere Waffe sein wird, als derjenige es ist, welchen uns der Staat aufdrängt, ohne uns zu fragen, ob wir ihn verlangen. Ein Beispiel:

Ich wäre nicht im Stande, einen Menschen zu tödten, sei es im Kriege, im Duell, oder auf irgend eine andere „gesetzlich erlaubte" Art und Weise. Aber ich würde nicht einen Augenblick zaudern, dem Einbrecher, welcher mit der Absicht, mich zu berauben und zu ermorden, in mein Haus bringt, eine Kugel durch den Kopf zu jagen. Und ich glaube, daß sich derselbe dreimal besinnen würde, den Einbruch zu wagen, wenn er sicher wäre, so empfangen zu werden, als wenn er, wie heute, weiß, daß mir blödsinnige Gesetze die Vertheidigung meines Lebens und Eigenthums erschweren und ihm im schlimmsten Falle nur die und die Strafe erwächst.

Ich habe dieses Beispiel zugleich für diejenigen gewählt, welche noch immer nicht ein defensives von einem aggressiven Verhalten zu unterscheiden vermögen, also auch nicht ein freiwillig eingegangenes und jederzeit wieder lösliches Bündniß zu gegenseitiger Stärkung in bestimmten Fällen, z. B. eine Lebensversicherung 2c., von einem Staatswesen, welches dem Einzelnen einmal die Wahl des Eintritts nicht freistellt und ihm ferner den Austritt nur unter der Bedingung ermöglicht, daß er das Land seiner Heimath verläßt."

Auban schwieg. Aber die, welche ihm zugehört hatten, knüpften lebhafte Auseinandersetzungen an jeden dieser Sätze.

Man suchte ihn in dieselben zu verwickeln. Doch Auban war heute nicht aufgelegt, viel zu sprechen, und er lehnte es ab. Er stieg die Treppe hinunter, welche in den Versammlungssaal führte. Derselbe hatte sich nun fast gefüllt und Viele verlangten ungeduldig, man solle beginnen.

Auban blieb unweit der Treppe stehen, am Eingang des Saales, dessen an der Wand sich hinziehende Bänke nun fast bis auf den letzten Platz besetzt waren. Da seine Mitte frei blieb, so bildeten die Versammelten einen ovalen Kreis, in welchem jeder Einzelne von Allen erkennbar war. So blieben denn auch die Meisten auf ihrem Platze sitzen, wenn sie sprachen.

An diesem Abend waren wenig Frauen anwesend. Die Männer waren meist jugendlich, in den zwanziger und dreißiger Jahren.

Die Versammlung unterschied sich in nichts von ähnlichen Zusammen- künften der Arbeiter, es wäre denn die verhältnißmäßig große Anzahl von kühnen und energischen Köpfen gewesen, welche das Gepräge einer ungewöhnlichen Intelligenz und hervorragender Willenskraft trugen. Indessen waren das auch hier, wie überall, immer nur die Einzelnen, welche sich so abhoben, daß man sie sofort erkannte als die Bahn- brecher einer neuen Richtung, die axttragenden Pioniere und die Rufer einer neuen und besseren Zeit.

Man sprach über Chicago. Viele sprachen. Sofort wenn der Eine geendet, begann ein Anderer, und noch manche Hand bewegte sich in die Höhe zum Zeichen, daß die Liste der Redner noch nicht zu schließen sei.

Man sprach meist kurz, aber heftig. Schon tauchten Pläne auf, in welcher Weise die Propaganda des Todes der Märtyrer einzuleiten sei.

Einig war man darin, daß etwas Außergewöhnliches geschehen müsse ...

Dann kam die Debatte auf die Frage einer von den Clubs gemeinsam zu gründenden und zu leitenden Schule für die Kinder aller Mitglieder, welche dieselben nicht von dem Kirchen- und Staats- glauben der heutigen öffentlichen Schulanstalten vergiftet wissen wollten.

Diese lauten Stimmen störten plötzlich Auban. Sie paßten nicht zu dem Zustande, in welchem er war. Über Chicago heute Abend — in einer Versammlung von solcher Größe: er fühlte, das war nicht richtig; und die Schulfrage — er konnte da doch nicht helfen; seine Arbeit war eine andere.

15*

Daher zog er sich in den stilleren Hintergrund des Saales zurück, wo einige Genossen saßen, die sich hierhin mit ihrem Glase und ihren Zeitungen zurückgezogen hatten. Der Eine las, der Andere führte ein halblautes Gespräch mit einem Dritten, und der Vierte war eingeschlafen, überwältigt von der Müdigkeit der Arbeitstage. — Ein junger, blonder Mann mit freundlichem Gesichtsausdruck hielt ein Kind auf seinen Knieen. Die Mutter desselben war nicht lange nach der Geburt gestorben, und dem Vater, der es nicht allein zu Hause lassen konnte, blieb nichts Anderes übrig, als es mit in den Club zu bringen, wo es aufwuchs, gepflegt und gehätschelt von rauhen Händen, aber bewacht von guten und treuen Augen, und gehegt mit jener zarten Gesinnung der Liebe, welche nur in jenen Herzen wohnt, die nicht nur zu lieben, sondern auch zu hassen verstehen . . . Der junge Mann hatte sich des Kindes besonders angenommen, und es hing mit seinen mageren, kleinen Armen oft stundenlang an seinem Halse, während sich der Vater an einer Diskussion betheiligte; und nichts war schöner, als die Sorgfalt und Güte, mit welcher er und die Andern ihm die Mutter zu ersetzen suchten.

Auban lächelte, als er dieses Bild wieder sah. Er setzte sich hinzu und scherzte mit dem Kinde, welches keine Spur von Ermüdung verrieth. Dann aber wurde er wieder überwältigt von seinen eigenen schweren und ernsten Gedanken; denn er hatte an demselben Tische ein Gesicht gesehen, welches er nur zu gut kannte. Es war ein Genosse, welcher unter dem Druck beständiger Verfolgungen wahnsinnig geworden war. Erst überreizt, dann von Schwermuth befallen, war sein Wahnsinn hier in London, wohin er sich zuletzt geflüchtet, hier, wo er sich in voller Sicherheit befand, zum Durchbruch gekommen. Er verbrachte die meiste Zeit in dem Club, wo er gewöhnlich in einer Ecke saß, keinen Menschen störte, und von Allen, die ihn sahen, mit freundlicher Theilnahme behandelt wurde. Helfen konnte ihm Keiner mehr; aber man wollte ihn wenigstens vor dem Irrenhause bewahren.

Auban redete ihn absichtlich nicht an. Er hätte ihn nur gequält. Denn der Unglückliche war am glücklichsten, wenn man ihn allein in seinem Winkel sitzen ließ, wo er stundenlang mit murmelnden Lippen vor sich hinstarren und mit den hastigen Fingern unverständliche

Figuren auf die Tischplatte zeichnen konnte . . . In Auban erweckte er stets die Erinnerung an einen anderen Genossen, den der Wahn- sinn von einer anderen Seite erreicht hatte. Es war einer seiner jungen Pariser Freunde gewesen. Feurig, begeistert, hingebend, lebte derselbe nur für die Sache. Er hätte sein Leben für sie hingeben mögen. Er bürstete darnach, seine Liebe auch zu beweisen und er fand keinen anderen Weg, als den einer „That". Leidenschaftliche Reden und anfeuernde Verheißungen hatten ihn beeinflußt. Aber seine Natur, die vor Blutvergießen und Gewalt zurückschauderte, widerstrebte. Und in dem langen Kampfe zwischen dem, was ihm als heiligste Pflicht erschien, und dieser Natur, welche deren Erfüllung zur Unmöglichkeit machte, war sein Geist erlegen . . .

Während Auban in dem Banne dieser Erinnerung stand, hörte er Trupp's laute, klare Stimme, wie sie den ganzen Raum bis in seine Ecken durchdrang:

„— — Nicht nur mit den Ansichten der Ermordeten von Chicago, sondern auch mit dem Bombenwurf des 4. Mai, dieser glor- reichen That eines Helden, haben wir uns solidarisch zu erklären!" —

Und vernahm den Jubel, welcher diesen Worten von allen Seiten folgte.

Es überlief ihn kalt. Er hätte aufstehen und seine Hände be- schwörend den Thoren entgegenhalten mögen, welche sich in den Ab- grund zu stürzen bereit waren, der sich vor ihnen aufgethan. Aber seine Vernunft zeigte ihm auch sofort das völlig Zwecklose dieses Vor- habens: statt die Leidenschaften zu dämpfen, würde sein Wort sie an diesem Abend nur höher noch angefacht haben.

Er stützte den Kopf in die Hand.

Wenn möglich, wollte er noch heute Abend mit Trupp ein ent- scheidendes Wort reden.

Er fühlte, daß hier nichts mehr für ihn zu thun war. Er glaubte überhaupt nur noch an Selbsthülfe. Sie würden ihren Weg weiter- gehen und ihre Erfahrungen machen müssen, vor denen er sie nicht und Keiner bewahren konnte.

Und er stellte sich wieder die Frage, die ihm oft in den letzten Jahren gekommen war: „Hast du überhaupt das Recht, zu helfen?

zu beeinfluffen? zu rathen? — Gab es einen anderen Weg, wie den
der Erfahrung? Und mußte nicht jede Erfahrung ihre Zeit haben,
um gemacht zu werden? War es richtig, ihr vorzugreifen? — —"

Auban hatte daher, seit er in London war, sich nur noch selten
an Diskuffionen betheiligt. Mit Vergnügen aber erinnerte er sich
immer eines Abends, als er in dem engen Bar-Raum über ihm in
einer Gesellschaft von vier oder fünf Andern die Frage der Unentgeltlichkeit des gegenseitigen Credits diskutirt hatte. Jeder hatte sich,
nicht mit langen Auseinandersetzungen, sondern mit kurzen, knappen
Fragen und Einwürfen an diefer Unterhaltung betheiligt, war zu
Wort gekommen und im Stande gewesen, seine Gedanken zu formu-
liren und auszusprechen, wie er es wollte, so daß Jeder — als sie
auseinander gingen — lebhaft angeregt und begeistert von diefer
fruchtbaren Art und Weise des Gedankenaustausches die Fortsetzung
diefes Abends verlangt hatte. Aber als man wieder beisammen war,
diesmal nicht ausnahmsweise mehr in kleinem Kreise, sondern in der
gewohnten größeren Anzahl, war Alles wieder in die früheren Geleise
gelenkt: ein einzelner Redner stand auf, redete zwei Stunden — gemäß
dem Prinzip der persönlichen Freiheit hatte Jeder das Recht, zu reden
so lange wie er wollte, und keiner das Recht, ihn zu unterbrechen —
schweifte ab, gerieth bald auf ganz andere Gebiete, ermüdete die Einen
und langweilte die Andern, so daß Auban die Sache aufgegeben und
sich mißmuthig entfernt hatte. Das war der letzte Versuch diefer Art
gewesen, den er unternommen.

Er hatte nicht nur Sympathie, sondern auch Bewunderung für
diefe Männer, welche sich nach der harten Arbeit ihrer Tage mit den
ernftesten Fragen in hingebendster Weise beschäftigten, während sie
sahen, wie die Andern sich bei blödem Kartenspiel oder seichtem Geschwätz
erholten. Er achtete sie von Grund aus. Um so tiefer aber beklagte
er die haltlose Unklarheit ihrer Bestrebungen, welche kein einziges Ziel
erreichen, immer verzweifelter werden und nach tausendfachen Opfern
enden würden wie alle ähnlichen: in Blut und in Niederlagen.

Denn sie kämpften in Wirklichkeit nicht um die Verbefferung
ihrer eigenen Lage. Sie kämpften um Ideale, welche unerreichbar
waren, da sie in der Luft schwebten. Mehr noch: sie hatten nur

Verachtung und Spott für alle „praktischen" Bestrebungen ihrer Klasse, sich selbst zu helfen, welche ihren „großen Zielen" der Befreiung der Menschheit 2c. gegenüber nüchtern und kleinlich erschienen.

Die Verwirrung in ihren Köpfen schien Auban fast unheilbar, seit er sie erkannt hatte. Er hatte öfters Versuche gemacht, zu sehen, wie weit sie ging, und er hatte Resultate gefunden, die ihn erst entsetzt, dann entmuthigt hatten.

So hatte er einmal einer Anzahl seiner Bekannten — Einem wie dem Andern — die erste und einfachste aller Fragen gestellt.

„Wem gehört der Ertrag Deiner Arbeit?" — fragte er der Reihe nach: zunächst einige eingefleischte Sozialdemokraten strengster Observanz; mehrere Kommunisten, und zwar sowohl solche, welche die Zwangsgesellschaft des Kommunismus in Schutz nahmen, als auch solche, welche in der Autonomie des Individuums das letzte Ziel sahen und sich für Anarchisten hielten; endlich mehrere englische Sozialisten. Wären sie alle konsequente Denker ihrer Weltanschauung des Sozialismus gewesen, so hätten sie sämmtlich ohne Ausnahme antworten müssen: „Meine Arbeit gehört den Anderen: dem Staat, der Gesellschaft, der Menschheit . . . Ich habe kein Recht auf sie . . ." So aber erlebte es Auban, daß ein Sozialdemokrat ohne Besinnen entgegnete: seine Arbeit gehöre ihm; und ein Autonomist: seine Arbeit gehöre der Gesellschaft; daß Die, welche sich auf das Bitterste untereinander befehdeten, in dieser einen Frage, aus welcher sich alle anderen ergeben, übereinstimmten; und daß Jene, welche auf ein und demselben strengen Boden standen, dieselbe in direkt entgegengesetzter Weise beantworteten . . .

In der That: noch nichts war geklärt. Nicht klare Gedanken, sondern dumpfe Gefühle, welche noch nicht die Schwere des Erwachens von sich geschüttelt hatten, hielten die Meisten zusammen. Mit diesen Gefühlen schlägt man die Revolutionen, aber man ergründet mit ihnen keine Wahrheiten. Erst mußte das kühle, frische Bad der Erfahrung den Erwachenden den Schlaf aus den Augen gespült haben, ehe sie an die Arbeit des neuen Tages zu gehen im Stande waren . . .

Es galt: geduldig zu sein und den Muth nicht zu verlieren! . . .

Auban dachte wieder an Trupp und verlangte ihn zu sehen. Im Saale fand er ihn nicht mehr und stieg daher die Treppen wieder hinauf.

Als er den Schenkraum wieder betrat, sah er den Gesuchten ganz allein im Gespräch mit einem Manne stehen, dessen Haltung und Kleidung sofort verrieth, daß er kein Arbeiter war, aber gerne als solcher erscheinen wollte. Er stockte daher und fing in demselben Moment einen Blick seines Freundes auf, den er auf der Stelle verstand. Der Fremde, welcher einen Schluck aus dem vor ihm stehenden Glase genommen, konnte von diesem blitzschnellen, schweigenden Gedankenaustausch nichts bemerkt haben.

Die Meisten der Anwesenden hatten sich in den Saal hinunter begeben. Nur an dem Tische saßen noch einige Genossen, lesend und kartenspielend. Auban setzte sich zu ihnen, und zwar so, daß er Trupp den Rücken zukehrte. Dann begann auch er in einer der herumliegenden Zeitungen scheinbar aufmerksam zu lesen.

Er konnte von dem hinter ihm geführten Gespräch nur einzelne Worte vernehmen, besonders, da deutsch gesprochen wurde. Die beiden Redenden dämpften absichtlich ihre Stimmen. Aber er hatte noch keine fünf Minuten so gesessen, als er Trupps Hand auf seiner Schulter fühlte:

„Du gehst wohl mit? — Wir wollen noch ein Glas Bier trinken.“ Er wandte sich sofort um, und sah im Aufstehen noch, wie wenig der Fremde seine peinliche Ueberraschung über diese Aufforderung zu unterdrücken vermochte.

Sie verließen alle Drei zusammen den Club. Der Fremde verbarg seine Verlegenheit beim Durchschreiten der Thür hinter einer beflissenen Höflichkeit, mit welcher er Auban vorangehen ließ.

Als sie auf der Straße standen, sagte Trupp laut zu Auban: „Ein ausgewiesener Genosse von Berlin. 'Ne nette Gegend, nicht wahr? —“

Auban biß sich auf die Lippen. Bei solchen Gelegenheiten war sein Freund einzig.

„Was sind Sie?“ fragte er den Berliner in deutscher Sprache.

„Ich bin Schuhmacher, aber ich finde hier keine Arbeit —“

„So, Sie sind Schuhmacher. Womit reinigen Sie denn Ihre Hände, daß sie so weiß sind?“ fragte Auban weiter.

Nun wurde der Andere ernstlich beunruhigt. Abwechselnd flog sein scheuer Blick vom Einen zum Andern. Er ging zwischen ihnen.

Er wollte stehen bleiben, aber Auban und Trupp gingen so unbekümmert weiter, daß er nur fragen konnte: „Sie glauben mir nicht?" —

Trupp brach in ein lautes Lachen aus, welches so natürlich
klang, wie das eines Kindes.

„Ach was, der Genosse macht ja nur Unsinn! Wer wird Ihnen
denn nicht glauben?"

Und er wurde plötzlich sehr gesprächig, so daß keiner der Andern
zu Wort kommen konnte. Alles aber, was er erzählte, drehte sich
um die Entlarvung von Spitzeln, Polizei-Agenten und ähnlichem
Gesindel. Er machte sich lustig über die Dummheit sowohl der
Auftraggeber, als auch der Beauftragten. — Er sprach auch von den
freiwilligen Spionen, welche sich in die Clubs und die Versammlungen
geschlichen hatten, so lange überall umherschnüffelten, bis sie heraus-
geworfen wurden, worauf sie schließlich die Zeitungen mit lügenhaften
Berichten über die kaum gesehenen und gar nicht verstandenen Zustände
gefüllt hätten.

Trupps Absicht war nicht mehr zu verkennen, besonders da er
sich um Auban, der, scheinbar in seine eigenen Gedanken versunken,
dahinging, nicht kümmerte, sondern Schritt für Schritt dicht an der
Seite des Fremden blieb, der ihm nicht entrinnen konnte und in dem
jedes seiner Worte die Unruhe und Angst sichtlich steigerte.

Sie hatten eine enge und völlig düstere Straße erreicht, welche
nur von einer einzigen Laterne erhellt wurde und ganz menschenleer
war. Mehrere Häuser traten hier tief zurück und ließen eine weite
Ecke frei, ehe sich die Gasse wieder verengte.

Hier war Trupp an seinem Ziel, und er unterbrach sich plötzlich selbst.

Der Spitzel sah, daß Alles verloren war.

„Wohin gehen wir?" stieß er mit Anstrengung hervor und blieb
stehen. „Ich will nicht weiter —"

Da hatte ihn bereits die Faust Trupps gepackt und wuchtig
gegen die Wand gestoßen.

„Du Schurke!" brach er los. „Jetzt habe ich Dich!"

Und zweimal fiel seine freie Hand auf die Wangen des Elenden
nieder: einmal von rechts und einmal von links, und beide Male
hörte Auban das klatschende Aufschlagen dieser eisernen Hand.

Der Geschlagene war wie betäubt. Nur wie zur Abwehr hob er die Arme empor, sein Gesicht mit ihnen zu schützen.

Aber Trupp herrschte ihn an: „Die Arme nieder!" Und willenlos, wie ein Kind, das von seinem Lehrer gezüchtigt wird, ließ er sie wieder sinken.

Noch einmal — und noch einmal sauste Trupps Hand nieder, und mit jedem Schlag machte sich sein Zorn zugleich in Worten Luft: „Du Lump — Du gemeiner Lump — Du hast uns verrathen wollen, Du Spion? — Warte, Du kommst nicht wieder!"

Und wieder fiel seine Hand.

„Helfen Sie mir — er erwürgt mich —" rang es sich keuchend von den Lippen des von Todesangst Ergriffenen.

Aber Auban stand theilnahmlos, halb abgewandt, die Arme über der Brust verschränkt und rührte sich nicht.

Und wie eine Puppe von Stroh schüttelte Trupp sein Opfer. „Ja, erwürgen sollte man Euch Hunde," brach er wiederum los, „das wäre das Beste! — Euch alle miteinander, Euch Spitzel, Euch Schufte!" — Und indem er den halb zur Erde Gesunkenen emporriß, schleifte er ihn, immer mit der einen Hand, die sich in die Brust des Andern unlöslich eingekrallt zu haben schien, näher in den Schein des Lichtes, welches unruhig flackernd niederfiel, und zeigte Auban das blasse, von Todesangst entstellte, unter dem Drucke dieser mörderisch-eisernen Faust verzerrte, feige Gesicht: „Auban, sieh' her: so sehen sie aus, diese Elenden, die das gemeinste aller Handwerke treiben!" Und er öffnete seine Faust, die wie ein Schraubstock auf der Brust seines Opfers lag, und dieses — kraftlos und von Schwindel ergriffen — taumelte zurück, fiel nieder, raffte sich wieder auf, murmelte einige unverständliche Worte und verschwand in dem Dunkel.

Die beiden Freunde wandten keinen Blick mehr nach dem Gestürzten. Während sie schnell Oxford Street zuschritten, erzählte Trupp die Einzelheiten dieses neuen Falles. Von jetzt ab sprachen die Freunde französisch.

Eines Tages sei dieser Mensch zu einem der Mitglieder gekommen, mit dem Empfehlungsbrief eines Berliner Genossen. Derselbe habe den Ueberbringer auch in den Club mitgebracht, und eine Anfrage in

Berlin habe bestätigt, daß die Empfehlung in Ordnung sei. Dann aber habe sich herausgestellt, daß der eigentliche Empfänger derselben mit dem Ueberbringer nicht identisch sei, daß also dieser sie von Jenem erhalten und sich unter fremdem Namen eingeführt haben mußte. Daraufhin habe man einen der Genossen in unauffälliger Weise mit ihm zusammen wohnen lassen und eines Tages denn auch die ganze Korrespondenz des so auf Schritt und Tritt fast Beobachteten in die Hände bekommen, aus welcher sich ergeben habe, daß man es mit einem direkt im Solde der deutschen Polizei stehenden Spitzel zu thun hatte, der gegen ein monatliches Gehalt seinen Auftraggebern über alle Vorgänge in den anarchistischen Clubs Londons jede gewünschte Auskunft zu geben sich verpflichtete. — Man habe einen Skandal im Club vermeiden wollen, um der englischen Polizei nicht die so erwünschte Gelegenheit zu geben, in den Club zu bringen. Er habe die Züchtigung übernommen, von der Auban soeben Zeuge gewesen sei . . .

Derartige Entlarvungen waren weder neu, noch besonders selten. Meistens kamen die, welche sich diesem schmutzigsten und verächtlichsten aller Gewerbe widmeten, mit einer Tracht Prügel davon; oft rochen sie Lunte und entzogen sich der Entdeckung rechtzeitig durch die Flucht. Das Mißtrauen unter den Revolutionären war in Folge der unabläſſigen Hetzereien, Verdächtigungen, Verfolgungen sehr groß geworden. Pläne von Wichtigkeit wurden nie in größerem Kreise mehr besprochen, blieben meist das Geheimniß ganz weniger Vertrauten, oft in der Brust eines Einzigen verschlossen. — Noch größer aber, als gegen unbekannte Arbeiter, war das Mißtrauen gegen geistige Arbeiter geworden, in Folge der trüben Erfahrungen, welche man mit Zeitungsschreibern und Litteraten gemacht hatte. Nichts war gerechtfertigter, als die Vorsicht gegenüber diesen Leuten: unter zehn waren sicher neun, welche unter dem Vorgeben, die Lehren des Anarchismus „studiren" zu wollen, nur in die Geheimnisse der Propaganda einzudringen versuchten, um sodann ihren einsichts= und urtheilslosen Lesern die haarſträubendsten Schauergeschichten über diese „Banden von Mördern und Verbrechern" auftischen zu können. Daß durch dieses Mißtrauen manch' Einer aus den Reihen des geistigen Proletariats, welcher unter dem Druck der heutigen Zustände ebenso schwer, ja schwerer litt als der Handarbeiter, und daher von demselben großen Haß gegen dieselben erfüllt war, verscheucht wurde — wenn er kam, seine geistigen Kräfte in den Dienst der „vorgeschrittensten aller Parteien" zu stellen —, war eine Thatsache, welche, wie Trupp sagte, nicht „zu ändern war". Um so größer waren die Hoffnungen, welche Auban gerade auf diese zu setzen begann: sie, durch keine Rücksicht gehemmt, im Besitz einer schwer auf ihnen lastenden Bildung, würden sicher die ersten und vielleicht zunächst noch einzigen sein, welche die Konsequenzen des Individualismus zu ziehen nicht nur bereit, sondern auch fähig waren.

Trupp war in seinem Gespräch bei einem Punkte angekommen, der ihn stets sehr erregte.

„Die Sozialdemokraten behaupten," sagte er mit seinem bitteren Lachen, „alle Anarchisten seien Spitzel; oder auch, wenn es ihnen gerade besser paßt, es gäbe überhaupt keine Anarchisten. — Ah," fuhr er empört fort, „es giebt nicht eine Gemeinheit, welche von dieser Partei nicht gegen uns begangen worden wäre, vor allem von den ehrenwerthen Führern derselben, welche die Arbeiter an der Nase herumführen, daß es eine Schande ist. Erst haben sie uns verhöhnt und verlacht, dann haben sie uns verleumdet, verhetzt, haben uns überall geschadet, wo sie nur konnten, vom Anfang an bis heute in uns die bittersten Feinde gesehen, alles aus dem einzigen Grunde, weil wir versuchten, dem Arbeiter die Augen über die Nutzlosigkeit seiner Opfer, des Stimmkastenwahlschwindels, der ganzen Parteimeierei zu öffnen. Du machst Dir keinen Begriff davon, Auban, wie korrupt die Partei in Deutschland ist: die königstreuen Preußen sind nicht unselbstständiger und feiger ihrem Herrn und Meister, als die deutschen Arbeiter, die zur Partei gehören, ihren „Führern" gegenüber! . . . . Wie soll das enden?" —

„Nun", meinte Auban ruhig, „zwischen den Arbeitern als Klasse und den Sozialdemokraten als Partei ist ein gewaltiger Unterschied. Es ist kaum denkbar, daß die einen einmal in die anderen völlig aufgehen. Daher brauchen wir uns auch vor der Zukunft nicht zu sehr zu fürchten. — Ich glaube sogar, daß die wichtigsten Schritte zur Befreiung der Arbeit gar nicht von den sozialistischen Parteien ausgehen werden, sondern von den hier und da zur allmäligen Erkenntniß ihrer wahren Interessen gelangenden Arbeitern selbst. Sie werden die Partei einfach beiseite schieben.

Aber von Euch werden sie erst recht nichts wissen wollen. Das müßt Ihr Euch klar machen. Denn erstens können sie Euch höchstens mit dem Herzen, nicht aber mit dem Verstande verstehen, und zur wirklichen Verbesserung ihrer Lage haben sie gar nichts Anderes nöthig als ihren Verstand, der ihnen den rechten Weg allein zeigen kann: ich meine den des Egoismus. Und zweitens habt Ihr durch widersinnige Vermengung aller Lebensanschauungen, weit mehr aber noch durch Eure Taktik die Vorurtheile der Dummheit derart herausgefordert und ihnen scheinbar Recht gegeben, daß schon ein exceptionell selbstständiger Wille und ein ganz seltener Erkenntnißtrieb dazu gehört, um Euren Wegen nachzugehen. Oder aber ein heißes Herz — das habt Ihr ja Alle!"

„Als ob Du das nicht hättest!" lachte Trupp bitter.

„Ja, heiß genug, um die Sache der Freiheit immer zu lieben, wie ich hoffe. Aber nicht mehr heiß genug, um sie durch Thorheiten zu schädigen."

„Was nennst Du eine Thorheit? — Unsere Taktik? —"

„Ja."

„Das sagst Du?" — fragt Trupp fast drohend.

„Ja, ich."

„Nun, dann ist es auch Zeit, daß wir uns eben darüber einmal gründlich aussprechen."

„Gewiß. Aber laß uns erst allein sein. Nicht hier auf der Straße."

Sie gingen hastig weiter. Trupp schwieg. Als das Licht einer Laterne auf sie fiel, sah Auban, wie er am ganzen Körper, wie von Frost geschüttelt, bebte, indem er mit dem Munde das einer Verletzung seiner Hand entströmende Blut aufsog, welche bei der Züchtigung des Spitzels die Wand gestreift haben mußte.

„Du zitterst?" fragte er, da er glaubte, die Aufregung sei daran schuld.

Aber Trupp erklärte ihm mürrisch, es sei nichts: er sei nur den ganzen Tag herumgelaufen und habe das Essen darüber vergessen. Auban schüttelte den Kopf.

„Du bist doch unverbesserlich, Otto! Den ganzen Tag nichts zu genießen, welcher Unsinn!"

Er nahm ihn beim Arme und zog ihn fort. Sie traten in ein kleines, bescheidenes Restaurant, welches in Oxford Street lag. Dort wußten sie ein wenig besuchtes Hinterzimmer. Als sie auf dem braunen Ledersopha in der stillen Ecke saßen und Trupp hastig und schweigend aß, während Auban ihm zusah, wie er mit seinen kräftigen Zähnen das Fleisch zerbiß, erinnerte er ihn daran, daß sie in diesem selben Raum auch den ersten Abend in London verbracht hatten, an dem sie sich nach Jahren zum ersten Mal wieder allein gegenüber gesessen hatten, und er sagte lächelnd:

„Ist es nicht ganz wie damals?" . . .

Aber Trupp warf ihm einen bittern Blick des Vorwurfs zu und schob Teller und Glas von sich. Seine augenblickliche Schwäche war verschwunden und er war ganz wieder der eiserne Mensch, dessen physische Kraft unerschütterlich war.

„So, jetzt laß uns reden. Oder bist Du müde?"

„Ich bin nicht müde," sagte Auban.

Trupp sann einen Augenblick nach. Er fürchtete das kommende Gespräch, denn er ahnte, daß es entscheidend sein würde. Er wünschte von Herzen, seinen Freund durch dasselbe für die Sache der Revolution zurückzugewinnen, für den Kampf des Tages, in welchem er und seine Genossen standen, denn er wußte, wie unschätzbar seine Kraft war. Er wollte nicht durch Schroffheit einen Bruch absichtlich herbeiführen, aber er konnte auch die Vorwürfe, welche sich in ihm angesammelt hatten, nicht unausgesprochen sein lassen.

„Seitdem Du in London bist," begann er, „und das Gefängniß verlassen hast, bist Du ein Anderer. Ich kenne Dich kaum mehr wieder. Du hast Dich an nichts mehr betheiligt: an keiner Versammlung, keinem Plane, keinem Unternehmen mehr. Du hast nichts mehr geschrieben:

keine Zeile mehr. Du haft faft jede Fühlung mit uns verloren. — Welche Entschuldigung haft Du dafür?"

„Welche Entschuldigung ich habe?" entgegnete Auban mit einiger Schärfe. „Wofür? — Und gegenüber wem?"

„Gegenüber der Sache!" antwortete Trupp heftig.

„Meine Sache ist meine Freiheit."

„Einst war die Freiheit Deine Sache."

„Das war mein Irrthum. Einst glaubte ich bei den Anderen anfangen zu müssen; jetzt habe ich eingesehen, daß es nöthig ist, bei sich zu beginnen und immer von sich auszugehen."

Trupp schwieg. Dann begann Auban:

„Wir haben vor vierzehn Tagen bei mir über unsere Anschauungen gesprochen, und ich hoffe Dir gezeigt zu haben, wo ich stehe, wenn ich auch nicht hoffen darf, Dir klar gemacht zu haben, wo Du stehst. Ich war bemüht, die eine Seite der Frage in ein grelles Licht zu rücken. Die andere Seite liegt noch zwischen uns im Dunkeln: die der Taktik. Wenn wir nun heute Abend auch diese beleuchten, so setze ich voraus, Du bist davon überzeugt, daß es nicht moralische oder ähnliche Bedenken sind, die mich dazu veranlassen, Dir zu sagen: ich halte die Taktik, die Ihr befolgt, die sogenannte „Propaganda der That", nicht allein für unnütz, sondern auch für schädlich. Ihr werdet nie mit ihr einen dauernden Sieg erfechten."

Trupps Augen waren starr auf den Sprechenden gerichtet. Sie glühten vor Erregung und seine blutende Hand, welche er mit einem Tuche umwickelt hatte, fiel geballt auf den Tisch.

„Gut, daß wir reden!" rief er. „Du verlangst also, daß wir die Hände in den Schooß legen und uns ruhig morden lassen sollen?"

Er sprang auf.

„Du vertheidigst unsere Feinde!" stieß er hervor.

„Im Gegentheil: ich habe eine Waffe gefunden, gegen die sie machtlos sind," sagte Auban ruhig und legte seine Hand auf den Arm des Erregten, mit deren Druck er ihn auf seinen Platz zurück= nöthigte.

„Ich hasse die Gewalt in jeder Form!" sprach er weiter; und von nun an schien er es zu sein, der den Anderen überzeugen und gewinnen wollte für seine Idee: „Es gilt, die Gewalt unmöglich zu machen. Das geschieht nicht, indem man ihr ebenfalls Gewalt entgegensetzt: der Teufel läßt sich nicht durch Beelzebub austreiben .., Schon habt ihr in so manchem Punkte Eure Ansicht geändert. Einst wart Ihr die Vertheidiger der Geheimbünde und der großen Vereinigungen, welche die Proletarier aller Länder und jeder Sprache vereinigen sollten — dann saht Ihr ein, wie leicht es der Regierung ist, in die ersteren eines ihrer unsauberen Elemente einzuschmuggeln, welches ihr das ganze Fadenbündel auf einmal in die Hand giebt, und wie die letzteren noch jedesmal der Zersplitterung, der Zeit und ihrem eigenen Schicksal erlegen sind; und seitdem selb Ihr immer mehr auf das Individuum zurückgekommen, lehrt als das einzig Zweckmäßige das Zusammenschließen in möglichst kleine Gruppen, welche von einander möglichst wenig wissen, und die individuelle That als das einzig Richtige; seitdem verwerft Ihr selbst das Vertrauen unter den intimsten Freunden in bestimmten Fällen gänzlich. — Einst erschien Eure Zeitung in „Nirgendsheim" und wurde von der „freien Gemeindruckerei" gedruckt — heute erscheint sie, wie jede andere, mit Namen und Wohnung des Druckers auf der letzten Seite ... Und so ist Alles, die ganze Bewegung, mehr und mehr in das Licht der Oeffentlichkeit gerückt."

Er schwieg einen Augenblick.

Dann sagte er eindringlich:

„Eure ganze Taktik ist eine falsche. Vergessen wir doch nie, daß wir Krieg führen.

Was aber ist das A und O aller Kriegsführung? — Jeder Lieutenant kann es Dir sagen:

Mit möglichst geringem Verlust an Opfern dem Feinde möglichst große Niederlagen beizubringen.

Die moderne Kriegskunst erkennt immer mehr den Werth der Defensive an; sie verwirft immer mehr den nutzlosen Angriff.

Lernen wir doch von ihr, wie wir von Allem lernen sollten, was irgend uns nur nützen kann. —

Aber meine Bedenken sind noch weit ernsterer Art. Ich werfe Euch sogar vor, daß Ihr die allererste Bedingung jeder Kriegsführung verachtet: die eigene Stärke, wie die des Feindes, genau kennen zu lernen.

Es muß gesagt werden: Ihr überschätzt Euch, und Ihr unterschätzt den Feind!"

„Und was," fragte Trupp hohnvoll, „sollen wir thun? Wenn ich fragen darf."

„Was Ihr thun sollt, weiß ich nicht. Das müßt Ihr selber wissen. — Aber ich behaupte: der passive Widerstand gegen die aggressive Gewalt ist das einzige Mittel, dieselbe zu brechen."

Trupp lachte, und zwischen den beiden Männern entspann sich ein erregtes Gespräch. Jeder vertheidigte seine Taktik, indem er Beispiele heranzog, ihre Wirkung zu beweisen.

Es war spät, als sie endeten: Auban durchdrungen von der Unmöglichkeit, seinen Freund je überzeugen zu können, und dieser erbittert und gereizt über seinen „Abfall".

Sie verließen das Public-House und standen nach wenigen Schritten auf dem Platze, in dem Tottenham Court Road mit Oxford Street und den südlichen Straßen zusammenstößt. Aber noch trennten sie sich nicht. Indem sie einige der engeren und weniger überfüllten Straßen betraten und hier auf- und niederschritten, sagten sie sich ihre letzten und entscheidendsten Worte.

„Ihr arbeitet den Regierungen mit Eurer Propaganda in die Hände. Ihr erfüllt ihre liebsten Wünsche. Nichts kommt ihnen gelegener, als Eure Taktik, um zu Mitteln der Unterdrückung greifen zu können, für welche ihnen sonst jede Entschuldigung fehlen würde. Beweis: die agents provocateurs, welche in ihrem Auftrage zu solchen Thaten reizen. Es liegt eine schauerliche Komik in dem Gedanken, daß Ihr — die freiwilligen Helfer der Gewalt seid, Ihr, die Ihr die Freiheit wollt!" . . .

Er schwieg und von fern her drang der Lärm der Oxford Street zu ihnen in diese dunkle und stille Nebenstraße, welche nur wenige scheue Gestalten durcheilten, die sich von dem Menschenstrom der Hauptstraße wie Aschenfunken losgelöst hatten.

Trupp stand still. An dem gepreßten Tone seiner Stimme erkannte Auban, wie schwer es ihm wurde, auszusprechen, was er ihm jetzt entgegnete.

16

„Du bist kein Revolutionär mehr! Du hast Dich losgesagt von der großen Sache der Menschheit. — Früher hast Du uns verstanden und wir verstanden Dich. Heute verstehen wir Dich nicht mehr, weil Du uns nicht mehr verstehst. Du bist ein Bourgeois geworden. Oder vielmehr: Du bist immer ein Bourgeois gewesen. Geh' hin, woher Du gekommen bist. Wir werden auch ohne Dich an's Ziel gelangen."

Da lachte Auban. Er lachte so laut, daß die Vorübergehenden stehen blieben und sich umsahen. Und mit diesem lauten, vollen, klaren Lachen, welches bewies, wie wenig ihn diese Worte beleidigten, löste sich von seiner Brust, was sie bedrückt hatte in diesen Tagen.

„Ich sollte Euch nicht verstehen, Otto!" sagte er und sein Lachen verschwand vor dem Ernst seiner Worte. „Du glaubst selbst nicht, was Du sagst. Ich sollte Euch nicht verstehen, ich, der ich jahrelang mit Euren Gefühlen gefühlt und mit Euren Gedanken gedacht habe?! — Wenn Ihr die Städte an hundert Ecken zugleich in Brand stecktet, wenn Ihr die Länder verwüstetet so weit Euer Arm reichte, wenn Ihr die Erde in die Luft sprengtet oder in Blut ertränktet — ich würde Euch verstehen! Wenn Ihr Rache nähmet an Euren Feinden, indem Ihr sie vernichtet bis auf den letzten — ich könnte es begreifen! Und wenn es nöthig wäre, um die Freiheit endlich zu erringen — ich würde in Euren Reihen stehen und kämpfen bis zu meinem letzten Athemzuge! — Ich verstehe Euch, aber ich glaube nicht mehr an den gewaltsamen Fortschritt der Dinge. Und weil ich nicht mehr an ihn glaube, verwerfe ich die Gewalt als ein Kampfmittel der Thoren und Uneinsichtigen . . ."

Und da ihm wieder die Worte einfielen, die Trupp ihm eben gesagt, stieg das Lachen von Neuem in ihm auf und er schloß:

„Wirklich: es fehlt nur noch, nach Allem, was Du mir heute gesagt, die Behauptung, daß ich die Taktik der Gewalt verwerfe, um — die Feinde zu schonen!"

Aber wieder verstummte sein Lachen, als sein Blick dem Trupps begegnete, der mit harter und fast feindseliger Stimme sagte:

„Wer nicht für uns ist, der ist wider uns!"

Die beiden Männer standen sich gegenüber, so dicht, daß Brust sich mit Brust zu berühren schien. Ihre Blicke begegneten sich in eiserner Entschlossenheit.

„Gut," sagte Auban und seine Stimme klang so ruhig, wie immer, „werft weiter Bomben, und laßt Euch weiter dafür hängen, wenn Ihr denn nie klug werden wollt. Ich bin der Letzte, der dem Selbstmörder das Recht bestreitet, sich selbst zu vernichten. — Aber Ihr lehrt Eure Taktik als eine Pflicht gegen die Menschheit, und Ihr selbst befolgt sie nicht. Das ist es, wogegen ich protestire. Ihr nehmt eine furchtbare Verantwortung auf Euch: die Verantwortlichkeit für das Leben Anderer . . ."

„Für das Glück der Menschheit müssen Opfer gebracht werden," sagte Trupp finster.

„Dann bringt Euch selbst als Opfer!" rief Auban. „Dann seid Männer, und keine Schwätzer! — Glaubt Ihr wirklich an die Befreiung der Menschheit mittelst Gewalt und kann Euch keine Erfahrung von diesem wahnsinnigen Glauben heilen, dann handelt auch, statt in Euren Clubs zu sitzen und Euch gegenseitig an Euren Phrasen zu berauschen! Dann erschüttert die Welt mit Euren Bomben, dann zeigt ihr das Gesicht des Schreckens, damit sie Euch fürchtet, statt Euch wie heute nur zu hassen! . . ."

Trupp war erblaßt. Noch nie war dieser wundeste aller Punkte zwischen ihnen in solch mitleidsloser Weise berührt worden.

„Was ich thun werde, und nur von mir kann ich sprechen, das weißt Du nicht. Aber Du wirst es eines Tages erfahren," murmelte er. Nicht er war von den Worten Auban's getroffen worden. Er war eine Natur, die keine Feigheit und keine Unentschlossenheit kannte und die stark genug war, das Gewollte auch zu thun. Aber er fühlte mit Bitterkeit, wie viel Wahres im Allgemeinen in dem Vorwurf lag, den er soeben gehört.

Und er machte dem Gespräche absichtlich ein Ende, indem er sagte:

„Was wollen wir denn eigentlich noch miteinander? — Mein Leben ist meine Sache. Du bist mein Freund geworden, weil Du mein Genosse warst. Meine Genossen sind meine Freunde. Ich kenne keine andere Freundschaft. Du hast Dich losgesagt von der Sache —

16*

wir haben nichts Gemeinsames mehr. Du wirst sie nicht verrathen, aber Du wirst ihr nichts mehr nützen, so, wie Du jetzt bist. Es ist besser, wir scheiden."

Auban's Erregung hatte sich wieder gelegt.

„Du mußt handeln, wie Du es für das Beste hälst, Otto. Wenn Du mich suchst, so wirst du mich finden, indem Du die Richtung nimmst, welche die Freiheit weist. — Wohin aber gehst Du?" —

„Ich gehe mit meinen Brüdern, welche leiden wie ich!" —

Sie gaben sich die Hand mit demselben festen Druck, wie immer.

Dann gingen sie auseinander: Jeder von ihnen seinen eigenen, langen, einsamen Weg, in Gedanken versunken, die so verschieden waren, wie die Richtung, die sie nahmen. Sie wußten, daß es lange dauern werde, bis sie sich wieder sehen sollten; und sie ahnten, daß sie an dem heutigen Abend zum letzten Mal allein miteinander gesprochen hatten.

Bis heute waren sie Freunde gewesen; von nun an würden sie Gegner sein, wenn auch nur Gegner im Kampfe um ein Ideal, welches sie Beide mit demselben Namen nannten: Freiheit.

Neuntes Kapitel.

Trafalgar Square!

London lag im Fieber.

Es erreichte seine höchste Höhe am zweiten Sonntage des November, dem, welcher auf die Ereignisse in Chicago folgte.

Unter den vielen merkwürdigen Tagen dieses merkwürdigen Jahres sollte dieser 13. November eine erste Stelle einnehmen.

Die „Unemployed" waren seit einem Monat je nach Laune der Polizeigewalt heute von Trafalgar Square, dem bestgelegenen öffentlichen Versammlungsplatz der Stadt, vertrieben, um morgen wieder zu ihm zugelassen zu werden.

Dieser Zustand wurde auf die Dauer unerträglich. Die Klagen der Hungernden wurden immer verzweifelter, während Hotelbesitzer und Pfandleiher in den Versammlungen eine Schädigung ihrer Geschäfte sahen und die Organe der „öffentlichen Gewalt", ihre Diener, zu ihrem Schutze herbeiriefen.

Ein Dekret des Polizei-Kommissärs verbot im Anfang des Monats die fernere Abhaltung irgend eines Meetings auf Trafalgar Square.

Dreißig Jahre lang war dieser Platz, „the finest site of Europe", von allen Parteien zu unzähligen Zusammenkünften bei den verschiedensten Gelegenheiten benützt worden. Ein Handstreich sollte Alle vertreiben?

Die Frage nach der „Gesetzmäßigkeit" dieser Gewalthat war die erste, die sich erhob. Die Spalten der Zeitungen füllten sich mit Paragraphen aus vergilbten Gesetzesbüchern, denen solche aus noch vermoderteren entgegengehalten wurden: mit jenen Insignien einer usurpirten Macht, welche den im Glauben an menschliche Autorität Erzogenen mit geheimnißvollem Schauder vor dem Unfaßbaren erfüllen.

Jeder Bürger des Staates ist Theilnehmer an den Gesetzen seines Landes, so sagt man. Giebt es wohl einen Einzigen unter Tausenden, der weiß, was 57 George III, cap. 19, sec. 23, oder 2 and 3 Vic., c. 47, sec. 52 bedeutet? Hieroglyphen.

Natürlich war es dem Polizeihäuptling völlig gleichgültig, ob seine Verfügung „gesetzlich" und „ungesetzlich" war. Hatte er die Macht, ihre Anerkennung heute zu erzwingen, so war sie „gesetzlich" und Trafalgar Square Eigenthum der Königin und der Krone; war das „Volk" stark genug, ihn und seine Leute morgen von Trafalgar Square zu vertreiben, so blieb der Platz, was er gewesen war, „Eigenthum des Volkes", und Jedermann konnte auf ihm so viel und so lange reden, als er Hörer fand, die ihm lauschten. Oder auch noch länger.

Die Frage der Arbeitslosen trat mit einem Schlage in den Hintergrund. Dem Tory-Regiment standen nun plötzlich in Schlacht-reihen die radikalen und liberalen Parteien gegenüber, welche die sozialen verstärkten, und erhoben gegen den „Terrorismus" Jener ihren Ruf nach dem unveräußerlichen „Recht der freien Rede."

Sie beschlossen die Abhaltung eines öffentlichen Meetings auf Trafalgar Square für Sonntag den dreizehnten, und setzten auf die Tagesordnung: „Protest gegen die neuerliche Einkerkerung eines irischen Volksführers."

Die Vorbereitungen zu der Schlacht wurden auf beiden Seiten mit fieberhaftem Eifer betrieben: Jene waren fest entschlossen, jeden Versuch, in den Square zu gelangen, blutig abzuschlagen, Diese, ihn zu nehmen um jeden Preis.

Die Aufregung in der Stadt war mit jedem Tage gewachsen. Der Sonnabend brachte einen zweiten Ukas der Gewalt, in welchem es verboten wurde, sich Sonntag in Form einer Prozession dem Square zu nähern.

Es gab nicht Wenige, welche wähnten, am Vorabend einer Revolution zu stehen. . . .

Auban war später aufgestanden, wie gewöhnlich. Sein Kopf war eingenommen. Dennoch hatte er sich an seine Arbeiten begeben. Aber ein Besuch unterbrach ihn.

Als er den Namen „Friedrich Waller" auf der ihm überbrachten Karte las, zuckte er die Achseln. Was wollte dieser Mann noch immer von ihm? — Als Knabe hatte derselbe ihm seine Freundschaft angeboten, welche Auban nicht begehrt hatte. Später — er hatte sich ein großes Geschäft in Lothringen gegründet und war viel auf Reisen — hatte er ihn zweimal in Paris aufgesucht und Auban hatte diese Besuche auf Rechnung seines damals so viel · genannten Namens gesetzt, ihn kühl empfangen, ihn kühl entlassen. Jetzt, nach Jahren, näherte sich aus jenen Kreisen, welche ihm stets bis in die tiefste Seele hinein verhaßt gewesen waren, abermals dieser Mann, mit welchem er nicht einen Gedanken, nicht ein Gefühl gemeinsam hatte. Aber er wollte es heute erfahren, was Jenen zu ihm trieb.

Er wollte ihn direkt nach seinen Absichten fragen. Doch der Andere kam ihm zuvor, indem er äußerte, es sei wohl eine Pflicht, seine Verwandten nicht ganz aus den Augen zu verlieren. Es war dasselbe neugierige Interesse an dem fremdartigen Lebensschicksal, welches ihn einst zu dem Knaben gezogen hatte. Er wußte wenig von Auban. Da er indessen die Freiheit seiner Ansichten ahnte, äußerte er vertraulich, auch er sei nichts weniger als konservativ, doch Auban werde wohl begreifen, wie sehr ihn seine Stellung zwinge, die weitgehendsten Rücksichten zu nehmen. Aber Auban hatte weder Geduld noch Verständniß für Leute dieses Schlages. Er hüllte sich in seine eisige Ueberlegenheit, überging die Frage seines Verwandten nach seinem eigenen Schicksal vollständig, that keine Frage und äußerte seine Ansichten so schroff, wie sie waren. Als der Besucher ging, hatte derselbe das Gefühl, als sei er beim Lauschen an einer fremden Thür ertappt worden, und nahm sich vor, den heutigen Versuch, Auban beizukommen, der ihn diesmal so offenkundig gezeigt hatte, wie wenig er von ihm und seiner ganzen Sippschaft wissen wollte, für immer den letzten sein zu lassen.

Für Auban war dieser Besuch der Anstoß zu Erinnerungen an längst verrauschte Jahre, denen er sich lange hinab.

Welcher Unterschied zwischen Damals und Heute!

Und doch schien es ihm zuweilen, als ähnele sein jetziges Ich mehr dem Knaben, welcher einsam und verschlossen mit weichen und ungeübten Fingern die ehernen Pforten der Erkenntniß in stillen Nächten, wenn Niemand ihn sah, zu öffnen sich mühte, als dem Jüngling, welcher sie mit Feuerbränden einst zu stürmen sich vermaß.

Er war keine Natur, welche es vertrug, unausgesetzt dazustehen, tausend Augen von allen Seiten auf sich gerichtet. Er besaß nicht genug Leichtfertigkeit, nicht genug Ehrgeiz, nicht genug Wichtigkeit und Selbstgefälligkeit dazu.

Es war gut, daß sein Schicksal sich so gewendet hatte . . .

Es war um die dritte Nachmittagsstunde.

Auban kam langsam vom Norden der Stadt.

Alle Straßen, die er durchschritt, waren fast verlassen. Nur in Oxford Street herrschte ein kümmerliches Leben. Die vierte Stunde konnte nicht mehr fern sein, als er sich Trafalgar Square näherte. In St. Martin's Lane mußte er Halt machen: Menschenmassen versperrten die umliegenden Eingänge der Nebenstraßen. Er war in demselben Augenblick gekommen, in dem die eine der vier Prozessionen, welche in dieser Stunde von vier verschiedenen Seiten aus den Square zu erreichen suchten, die von Clerkenwell Green kommende, mit der sie hier erwartenden Polizei zusammenstieß. Er drängte sich vor, so weit es ging, doch war es ihm unmöglich, die letzte Menschenreihe zu durchbrechen. Er mußte zwischen den Köpfen durch über sie hinweg zu sehen suchen, was sich ereignete.

Der Prozession voran schritt eine Frau. Sie trug eine rothe Fahne. Auban glaubte in ihr und den sie umgebenden Männern, welche fester ihre Stöcke umfaßten, Mitglieder der Sozialist League zu erkennen. Der Fahnenträgerin auf dem Fuße folgte die Musik. Sie spielte die Marseillaise. Der sich anschließende Zug war ziemlich lang. Auban konnte ihn nicht übersehen. Nur flatternde Fahnen erhoben sich über das schwarze Gedränge.

In geschlossener Linie erwarteten die Polizisten den Zug. Sie lauerten, ihre Eichenknüttel gelockert haltend, auf das Zeichen des Superintendenten zum Angriff.

Als der Zug sich ihnen auf Pferdelänge genähert hatte, tönten Zurufe hinüber und herüber und noch in demselben Augenblicke erfolgte mit solcher Wucht ein Angriff der Polizei, daß die geschlossenen Reihen des Zuges wie auseinander gerissen erschienen. Ein wildes Handgemenge entstand. Ein baumlanger Polizist war auf die Frau losgesprungen und wand ihr die Fahne aus den mit Aufbietung aller Kraft hochgehaltenen Händen. Sie taumelte und brach ohnmächtig zusammen, während ein heftiger Stockhieb den Hals des Angreifers traf. Die Musikanten rangen um ihre Instrumente, welche ihnen entrissen, zertreten und zerschlagen wurden. Einige suchten sie zu retten und flohen. Mit eiserner Wucht fielen von Seiten der Polizei die Knüttel nieder, unbekümmert wohin sie trafen. Verzweifelt wehrten sich die Angegriffenen. Die Meisten trugen schwere Stöcke und schlugen in rasender Wuth um sich. Das Durcheinanderwogen war unbeschreiblich. Die Luft war erfüllt von Flüchen, Schmerzensschreien, Schimpfworten, dem schrillen Geheul der Menge, die, wo sie konnte, sich in den Kampf stürzte, den dumpfen Schlägen, dem Gestampf schwerer Schuhe auf dem harten Boden, dem Klirren der durch Steinwürfe zerbrochenen Laternen . . . Man schlug, trat, kratzte sich, packte sich, suchte sich gegenseitig zu Fall zu bringen, krallte sich aneinander fest, so sich niederreißend.

Immer weiter drang die Polizei vor, die Menge vor sich hertreibend, von ihr umschlossen, aber, sich gegenseitig zu Hülfe eilend, mit den Schlägen ihrer Knüttel sie zerstreuend. Immer weiter wichen die Angegriffenen zurück. Von einer geschlossenen Ordnung war keine Rede mehr. Die Einen enteilten in ungeordneter Flucht, die Andern kämpften um den Platz, auf welchem sie standen, bis sie überwältigt, in die Mitte genommen und abgeführt wurden. Nach zehn Minuten war der Sieg der Uniformirten entschieden: die Fahnen waren erbeutet, die Musikinstrumente zerschlagen, der ganze Zug in flüchtender Unordnung . . . Theils wurden die Letzten seiner Reihen die ganze Länge von Martin's Lane hinauf verfolgt, theils in die engen Nebenstraßen hinein getrieben, wo sie sich mit der heulenden Menge vermischten und von ihr mit und fortgerissen wurden in hoffnungslosem Wirrwarr.

So auch Auban. Er sah, wie eine kleine Abtheilung von Polizisten sich mit hochgeschwungenen Knütteln auf den Eingang der Straße stürzte, wo er stand, fühlte, wie sich der ihn umschließende Menschenknäuel plötzlich in Bewegung setzte, und, willenlos von ihm fortgeschoben, befand er sich in der nächsten Minute am entgegengesetzten Ende der Straße, wo der Schrecken der Gejagten sich in Zornworten, Gelächter und Geheul löste.

Dann strömte Alles wieder der Richtung von Trafalgar Square zu. Auch Auban nahm sie. Er wollte ihn zu erreichen versuchen, ohne von Neuem in ein allzugroßes Gedränge zu gerathen. Doch blieb ihm kein anderer Weg, als der an der Kirche von St. Martin vorbei.

Nach dem, was er eben gesehen, war er überzeugt, daß keine der Prozessionen je den Square zu erreichen im Stande sein würde . . .

Trafalgar Square lag vor ihm, im Norden begrenzt von dem ernsten Gebäude der Nationalgallerie, von großen Klubhäusern und Hotels im Westen und Osten, fällt er in allmähliger Senkung nach Süden nieder, wo er, sich ausweitend, noch einmal eine breite Buchtung bildet, bevor er sich in große und mächtige Straßenfluchten theilt.

Seine innere, tiefer liegende Fläche, durch die Terrassen der Straßen gebildet und südlich die Nelsonsäule als imposantes Wahrzeichen tragend, diese große, kalte, leere, nur mit zwei Riesenfontänen geschmückte Fläche, war heute, wie Auban auf den ersten Blick erfannte, völlig in den Händen der Gewalt.

Ein Schrecken ergriff ihn, als er daran dachte, daß man den Versuch wagen könne, diese nicht an Zahl, aber an Ordnung und militärischer Kampfgeübtheit hundertfach überlegene Besatzung von dem Platze zu vertreiben. Es war in der That ein Heerlager, welches sich dort aufgestellt hatte: eine flüchtige Schätzung ergab, daß seine Stärke 3—4000 Mann betragen mußte. Wer wollte die vertreiben? Nicht Fünfzig-, nicht Hunderttausend würden dazu im Stande sein.

Er verließ langsam seinen Stand und ließ sich der National=
gallerie entlang treiben. Die Menschenmenge, welche hier durch=
einanderwogte, wurde von der Polizei in beständiger Bewegung
gehalten. Wo der Blick der Konstabler auf eine Stockung fiel, dahin
richteten sie ihre Angriffe, indem sie die Keile ihrer Leute dazwischen
trieben. „Move on! Move on!" trieb es unaufhörlich jeden Fuß,
der stehen blieb, zum Weitergehen an.

Auf Schritt und Tritt überzeugte sich Auban, während er jetzt
die Westseite hinunterging, von dem wohlüberlegten Plan, der alle
diese Vorbereitungen geschaffen. Die nach dem Norden hinaufführenden
Treppen waren mit Mannschaften dicht besetzt. In doppelter Reihe
standen hier und auf den beiden andern geschlossenen Seiten die
Polizisten, um jedes Ueberklettern der Einfassung und jedes Hinunter=
springen in die Fläche des Platzes zur Unmöglichkeit zu machen.

Ein Reporter, der Auban kannte, gab ihm außerdem noch einige
Zahlen, die er eben gehört und sich nun selbst notirte, während dieser
ihm mit einigen Einzelheiten über die Clerkenwell=Prozession aushalf.
Seit neun Uhr Morgens sei der Square schon besetzt. Seit Zwölf
mit voller Macht. Etwa 1500 Constabler und an 3000 Polizisten
seien aufgeboten aus allen Enden Londons. Außerdem einige
Hundert Berittene. Die Life und die Grenadier Guards würden in
Bereitschaft gehalten.

Die südliche offene Seite des Square, in deren Mitte sich die
Nelson=Säule auf einem mächtigen, in seinen Ecken von vier gewal=
tigen Löwen belagerten Fundamente erhebt, war am stärksten besetzt,
da keine Schranke hier den Eingang zur Innenfläche erschwerte. In
vier= bis fünffacher Tiefe standen hier die Reihen der „Beschützer
der Ordnung"; in langer Linie war hier eine Abtheilung
berittener Polizisten aufgestellt, welche von Zeit zu Zeit die Straßen
bestrich.

Hier, auf dem weiten Raum vor der Säule, der durch den
Zusammenstoß von vier großen Straßen gebildet wird, hier, um das
Denkmal Karls I. herum, waren die Menschenansammlungen am
größten. Mit jeder Minute schienen die Massen zu wachsen. Von
allen Seiten strömten in kleineren und größeren Trupps Theile der

gesprengten Prozessionen heran, nicht mehr mit Fahnen und Musik und in freudigem Kampfgefühl, sondern Arm in Arm aneinander geschlossen, auf's Höchste erbittert durch die erlittene Niederlage, nicht mehr in der Hoffnung, noch in den Besitz des Platzes zu gelangen, aber entschlossen, bei kleineren Zusammenstößen die eine oder andere Scharte noch auszuwetzen.

Auban suchte die Physiognomie der Menge zu erkennen. Sicher bestanden zwei von fünf Theilen Aller aus Neugierigen, welche gekommen waren, ein niegesehenes Schauspiel zu genießen. Sie ließen sich von der Polizei treiben, wohin diese sie haben wollte. Aber doch verlor wohl mancher unter ihnen seinen Gleichmuth, wenn er Zeuge der Brutalitäten war, die um ihn her verübt wurden, und wurde, indem er sich auf die Seite der Angegriffenen stellte, gegen seinen Willen Theilnehmer an dem Ereigniß des Tages. — Sicher fiel ein weiteres Fünftel auf den „Mob": die Trübsee-Fischer, die Pick-pockets von Profession, die Ruffians, die Tagediebe, welche besser leben als der ehrliche Arbeiter, die Zuhälter der Dirnen, kurz auf alle die, welche „überall dabei sind", da nichts sie bindet. Sie waren meist in sehr jugendlichem Alter. Als persönlichste Feinde der Polizei, mit welcher sie in täglichem Kampfe lebten, ließen sie keine Gelegenheit vorübergehen, an ihr Rache zu üben. Mit Stöcken, Steinen, kurzen Messern bewehrt, versetzten sie den Polizisten empfindliche Verletzungen, entzogen sich dann blitzschnell durch die Flucht, in der Masse spurlos untertauchend und im nächsten Moment mit Geheul und Geschrei an einer andern Stelle wieder emportauchend, ihr Müthchen auf's Neue zu kühlen. Ueberdem waren sie bei allen Zusammenstößen dabei, den Tumult erhöhend, den Wirrwarr vermehrend, die Wuth mit ihrem Schreien auf's Höchste stachelnd. — Und es waren nur die noch übrigen zwei Fünftel, welche, wie Auban schätzte, auf die kamen, welche in erster Linie an dem heutigen Nachmittage betheiligt waren: die, welche in diesem Kampfe eine ernste politische Aktion sahen, die Mitglieder der radikalen Parteien, die Sozialisten, die Arbeitslosen . . . Und jene wirklich Interessirten, die nicht nur Neugierde hierher gezogen, die beobachtenden und urtheilenden Zuschauer, zu denen er selbst gehörte.

Er war im Süden des Platzes angelangt: halb gestoßen, halb geschoben. Hier war das Gedränge enorm und die Massen in stetig wachsender Erregung. Die vierte Stunde hatte eben geschlagen: Auban erkannte den Zeiger auf Dents Uhr. Am Fuß der Nelson-Säule fand ein heftiger Zusammenstoß statt. Zwei Männer, ein sozialistischer Führer und ein radikales Parlamentsmitglied, suchten sich mit Gewalt Einlaß zu bahnen. Sie wurden nach kurzem Handgemenge übermältigt und verhaftet.

Auban hatte nichts erkannt als geschwungene Knüttel und Stöcke und erhobene Fäuste . . .

Er suchte seinen Weg fortzusetzen, was aber mit Schwierigkeiten verbunden war. Die berittene Polizei bestrich fortwährend den Weg zwischen der Säule und dem Denkmal Karls I., um ihn zu säubern. Die ineinander gekeilten Massen strömten nach allen Seiten auseinander: preßten sich bei den Laternenpfählen in kleine Gruppen angstvoll zusammen, flüchteten Whitehall hinunter, oder wurden nahe an die Reihen der Polizei gedrängt, von der sie brutal weiter fortgetrieben wurden.

Auban wartete, bis die Pferdereihe an ihm vorübergebraust war und erreichte dann einen der Uebergänge, wo er sich an dem Laternenpfosten sicher glaubte. Aber ein Konstabler trieb die hier Zusammenflüchtenden fort. „Move on, Sir!" herrschte er auch Auban an. Aber dieser sah ruhig in das erhitzte Gesicht des Zornigen und wies auf die von Neuem anstürmenden Pferde. „Wohin?" sagte er. „Soll ich mich überreiten lassen oder in die Knüttel Ihrer Leute laufen?" — Seine Ruhe machte Eindruck. Als die Straße wieder für eine halbe Minute frei wurde, erreichte er sicher das Trottoir vor Morley's Hotel an der Ostseite des Squares.

Dort fühlte er sich plötzlich am Arm ergriffen. Vor ihm stand ein bekannter Engländer. Sein Kragen war zerrissen, sein Hut beschmutzt. Er befand sich in höchster Aufregung. Nach einigen hastigen Fragen hin und her erzählte er, auch die große, von Süden her kommende Prozession sei aufgelöst.

Während sie — von der Polizei in beständiger Bewegung erhalten — sich aneinander festhielten, um nicht auseinandergerissen

zu werden, und mit der Menge, in die sie geteilt waren, auf und
nieder trieben, erzählte der Engländer in athemloser Hast:

„Wir versammelten uns in Rotherhithe: die radikalen und
anderen Vereine und Klubs von Rotherhithe, Bermondsey ꝛc. trafen
auf unserem Wege den Peckham Radikal Klub, die Vereinigungen
von Camberwell und Walworth, und in Westminster Bridge Road
auch die von St. Georges — es war ein enormer Zug, mit zahlreichen Bannern, Musikbanden, mit Grün geschmückt, von einer
unendlichen Menschenmasse auf beiden Seiten begleitet, welcher in
bester Ordnung die völlig leere Brücke von Westminster überschritt —

Wie verabredet, sollten wir in Bridge Street am Parliament-
House mit dem Zuge von Lambeth und Battersea zusammentreffen.
Dann sollte in grader Linie von Süden nach Norden, Whitehall
hinauf, hierher marschirt werden. Denken Sie sich: ein einziger
großer Zug von imposanter Länge, der ganze Süden von London
vertreten, der ganze jenseits der Themse gelegene Stadttheil — von
Woolwich und Greenwich bis Battersea und Wandworth! . . .

Aber noch hatten unsere beiden Züge sich nicht vereinigt, noch
hatten wir Parliament Street nicht erreicht, als der Kampf begann.
Ich befand mich mich so ziemlich in den ersten Reihen. Ah, die
Brutes, im Galopp mit ihren Pferden in unsere Reihen hinein, die
Fahnen zerbrochen und zerrissen, niedergeschlagen, was ihnen im
Weg war —"

„Es war gut, daß Sie nicht weiter kamen," unterbrach ihn
Auban, „denn ich habe gehört, daß in Whitehall die Life Guards
in Bereitschaft standen. Ich wundere mich, daß sie noch nicht hier
sind, denn die Situation wird erregter —"

„Aber wir haben uns gewehrt," rief der Andere, „ich habe
Einen mit meinem Bleiknüttel — —"

Er beendete seinen Satz nicht. Denn eine Abtheilung Polizisten
begann das Trottoir zu leeren, drängte die dort Stehenden fort,
und im nächsten Augenblick war Auban wieder allein. Er war
wieder in der Nähe von Morley's Hotel: die Treppe war soeben
bis auf den letzten Mann geleert worden und füllte sich nun mit
Blitzesschnelle wieder. Auch Auban sicherte sich einen erhöhten Platz . . .

Von hier aus bot der frei übersehbare Platz mit seinen Um=
gebungen einen großartigen Anblick. Seit vier Stunden war diese
Menge, die ihn umwogte, in beständigem Wachsen begriffen und sie
schien jetzt ihre höchste Zahl, wie auch den Gipfelpunkt ihrer Erregung
erreicht zu haben. Die Fenster und Balkons der umliegenden Häuser
waren besetzt bis auf den letzten Platz mit Zuschauern dieses ganz
ungewöhnlichen, einzigen Schauspiels, welche jedem Zusammentreffen
der Polizei mit dem Publikum mit leidenschaftlicher Aufmerksamkeit
folgten und die Brutalitäten der ersteren mit Beifall begrüßten.
Von den Balkonen der gegenüberliegenden Klubs herab machte sich
die goldene Jugend Londons, wie Auban vorhin bemerkt hatte, das
harmlose Vergnügen, auf den „Mob" zu speien, vor welchem sie
sich in ihrer erhöhten Position ja so sicher, wie in der Kirche
fühlten . . .

Im Süden des Platzes, dort, wo die Massen wie ein reißend
angeschwollener Strom das breite Bett der Straßen durchrauschten,
schien die Situation immer bedenklicher zu werden. Der Omnibus=
Verkehr dauerte trotzdem — oft unterbrochen — fort. Hochbeladen
schoben sich die schweren Wagen Schritt für Schritt fort. Wie
Barken schwammen sie langsam durch die schwarze Menschenfluth.
Auf ihren Verdecken standen aufgeregte Menschen, welche mit den
Händen in der Luft umher fuchtelten und sich die Gelegenheit,
wenigstens mit vereinzelten Worten der Sympathie die Menge zu
begrüßen, nicht entgehen ließen. Und wie Schweife folgten den
Wagen jedesmal eine Schaar, welcher die Pferde und Räder Bahn
brachen . . .

Von dort aus sah Auban plötzlich eine außergewöhnliche
Aufregung, wie ein elektrischer Strom, durch die Massen gehen und
näher und näher kommen. Schneller flüchteten sie noch bei Seite
als vorher und ängstlicher und lauter wurden die Schreie und Rufe.
Was war es? —

Berittene tauchten auf.

Und:

„The Life Guards!" ertönte es in hundert Stimmen. Die
Polizei schien vergessen. Alle Augen hingen an den blanken Kürassen

und ben feberbuſchumwallten Helmen ber Reiter, welche, etwa zweihundert an ber Zahl, langſam auf bie Nelſon-Säule zukamen, bann rechts ſchwenkten unb in ruhigem Zuge an ber Treppe, wo Auban ſtanb, vorbei ihren Weg nach ber National Gallery nahmen.

Ein einzelner Herr in Zivil ritt an ihrer Spitze, zwiſchen ben führenben Offizieren, eine Papier-Rolle in ber Hand.

Unb:

„The Riots Act!" tönte es wieber. Laute Ausrufe empfingen ben Abgeſanbten bes Magiſtrates ber Stadt.

„Wir ſinb alle gute Engländer unb friebliebenbe Bürger — wir brauchen keine —" ſchrie Einer.

„Du verbammter Narr, ſteck' Dein Papier ein —" ein Anberer.

Da, als bie Truppen an ber Treppe, wo Auban ſtanb, vorbeiritten, hörte Auban, wie bas Schlagen ber Pferbehufe auf bem harten Boden von bem Beifallsgeſchrei, bem Hänbeklatſchen, ben jauchzenben Zurufen ber ihn Umſtehenben übertönt wurbe, unb er wollte ſeinen Ohren nicht trauen. Waren bas wirklich Zeichen bes Beifalls? — Es war nicht möglich. Es konnte nur Hohn unb Spott ſein. Aber ſo unverhohlen war bie Freube bes Haufens bei bem unverhofften Anblick bieſes glitzernben Blechs, bieſes pomphaften Aufzuges, unb ſo berechnet war beſſen Wirkung, baß er nicht mehr zweifeln konnte: bieſelben Menſchen, bie noch eine Minute vorher bie ſie niederknüttelnben unb niederreitenben Polizisten mit bem Heulen ihrer Wuth unb bem Ziſchen ihres Haſſes überſchüttet hatten, bieſe ſelben Menſchen jubelten jetzt in ſinnloſer Freube Denen zu, welche geſanbt waren, ſie niederzuſchießen! . . .

Erſt hatte Auban ungläubig geſtutzt. Nun lachte er unb ein Gebanke ergriff ihn. Er ließ einen ſcharfen Pfiff ertönen. Unb ſiehe ba: um ihn herum wurbe bieſer Pfiff aufgenommen unb fortgepflanzt, ſo baß bas Klatſchen bes Beifalls eine Minute lang von bieſem Zeichen ber Verachtung übergellt wurbe. Unb Auban ſah, baß unter Denen, welche jetzt pfiffen, bieſelben ſich befanben, welche vorher zu ben Beifallsrufern gehört hatten.

Da lachte er. Aber ſein Lachen ſchwanb balb vor bem Ekel, ber ihn überkam angeſichts bieſer ſinnloſen Unzurechnungsfähigkeit.

Was für alberne Kinder! dachte er. Eben noch bis auf's Blut von brutaler Hand gezüchtigt, jubeln sie jetzt — wie das Kind der neuen Puppe — den bunten Fetzen dieser lächerlichen Aeußerlichkeit zu, ohne den furchtbaren Sinn dieses kindischen Schauspiels auch nur zu ahnen! —

Als er mit dem Entschluß, dem widerwärtigen Possenspiel zu entgehen, die Treppe und den Platz verlassen wollte, rückten die zur Verstärkung gesandten Grenadier Guards zu Fuß mit aufgepflanzten Bajonetten an, überall mit ihrem blinkenden Stahl Furcht und Entsetzen verbreitend; die Treppe füllte sich um die doppelte Anzahl mit den Erschreckten, die endlich — wie es schien — einzusehen begannen, um was es sich handelte, und daß vielleicht ein Zufall dieses Spiel im Handumdrehen in den blutigsten Ernst verwandeln konnte. Aber Alles schien Drohung bleiben zu wollen. Ruhig umzogen die Truppen mehrmals die Außenseite des Square. Nur einmal, als Auban bereits das Nordende bei St. Martin erreicht hatte, vernahm er, wie ein furchtbarer Angstschrei aus der Mitte der vor den eisernen, unaufhaltsam in der ganzen Straßenbreite vorrückenden Bajonetten angstvoll Flüchtenden das dumpfe Brausen und Branden laut übergellte.

Was war geschehen? — Lag Jemand erstochen in seinem Blute? — War eine Frau erdrückt in dem endlosen Haufen? — Die Erregung war ungeheuer. Alles begann in der nun bereits sichtbar sinkenden Dämmerung von dem Taumel der Furcht ergriffen zu werden, trotzdem sich die Wenigsten durch ihn zum Verlassen des Platzes bewegen ließen.

Auban ging dem Strand zu. Hinter ihm her drang noch lange der Lärm. — Er ging so lange, bis die Menschenmassen, welche in weitem Umkreis die um den Square liegenden Straßen durchwogten, aufhörten und das gewöhnliche Getriebe begann. Er hegte den Wunsch nach Ruhe und Abgeschlossenheit. Daher suchte er das Speisezimmer eines der großen englischen Restaurants auf und saß dort lange.

Hier blitzte das Silber und dufteten die Blumen auf den schnee=
weißen Gedecken der Tische, welche sich in den hohen Spiegelscheiben
der Wände wiedersahen. Die Gäste, die meisten in Frack und in
Gesellschaftsanzug, traten schweigend ein und ließen sich würdevoll
auf ihre Plätze nieder, der Wichtigkeit dieses Augenblicks bewußt, in
welchem sie sich an das Studium des Menus begaben. Ueber den
mit dicken Teppichen belegten Boden eilten die Kellner mit unhörbaren
Schritten. Nichts war vernehmbar in diesem hohen, vornehmen, in
dunklen Farbentönen gehaltenen Saale als das leise Klirren der
Teller und Messer, das Rauschen seidener Schleppen und zuweilen
ein halblautes, melodisches Lachen, welches das gedämpft geführte
Gespräch unterbrach . . .

Auban aß so einfach, wie immer, nur besser und zu einem
zehnfachen Preise, mit welchem er den Aufenthalt in diesen Räumen
bezahlte. Und während er die Tafelnden um sich herum betrachtete,
verglich er unwillkürlich ihre sicheren, leichten, eleganten, aber ein=
tönigen und uncharakteristischen Erscheinungen mit den Gestalten, aus
deren Mitte er kam: den schweren, herben Gestalten des Volkes,
welche Hunger und Entbehrung in Allem niedergedrückt und oft
entstellt halten bis zur Unkenntlichkeit . . .

Als er nach einstündiger Ruhe wieder die Richtung nach Trafalgar
Square nahm, kam er zufällig an den Thoren von Charing Croß
Hospital vorbei. Der Eingang und die ganze Straße, in welcher
das Krankenhaus lag, war dicht besetzt: hier wurden die zerbrochenen
Glieder wieder eingerenkt und die aufgeschlagenen Köpfe zugenäht,
welche man sich aus dem Kampf auf dem nahe gelegenen Schlacht=
feld geholt hatte . . .

Der Anblick war ernst und komisch zugleich, hier wankte, von
zwei Anderen gestützt, ein Mann heran, dessen Gesicht mit Blut
überströmt war, welches aus einer klaffenden Stirnwunde schoß; dort
trat ein bereits Verbundener aus der Eingangsthür, den einen Arm
in der Binde, mit dem andern aber noch sein zerbrochenes Blas=
instrument haltend. Hier hinkte ein Polizist, der mit seinem Pferde
gestürzt war, herbei; und dort wurde ein Ohnmächtiger auf einer
Bahre herangetragen.

Auban drängte sich näher und warf einen Blick in den Vorraum des Hospitals. An den Wänden saßen friedlich die Feinde nebeneinander, die Einen bereits verbunden, die Anderen wartend, daß endlich eine der übermäßig beschäftigten Hände der Helfer sich auch ihrer erbarmen möchte.

„Es sind bis jetzt noch keine schwereren Verletzungen vorgekommen," sagte Einer der Umstehenden.

Es ist eine Komödie, dachte Auban, erst hauen sie sich die Köpfe blutig, dann lassen sie sich von derselben Hand flicken — ein harmloses Vergnügen. Pack schlägt sich, Pack verträgt sich!

Und er ging weiter, sich seinen Weg nur mit Mühe durch die neugierige, gleichsam von dem frischen Blut angelockte, eng um den Eingang zusammendrängende und nur den Verwundeten Platz machende Menge bahnend.

Als er den Strand wieder betrat, floh ihm ein schreiender, ungewöhnlich zahlreicher Menschenhaufe entgegen und zwang ihn zum Stillestehen. Die Polizei trieb also jetzt auch die Menge die Nebenstraßen weit hinauf . . .

Dennoch wollte er nicht umkehren, ohne noch zu dieser Stunde, wo die Fittiche des Abends bereits tief über der Erde hingen, einen Blick auf das Schauspiel geworfen zu haben, welches in dieser Zwielicht-Beleuchtung einen ganz andern Charakter angenommen haben mußte.

Er wollte daher versuchen, von Süden her den Square zu erreichen; und er bog vor dem Bahnhof Charing Croß in die links nach der Themse abfallende Villiers Street ein. Dann durchschritt er den Tunnel, der unter dem Bahnhof durchführt. Genau fünf Wochen waren vergangen, seit er ihn zum letzten Mal — vom jenseitigen Ufer der Themse kommend — an einem Samstag-Abend des Oktober, naßkalt wie der heutige, durchschritten und — von traurigen Erinnerungen an frühere Erlebnisse erschüttert — geflohen hatte. Heute hatte er keine Zeit zu Erinnerungen.

Er eilte vorwärts. Als er in Northumberland Avenue, dieser Palast-Straße, stand, sah er, wie von Scotland Yard, dem Hauptquartier der Polizei, immer neuer Zuzug nach dem Square getrieben wurde. Er nahm denselben Weg. —

17*

Alles auf dem Square hatte ein verändertes Aussehen erhalten: die Nelsonsäule ragte wie der riesige Zeigefinger einer dunklen Riesenhand drohend empor in das Dunkel; mächtig lag zur Rechten der enorme Rundbau des Grand Hotel mit seinen erleuchteten Fenstern, hinter denen die Neugierigen immer noch nicht verschwunden waren; schweigend lag die innere Fläche des Platzes, noch immer von der Polizei besetzt; und durch die Straßen um sie herum tobte noch immer der Kampf, welcher mit der einbrechenden Dunkelheit je wilder geworden zu sein schien, desto mehr er seinem Ende sich nahte ...

Die unzähligen Lichter der Laternen waren aufgeflammt und beleuchteten mit zitternden Strahlen die dunklen Massen, welche unter ihnen in fieberhaftem Ungestüm vorbeiwogten.

Noch immer ritten die Life Guards in Zügen, welche sich begegneten, die Straßen auf und nieder. Ihre Uniformen, die Brustpanzer, die weißen Hosen und die rothen Röcke, blitzten, von den Lichtern übergossen.

Immer maßloser, brutaler und ungerechtfertigter waren die Angriffe der Polizei, vor allem die der Berittenen, geworden. In die dichtesten Menschenhaufen in gestrecktem Galopp hineinsprengend, ritten sie nieder, was nicht schnell genug flüchtete, mit ihren Knütteln auf die Fallenden und am Boden Liegenden niederschlagend, gleichgültig dafür, wohin sie trafen, ob auf die Arme, Schultern oder Köpfe der Wehrlosen. In einem Augenblick waren die Stellen, wo eben noch kein Stein hätte zur Erde fallen können, nur noch bedeckt mit Kleiderfetzen, zertretenen Hüten, zerbrochenen Stöcken.

Trotzdem die Ermüdung der Angreifer wie der Angegriffenen unverkennbar war, schienen Alle noch einmal so erbittert. Das Geheul klang jetzt, wo nichts mehr scharf zu erkennen war, thierischer als zuvor.

Auban sah Szenen, wohin er sich wandte, welche sein Blut in Wallung brachten.

Er stand, ohne sich rühren zu können, in einem Haufen, der wie erstarrt war von Angst, und zwar in der vordersten Reihe. Ein alter Mann flüchtete auf ihn zu. Seine weißen Haare waren mit Blut gefärbt. Einer der Reiter verfolgte ihn, mit seinem

Knüttel auf ihn immer wieder niederhauend. Auban stürzte vor. Aber er konnte nicht helfen. Denn von den Nachfolgenden wurde er mit solcher Heftigkeit fortgerissen, daß er selbst zu fallen glaubte: die Polizei war von der andern Seite angeritten und hatte alles in Bewegung gesetzt . . .

Im Eingang zu Charing Croß konnte er endlich Fuß fassen. Die Reiter kehrten um und rasten zurück. Auban stellte sich auf eine Treppe.

„Seit den Tagen der Chartisten hat London solche Szenen nicht gesehen!" — rief ein älterer Herr neben ihm.

„Der Prinz von Wales hat die Bluthunde mit Branntwein betrunken gemacht, damit sie uns tödten!" schrie ein Weib.

Und es schien wirklich so zu sein. Aber nicht nur die Polizei war trunken, sondern auch das Publikum, trunken von Wuth und Haß.

Am Eingang derselben Straße, wo Auban stand, unfern des Grand Hotel, rottete sich ein neuer großer Haufe zusammen, offenbar bereit zum Widerstande und sich im Instinkt der Gemeinsamkeit eng zusammenhaltend. Eine neue Abtheilung der Polizei zu Fuß rückte im Laufschritt an. Ein wüthendes Handgemenge entstand. Steine durchflogen die Luft, Scheiben klirrten, man hörte das Ringen der Kämpfenden und das dumpfe Aufschlagen der Stöcke, die Schreie und das dumpfe Grollen.

Fast wollte die Polizei zurückweichen. Aber schon kamen die berittenen Reihen angesprengt und der Streit war entschieden. Weit nach Charing Croß hinein wurden die Flüchtenden getrieben. Auban ward abermals willenlos von ihnen fortgerissen.

Die Funken, welche die jagenden Pferdehufe auf dem Boden schlugen, sprühten in der Dunkelheit . . .

So würden der Lärm und die Zusammenstöße noch eine, höchstens zwei Stunden wüthen, dann nachlassen; und dann würde der Kampf, auf der ganzen Linie zu Gunsten der Gewalt ausgefochten, beendet und das Recht der freien Rede auf Trafalgar Square dem Volke für immer, für lange verloren sein . . .

Bevor Auban den Square verließ, nahm er noch einmal mit einem langen Blick das Bild dieses Schauspiels in sich auf, welches ihm unvergeßlich bleiben würde. Ohr und Auge, beide ermüdet, tranken noch einmal die dunkle Weite des Platzes, das schwarze Meer der Menschen, das Getöse seiner Fluth, die flirrenden Lichter — all' die tausend Laute der Leidenschaft, in einen zusammen= geballt — und nicht mehr so lächerlich, sondern fast furchtbar war das Gebrüll, welches einem einzigen Munde zu entströmen schien.

Auban entfloh ihm. Er sehnte sich nach Ruhe. Er sehnte sich nach einem Kampf, anders wie dieser, den er in seinen ersten Tagen so leidenschaftlich, wie kein Anderer, mitgekämpft hatte, nach einem Kampf, dessen Erfolg zweifellos war, weil er unerbittlich sein mußte, in dem es andere Kräfte zu erproben galt, als die, welche heute im Spiele mit einander gerungen hatten, gleichsam, wie um sich kennen zu lernen.

Als er den Fuß in den Wagen setzte, der ihn in sein stilles Zimmer bringen sollte, hörte er noch, wie bereits die Abendzeitungen, welche das schilderten, was er an diesem Nachmittage gesehen hatte, von den gellenden Stimmen ihrer Verkäufer ausgerufen wurden.

Zehntes Kapitel.

Anarchie.

Die Wochen vergingen.

Der „bloody Sunday" anf Trafalgar Square erregte die Gemüther nicht mehr zu leidenschaftlichen Auseinandersetzungen. Zwar hatte sich am folgenden Sonntag zur Unterstützung der Polizei eine Schaar freiwilliger Vaterlandsvertheidiger eingefunden, aber dieselben hatten, nachdem sie ein paar Stunden lang auf dem Platz dem Gespött und dem Hohn der neugierigen Menge, welche keinen Versuch machte, ein verlorenes Recht zurückzuerobern, ausgesetzt gewesen waren, von Regen durchnäßt und ohne die frisch gebrechselten Knüttel geschwungen zu haben, nach Hause ziehen müssen.

Nach dem großen Schauspiel die Komik freiwilliger Selbsterniebrigung, nach dem „bloody Sunday" die „laughing stocks!" . . .

Der Square war und blieb leer.

Die Frage der „Arbeitslosen" war natürlich nicht gelöst, aber sie war in den Hintergrund getreten und sie schrie nicht mehr in den gellenden Tönen des Hungers nach Antwort.

In Chicago waren die Leichen der Gemordeten unter beispielloser Theilnahme der Bevölkerung zu Grabe getragen worden. Es war gewesen, als habe man eine Schuld wieder gut machen wollen.

Die Zeit der großen Geschehnisse war vorüber. Alles ging wieder seinen gewohnten Gang.

Die Tage waren um so kälter und feuchter geworden, je schneller der Monat zu Ende ging.

Auban hatte weder Trupp, noch irgend einen anderen seiner gewohnten Freunde wiedergesehen. Nur Dr. Hurt war zuweilen gekommen, seine „Füße zu wärmen" und seine Pfeife bei ihm zu rauchen. Sie lebten sich geistig mehr und mehr in einander ein und verstanden sich besser und besser.

Die Sonntag - Nachmittag - Zusammenkünfte schienen nicht nur unterbrochen zu sein, sondern gänzlich aufgehört zu haben. Auban dachte auch nicht daran, sie wieder aufleben zu lassen. Er war nun von ihrer Zwecklosigkeit überzeugt.

Auch die Clubs hatte er nicht mehr besucht seit dem Abend seiner Auseinandersetzung mit Trupp. Und — was die größte Veränderung in seinem Leben war — auch seine Wanderungen durch die Bezirke d8 Hungers hatte er aufgegeben.

Er hatte viel zu thun. Er begann jetzt mit der Arbeit seines Lebens, gegen welche alles, was er bisher gethan, nur Vorbereitung gewesen war.

Für sich selbst hatte er in dieser Zeit einen kleinen Sieg erfochten.

Die Leitung des französischen Sammelwerkes, zu dessen Mitarbeiterschaft er vor drei Jahren nach London berufen war, war nach und nach ganz in seine Hände übergegangen. Dank seiner Gewissenhaftigkeit, seiner Umsicht, seiner Selbstständigkeit hatte das Unternehmen, welches dem Abschluß entgegenging, einen glänzenden Erfolg erzielt. Trotzdem er der buchhändlerischen Firma, einer der größten Englands, unentbehrlich geworden war, hatte es diese unterlassen, seine Dienste angemessen zu honoriren, und seine Besoldung nur wenig erhöht.

Er hatte lange auf die freiwillige Erfüllung dieser Pflicht gewartet. Er wartete, bis er alle Trümpfe in seiner Hand hielt. Dann hatte er sie eines Tages ausgespielt und seine Entlassung für das Ende des Jahres angezeigt.

Eine lange Unterredung mit den beiden Inhabern der Firma war daraufhin gefolgt. Bei dem Ausbruch ihrer moralischen Entrüſtung über den Bruch des Kontraktes, der zwar weder ſchriftlich, noch durch irgend ein Wort Auban's, ſondern von ihrer Seite, wie ſie ſagten, nur auf „Treu' und Glauben" eingegangen war, waren ſie von Auban gebeten worden, doch jede Sentimentalität in einer geſchäftlichen Auseinanderſetzung bei Seite zu laſſen. Dann bewies er ihnen mit Zahlen, daß das einzige Verdienſt, welches ſie ſich bei der Herausgabe des Werkes erworben, das Herleihen des Kapitals geweſen war, daß dieſes Verdienſt ſich aber ſo belohnt hatte, ihnen etwa vier Fünftel des Ertrages ſeiner Arbeit zu ſichern.

Daraufhin ſeine Forderungen, als die Bitte an ihn geſtellt wurde, noch ein Vierteljahr zu bleiben, bis zum vorläufigen Abſchluß des Werkes: zunächſt das Dreifache des Monatsgehaltes wie bisher.

„Noch nie hätten ſie einem ihrer Angeſtellten ein ſolches Salair gezahlt —"

„Noch nie ſeien ihnen wohl auch von einem Angeſtellten ſolche Dienſte geleiſtet worden —"

Ferner, und das war Auban's Hauptſchlag geweſen, mit dem er ſich ſeine Zukunft wenigſtens in Etwas ſicherſtellen wollte: einen Gewinnantheil an jeder Auflage des Werkes.

„Ob eine ſolche Forderung wohl ſchon je geſtellt worden ſei —"

„Das ſei ihm ganz gleichgültig. Es ſtünde in ihrem Belieben, ſie anzunehmen oder zu verwerfen —"

Sie thaten das Erſtere.

Endlich Auban's dritte Forderung: eine Entſchädigung, im Verhältniß zu dem Erfolge ſeiner Arbeit ſtehend, für die bisher geleiſtete Arbeit, ſofort auszahlbar —

„Das ſähe verdammt einer Erpreſſung ähnlich —"

„Mochten ſie es nennen, wie ſie es wollten. Er habe von ihnen gelernt. Ob ſie das wundere? Drückten ſie nicht auch etwa die Löhne ihrer Arbeiter nieder, ſo tief als es nur ging? Er ſtemme ſich dagegen und drücke wieder —"

Als er gegangen war, knirſchten die Kompagnons mit den Zähnen. Als gewiegte Geſchäftsleute aber geſtanden ſie ſich ſtill- ſchweigend ein, daß ſie nie eine größere Hochachtung für Auban empfunden hatten, wie in dieſem Augenblick . . .

Den Kontrakt, welchen beide Parteien darauf aufgesetzt hatten, ließ Auban von einem der ersten Rechtsanwälte prüfen und für richtig befinden, ehe er ihn unterschrieb und sich für drei Monate band.

Dann war er frei für einige Zeit; und nie hatte er mit solcher Deutlichkeit gefühlt, wie nöthig diese pekuniäre Unabhängigkeit war für das, was er thun wollte . . .

Noch ein Vierteljahr, und er war in der Lage, nach Paris zurückzukehren. Nach Paris! Sein Herz schlug höher bei diesem Gedanken.

Er liebte London und bewunderte es, dieses wunderbare, mächtige London, und er liebte Paris. Aber dieses liebte er doch anders . . .

London begann auf ihm zu lasten mit seinem ewig grauen Himmel, seinem fahlen Nebel, seiner traurigen Dämmerniß.

Eine Sonne stieg ihm auf. Und diese Sonne hieß Paris. Bald würde er wieder beschienen sein von ihren Strahlen, welche so warm waren, so belebend, so schön . . .

Von Auban's Schreibtisch waren die Stöße mit Zeitungen und Broschüren über Chicago verschwunden und neue Arbeiten bedeckten ihn, die seine spärlichen freien Stunden erfüllten.

Er war sich klar über das, was er wollte.

Er stand allein: keiner seiner zahlreichen Freunde war in den letzten Jahren mit ihm gegangen; Keiner unter ihnen war im Stande gewesen, mit ihm die letzten Konsequenzen zu ziehen.

So hatte er sie hinter sich zurücklassen müssen, er, der rastlos vorgeschritten war, der Freiheit zu.

Aber er hatte neue Verbindungen angeknüpft und oft und immer wieder richtete sich sein Auge nach Amerika, wo von einer kleinen, aber stetig und sicher wachsenden Schaar ausgezeichneter Männer seit Jahren bereits die Arbeit gethan wurde, welche in der alten Welt noch nicht angefangen war.

Alles drängte dahin, auch hier mit ihr zu beginnen.

Zwei Umstände erschwerten vor Allem die Ausbreitung der Idee der Anarchie in Europa:

Entweder sah man in einem Anarchisten einen Dynamitarden; oder, hatte man einen Blick in den Ideenkreis der neuen Partei geworfen, einen Kommunisten.

Während in Amerika bereits einige Lichtstrahlen die trüben Blicke des Vorurtheils und der Voreingenommenheit zu treffen begonnen hatten, waren in Europa noch alle verschleiert.

Zuvor mußte der überall mißverstandene Sinn des Wortes neugeprüft, erkannt und erklärt werden.

Die Einen, die, welche Alles nehmen, wie man es ihnen gibt, und in der Anarchie nur das Chaos und in dem Anarchisten nur den gewaltsamen Umstürzler sahen, mußten belehrt werden, daß Anarchie im Gegentheil das Ziel der Entwicklung der menschlichen Gesellschaft ist und jenen Zustand bezeichnet, in welchem die Freiheit des Individuums und seiner Arbeit Bürge ist für sein Wohl, wie für den Wohlstand der Allgemeinheit.

Und den Anderen, Jenen, welche mit Recht an das Ideal der Freiheit im brüderlichen Kommunismus nicht glaubten, mußte gezeigt werden, daß die Anarchie die Freiheit des Individuums, weit entfernt, sie in Gütergemeinschaft und Aufopferung zu sehen, sie im Gegentheil durch Bekämpfung und Beseitigung ganz bestimmter gewaltsamer Hemmnisse und künstlicher Schranken zu erreichen sucht.

War diese erste, roheste und undankbarste Vorarbeit geschehen und hatte sich, wenn auch vorerst nur unter Wenigen, die Erkenntniß Bahn gebrochen, daß die Anarchie kein Himmel auf Erden ist, und daß die Menschen nur ihre wahre Natur und deren Bedürfnisse zu erkennen, nicht aber dieselbe „von Grund aus zu ändern" brauchen, um die Freiheit zu ermöglichen, so war die nächste Aufgabe gegeben: die Institution des Staates zu kennzeichnen als größtes und einziges Hemmniß der Menschheit auf ihrem Wege der Entwicklung zur Kultur.

Es galt zu zeigen: daß der Staat die privilegirte Gewalt ist und daß Gewalt es ist, die ihn erhält; daß er es ist, der die Harmonie der Natur in die Unordnung des Zwanges verwandelt; daß seine Verbrechen es sind, die die Verbrechen schaffen; daß er hier unnatürliche

Vorrechte verleiht, während er dort natürliche Rechte schmälert; daß er die wetteifernde Entfaltung der Kräfte auf allen Gebieten lähmt, den fruchtbaren Handel unterbindet und damit den Wohlstand des ganzes Volkes untergräbt; daß er in Allem die Mittelmäßigkeit vertritt und daß Alles, was er zu thun unternimmt, weit besser, allgemein zufriedenstellender, vortheilhafter ohne ihn ausgeführt werden könnte, wenn es der freien Konkurrenz der Privaten überlassen bliebe; daß eine Nation je reicher und glücklicher ist, desto weniger sie regiert wird; daß der Staat, geschweige je der Ausdruck des Willens der Gesammtheit zu sein, vielmehr immer und immer nur der Wille derjenigen ist, welche an ihrer Spitze stehen; und daß die, welche an der Spitze stehen, zwar immer für sich und die „Ihren", nie aber für Die sorgen, welche ihnen ihre Sorgen anzuvertrauen thöricht genug sind; daß der Staat nur geben kann, was er zuvor genommen hat, da er unproduktiv ist, und daß er immer weniger zurückgiebt, als er erhalten — kurzum, es galt zu zeigen, daß er, Alles in Allem genommen, nichts Anderes ist, als ein ungeheurer, fortgesetzter, schamloser Betrug, vermittels dessen die Einen auf Kosten der Anderen leben, mag er sich nun genannt haben oder nennen, wie er will . . .

War so auf einigen Punkten der Glaube an das allein seligmachende Idol des Staates erschüttert und damit das Vertrauen in die eigene Kraft der Initiative gestärkt, so mußte jenen Gesetzen nachgegangen werden, welche das wirthschaftliche Leben beherrschen. Es mußte die Wahrheit zur Erkenntniß gebracht werden, daß die Interessen der Menschen sich nicht feindlich gegenüberstehen, sondern daß sie sich harmonisch vereinen, wenn ihnen nur der freie Spielraum zu ihrer Entfaltung nicht genommen oder geschmälert wird.

Die Freiheit der Arbeit — errungen durch den Fall des Staates, welcher das Geld nicht mehr monopolisiren, den Kredit nicht mehr lähmen, das Kapital nicht mehr vorenthalten, die Zirkulation der Werthe nicht mehr hemmen, mit einem Wort: die Angelegenheiten der Einzelnen nicht mehr kontroliren kann — war sie zur Thatsache geworden, so war die Sonne der Anarchie aufgegangen.

Ihr Segen — man würde ihn wie Wärme fühlen, nach der langen Nacht voll Kälte und Noth . . .

Aber versprechen sollte man nichts. Nur Die, welche nicht wissen, was sie wollen, versprachen. Es galt zu überzeugen, nicht zu überreden.

Das erforderte andere Kräfte, als die der geschwätzigen Zunge, welche die Massen beredet, gegen ihren Willen zu handeln, statt dem Einzelnen die Wahl seiner Entschlüsse zu lassen und seiner Einsicht zu vertrauen.

Die verschiedensten Wissensgebiete mußten herangezogen werden, um die Theorie der neuerwachenden Lehre zu beweisen: die Geschichte, um die Irrthümer der Vergangenheit in der Zukunft zu vermeiden; die Psychologie, um zu erkennen, wie die Seele den Bedingungen unterworfen ist, die der Körper ihr vorschreibt; die Philosophie, damit sie zeige, wie alles Denken nur vom Individuum ausgeht, damit es zu ihm zurückkehre . . .

Nachdem so Alles gethan war, um die Freiheit des Individuums als Gipfelpunkt der Entwickelung zu beweisen, blieb noch eine Aufgabe übrig.

Nicht nur die Ziele mußten gezeigt, sondern auch die besten und sichersten Wege gesucht werden, auf welchen dieselben zu erreichen waren. In der Gewalt die größte Feindin erblickend, galt es, die Gewalt zu vernichten. Auf welche Weise?

Auch sie war gefunden. Nicht zu einem Kampfe galt es den bis an die Zähne bewaffneten und in allen Machtmitteln noch weit überlegenen Staat herauszufordern. Er wäre entschieden, noch ehe er begonnen hätte. Nein, dieses Ungeheuer, welches sich von dem Blute unserer Arbeit nährt und erhält, mußte ausgehungert werden, indem man ihm den Tribut vorenthielt, den es als selbstverständlich forderte. Es mußte an Erschöpfung sterben, verhungern, langsam zwar, ohne Zweifel, aber sicher. Noch hatte es die Macht und das Ansehen, seinen Raub unweigerlich einzufordern oder den Verweigerer zu vernichten. Eines Tages aber würde es einer Anzahl von Männern, von besonnenen, ruhigen, unerschütterlichen Männern begegnen, welche mit verschränkten Armen seinen Angriff mit der Frage zurückschlagen würden: Was willst Du von uns? — Wir wollen Nichts von Dir. Wir verweigern Dir jeden Gehorsam. Laß Dich von Denen ernähren, die Dich brauchen. Uns aber laß in Ruhe! —

An diesem Tage würde die Freiheit ihren ersten Sieg erfechten, einen unblutigen Sieg, dessen Ruhm die Erde mit der Eile des Windes durchfliegen und überall die Stimme der Vernunft zur Antwort erwecken würde.

Was waren die Streiks, vor welchen die Ausbeuter zitterten, anderes, als passiver Widerstand? Mußten die Arbeiter mit ihnen nicht Erfolge erzielen können? Erfolge, auf welche sie vergeblich warten würden, vertrauten sie weiter dem ruchlosen Spiel politischer Gaukler.

Bisher in der Geschichte des Jahrhunderts nur in vereinzelten Fällen hier und da und nur zeitweilig zur Erzwingung gewisser politischer Forderungen benützt, mußte einst der prinzipiell angewandte passive Widerstand gegen die Regierung — vor Allem in der Form der Steuerverweigerung — zur vorgehaltenen Waffe werden, an welcher der Staat langsam verbluten würde . . .

Bis dahin aber? —

Bis dahin galt es zu wachen und zu warten.

Es gab keinen anderen Weg, das Ziel endlich zu erreichen, als den der ruhigen, unermüdlichen, sichern Aufklärung und den des selbst gegebenen Beispiels, welches eines Tages Wunder wirken würde.

So lag vor Auban in ihrem ganzen Umfange die Arbeit, welcher er sich entschlossen hatte, sein Leben zu widmen. Er überschätzte seine Kraft nicht. Aber er vertraute ihr. Denn sie hatte ihn geführt durch die Irrthümer seiner Jugend. So konnte sie keine gewöhnliche Kraft sein.

Noch stand er allein. Bald würde er Freunde und Mitkämpfer haben. Schon begann sich in Paris unter den Kommunisten eine stark individualistisch-anarchistische Strömung bemerkbar zu machen, welche das Privat-Eigenthum in Schutz nahm.

In diesen Tagen waren ihm die ersten Hefte einer neuen Zeitschrift — offenbar mit den bescheidensten Mitteln gegründet — zugeflogen, welche ein glänzender Beweis für die in gewissen Arbeiterkreisen seines Landes herrschende Intelligenz war. Die „L'Autonomie individuelle" hatte sich frei gemacht vom Kommunismus und wurde nun von ihm ebenso angegriffen, wie einst von den Sozialdemokraten. Auban vertiefte sich in die Lektüre der wenigen Blätter, aus welchen ihm ein Geist der Freiheit entgegenwehte, der ihn entzückte . . .

Ein Klopfen an der Thür unterbrach ihn.

Ein Brief wurde ihm überbracht. Derselbe bat um ein Rendez-vous noch für diesen Abend und trug keine Unterschrift. Auban wollte ihn zuerst bei Seite werfen. Dann aber, als er ihn zum zweiten Male las, nahm sein Gesicht einen nachdenklichen Ausdruck an. In der Art und Weise, wie der Brief abgefaßt war, mußte etwas liegen, das seinen Entschluß änderte, denn er sah nach der Uhr und blickte auf den großen Stadtplan von London, der an der Wand hing.

Mit der unterirdischen Eisenbahn fuhr er über Blackfriars von Kings Croß nach London Bridge. Er mußte umsteigen und wurde dadurch aufgehalten. Dennoch erreichte er noch vor der angegebenen Stunde die Straße und das bezeichnete Haus. Als er an der ver-schlossenen Thür klopfte, wurde diese sofort geöffnet.

Auban brauchte den Namen nicht zu nennen, welcher ihm an-gegeben war. Er erstarb auf seinem Munde in einem unwillkürlichen Ausruf des Erkennens und des Erschreckens, als er den Oeffnenden erkannte. Vor ihm stand ein Mann, der einst eine, der gefürchtetsten und gefeiertsten Persönlichkeiten in der revolutionären Bewegung Europas gewesen war, dessen Name nun aber von den Meisten nur noch mit Haß und Verachtung genannt wurde. Jeden Anderen hätte Auban eher je wiederzusehen geglaubt, wie diesen Mann, der ihn schweigend empfing und jetzt schweigend die Treppe hinauf in ein kleines, niedriges Zimmer führte.

Dort, an dem einzigen Fenster, standen sie sich gegenüber und Aubans Erkennen wich dem Gefühl innerster Erschütterung, als er sah, was die wenigen Jahre, in denen er ihn nicht mehr gesehen, aus seinem einstigen Bekannten gemacht hatten. Damals war er

aufrecht und stolz gegangen, jetzt stand er vor ihm wie gebückt unter
der Last eines furchtbaren Schicksals. Noch konnte er das fünf-
unddreißigste Jahr nicht erreicht haben und schon waren seine Haare
grau wie die eines Fünfzigjährigen; einst war sein Lächeln so sieges-
gewiß und zwingend gewesen, daß Keiner ihm widerstehen konnte —
heute war es traurig und schmerzlich, als er sah, wie wenig Auban
sein Erschrecken und seine Erschütterung bei seinem veränderten Anblick
zu verbergen vermochte.

Da nannte ihn Auban leise, als fürchte er, die Wände könnten
ihn hören, bei seinem wirklichen Namen, diesem einst so viel genannten,
heute fast vergessenen Namen.

„Ja, ich bin es“, sagte der Andere, ohne daß das traurige
Lächeln von seinen Lippen verschwand. „Sie hätten mich wohl nicht
einmal wiedererkannt Auban?“

Auban schüttelte gewaltsam seine Erregung ab.

„Wo kommen Sie her? Wissen Sie nicht —“

„Ja, ich weiß: man ist mir überall auf den Fersen, selbst hier
in England. In Frankreich würde man mich ausliefern und in
Deutschland begraben für Lebenszeit, wenn man mich hätte. Auch
hier bin ich nicht sicher. Aber ich mußte noch einmal hierher, ehe
ich untertauche für immer. Sie wissen, weshalb —“

Gewiß, Auban wußte es. Auf diesem Manne lag der furchtbare Verdacht, einen Genossen verrathen zu haben. Wie viel, wie
wenig Wahrheit an diesem Verdacht war, Auban konnte es nicht
entscheiden. Von sozialdemokratischer Seite war er zuerst ausgesprochen worden. Aber von dort aus waren schon so viel ge-
flissentliche Lügen über die Kommunisten ausgegangen, daß auch diese
aus der Luft gegriffen sein konnte. Dann war er wiederholt worden
von einer feindlichen Richtung im eigenen Lager. Der Beklagte hatte
jetzt geantwortet. Aber wollte oder konnte er nicht: kurz, die Sache
war, trotz vieler Worte, nie ganz aufgeklärt worden. Sicherlich war
das überhaupt in der Oeffentlichkeit unmöglich — über zu Vieles
mußte geschwiegen werden, was der Feind nicht erfahren durfte, zu
viele Namen mußten ungenannt, welche genannt, zu viele Verhältnisse
unberührt bleiben, welche von Grund aus hätten erörtert werden

müssen, als daß der so Angeschuldigte je hoffen durfte, in Aller Augen wieder unantastbar dazustehen.

Das war der Fluch der Knechtschaft, mit dem die falsche Taktik Einen an den Andern band, so daß Keiner sich rühren und regen konnte, wie er wollte.

Noch immer hätte der von allen Seiten bereits Angegriffene aufrecht weiter wirken können in dem alten Kreise der Genossen, wenn dieser selbst nicht auch wankend geworden wäre. Da hatte er eines Tages Alles hinter sich abgebrochen und war verschwunden. Sein Name wurde vergessen; vergessen wurde, was er gethan hatte, nachdem mit seiner Person ihr großer Einfluß, der bezaubernd gewesen war, wo er sich geltend gemacht hatte, gewichen war.

Auban wußte es und er sagte daher:

„Ihre Reise war nutzlos."

„Ja," war die Antwort, und die Stimme war so trüb, wie die Augen dessen, der sie gab, „sie war nutzlos."

Er ließ wie völlig gebrochen die Stirn sinken, als er noch leiser fortfuhr, als schäme er sich seines Wiederkommens, wie einer Feigheit:

„Ich konnte es nicht mehr aushalten. Zwei Jahre bin ich allein gewesen. Da entschloß ich mich, wiederzukehren und einen letzten Versuch zu wagen, mich zu rechtfertigen. Man glaubt mir nicht. Keiner glaubt mir . . ."

„So glauben Sie an sich selbst!" sagte Auban fest.

„Heute dachte ich an Sie. Man hat mir von Ihnen gesprochen. Man warf Ihnen vor, daß Sie Ihre eigenen Wege gehen. Nun ja, Sie sind noch der Einzige, der sich in der Wirrniß den freien Blick bewahrt hat. Ich danke Ihnen, daß Sie gekommen sind." . .

Er schien wie erschöpft, als hätten ihn schon diese wenigen Worte ermüdet. Vor drei Jahren war er ein glänzender Redner gewesen, welcher drei Stunden lang gesprochen hatte, ohne Ermattung zu zeigen.

Auban war tief erschüttert. Er hätte ihm gern gesagt, daß er ihm glaube. Aber wie konnte er das, ohne unehrlich zu sein? — Ihm war jene ganze Angelegenheit fast fremd geblieben, so viel er auch über sie gehört hatte. Der Andere schien es zu fühlen.

18

„Ich müßte Ihnen die ganze Geschichte erzählen, um Ihnen ein Urtheil zu ermöglichen. Aber das würde Stunden dauern und vielleicht wäre es dann doch nutzlos gewesen. Nur so viel, und das können Sie mir glauben: ich habe einen Irrthum begangen, aber an dem Verbrechen, welches man mir zur Last legt, bin ich unschuldig. Außerdem habe ich Vieles versäumt, was ich zu meiner Vertheidigung gleich hätte thun müssen. Das Alles ist jetzt zu spät."

Er sah nach der Uhr.

„Ja, es würde Stunden dauern und ich habe keine halbe mehr. Ich will noch heute fort."

„Wohin?" fragte Auban.

„Zunächst die Themse hinauf mit einem Schiff. Und dann", und traurig lächelnd machte er eine Bewegung mit der Hand in die Weite, „und dann weiter — irgendwohin — —"

Er griff nach einer kleinen Reisetasche, welche fertig gepackt neben ihm lag

„Ich habe nichts mehr hier zu thun, lassen Sie uns gehen, Auban. Begleiten Sie mich bis zur Brücke, wenn es kein Umweg für Sie ist."

Sie verließen das Zimmer und das Haus, ohne daß ihnen Jemand nachsah. Bis zur London Bridge gingen sie schweigend neben einander her.

Aber als sie die Brücke überschritten, brach der niedergekämpfte Groll des Ausgestoßenen doch los.

„Ich habe der Sache Alles gegeben, was ich besaß: meine ganze Jugend und mein halbes Leben. Nachdem sie mir Alles genommen, hat sie mir nichts zurückgelassen, nicht einmal den Glauben an sie selbst."

„Es bleibt Ihnen noch ein halbes Leben, um den Glauben an sich dafür zurückzugewinnen, diesen einzigen Glauben, der nie enttäuscht."

Aber der Andere schüttelte den Kopf.

„Sehen Sie mich an, ich bin nicht mehr, der ich war. Allen Verfolgungen habe ich Trotz geboten, dem Hunger, dem Haß, dem Gefängniß, dem Tod — aber von Denen, welche ich mehr geliebt habe, wie mich selbst, davongejagt zu werden wie ein räudiger Hund, das hat mich getroffen! — Ach, ich bin so müde! — so müde! — so müde! . . ."

Er trat in einen der Ruhepunkte der Brücke und ließ sich auf eine der Bänke fallen, während der Menschenstrom weiterbrauste. Auban setzte sich neben ihn. Der Ton, mit welchem der unglückliche Mann die letzten Worte wiederholte, erschütterte ihn von Neuem auf's Tiefste. Und während hinter ihnen das grandiose Leben die Brücke überspülte, erzählte er ihm, um ihm Zeit zu lassen, sich zu fassen, von seinen eigenen trüben Erfahrungen und Erkenntnissen, und wie dennoch seine Kraft unerschüttert und sein Muth ungelähmt sei, seit er sich wiedergefunden habe und nun — auf eigenen Füßen stehend — thuend und lassend, was er wolle — von keiner Partei, keiner Clique, keiner Richtung mehr abhängig — Keinem mehr Eingriffe in sein eigenes Leben gestatte —

Aber der Andere saß theilnahmslos. Er schüttelte den Kopf und sah vor sich hin.

Plötzlich sprang er auf, griff nach seinem Gepäck, zeigte auf das Chaos von Schiffen und murmelte einige unverständliche Worte.

Dann, noch ehe Auban ihm antworten konnte, umarmte er den Ueberraschten mit Heftigkeit und eilte, mit der Hand ein Zeichen gebend, er wolle nicht weiter begleitet sein, davon . . .

Auban sah ihm lange nach.

Opfer über Opfer, und alle umsonst, dachte er. — Lange noch sah er vor sich das gealterte Gesicht und die ergrauten Haare des Verfolgten, der — ein ruheloser Wanderer — einer neuen Welt voll Geschicken entgegenzog, ohne Kraft mehr und ohne Muth, ein Leben noch weiter zu bestehen, das ihn betrogen hatte . . .

Der Abend begann.

Die Sonne ging unter.

Ueber London Bridge flutheten zwei unermeßliche Menschenströme, herüber und hinüber zogen in zwei ununterbrochenen Reihen rasselnd und dröhnend die Wagen.

Das schwarze Gewässer der Themse floß träge.

Auban stand an dem Brückenrand und nahm, gegen Osten gewendet, das große Bild auf, welches sich ihm bot. Ueberall über die Häusermassen zu beiden Seiten der Fluth erhoben sich Thürme, Säulen, Schornsteine, Kirchthurmspitzen . . . Unten aber ein Wald von Masten, Stangen, Segeln . . . Links Billingsgate, Londons großer, berühmter Fischmarkt . . . Weiter, dort, wo die vier Thürme ragen, das dunkle unheimliche Gebäude des Tower. Röthlich lag die untergehende Sonne, die blasse, müde Sonne Londons, minuten-lang auf seinen Fenstern: dann war auch ihr Schein plötzlich erloschen und grauhelle Dämmerung zog ihre Streifen um die dunklen Massen der Waarenhäuser, die Riesenleiber der Schiffe, um die Pfeiler der Brücke . . .

Schon zeigte die Zifferuhr an den Adelaide Buildings auf die siebente Stunde, aber noch immer war das Ausladen des mächtigen Uebersee-Steamers zu Auban's Füßen nicht beendet. Starke Männer trugen Kisten und Ballen in langen Reihen über schwankende Bretter-stege an's Ufer. Die Stirn, den Kopf und den Nacken mit eigen-tümlich geformten Polstern gegen den zermalmenden Druck der schweren Last geschützt, sahen sie, wie sie gebückt unter ihrer Bürde einher-schritten, aus, wie Stiere im Joche . . .

Eine große wunderbare Stimmung überkam Auban. Das war London, das riesige London, welches mit seinen fünf Millionen menschlicher Wesen siebenhundert Meilen Erde bedeckte, das war das London, wo jede fünfte Minute ein Mensch geboren wurde, jede achte ein Mensch starb . . . Das war das London, welches wuchs und wuchs, und, bereits unermeßlich, das Grenzenlose erstreben zu wollen schien . . .

Ungeheure Stadt! Unbegreiflich und unerfaßlich lag sie da zu beiden Seiten des Flusses und die Wolken von Rauch, Dunst, Lärm, die sie ausspie, lagen wie Schleier über ihrem schnaufenden Leibe . . .

Lichter um Lichter erflammten und vermengten der Feuchtigkeit der Nebel die Wärme der Gluth. Ihre röthlichen Reflexe durch-zitterten die Dämmerung.

London Bridge donnerte und dröhnte unter den Lasten, welche sie trug.

Tag so für Tag, Woche für Woche, Jahr auf Jahr raste so dieses gewaltige Leben, welches nie ermüdete. Immer fieberhafter wurden die Schläge seines Herzens, immer gewaltiger die Thaten seines Armes, immer kühner die Pläne seines Gehirns.

Wann erreichte es den Höhepunkt seiner Ziele? — Wann würde es ruhen?! — —

War es unsterblich? —

Oder drohte auch ihm die Vernichtung? —

Und wieder sah Auban sie nahen, die Wolken des Verderbens, welche den Blitz senden würden, der diese ungeheure Masse von Zündstoff entladen würde.

London, auch du bist nicht unsterblich! . . . Du bist groß. Aber die Zeit ist größer .

Es wurde dunkler und dunkler.

Da wandte er sich dem Norden zu, und wie er mit seinen schweren, langen Schritten dahinging, fest auf den Stock gestützt, sah, wie immer, mancher Vorübereilende der hohen, hageren, stolzen Gestalt nach, welche der weite Mantel umflatterte.

Und wie Auban Straße um Straße kreuzte und sich mit jeder seiner Wohnung näherte, hatte er bereits die Erschütterung dieser letzten Stunden überwunden, und schon kreisten wieder mit unruhigen Schlägen die Flügel seiner Gedanken um das ersehnte Licht der Freiheit.

Wie würde sich entwickeln und gestalten, was noch als eben erst befruchteter Keim im Schooß der Zeit ruhte? —

Eines war ihm sicher:

Schmerzlos mußte sie sich vollziehen, die Geburt der neuen Welt, sollte sie lebensfähig sein.

Die soziale Frage war eine wirthschaftliche Frage.

So und nicht anders konnte sie sich lösen:

Mit der Schwächung der staatlichen Gewalt stellt sich mehr und mehr das Individuum auf die eigenen Füße. Dem Gängelbande des Paternalismus entfliehend, gewinnt es die Selbstständigkeit eigenen Wollens und Handelns. Das Recht der Selbstbestimmung uneingeschränkt in Anspruch nehmend, zielt es zunächst dahin, alle bisherigen Vorrechte null und nichtig zu machen. Nichts durfte von denselben übrig bleiben, als ein ungeheurer Haufe modernden Papiers. Das unbenutzte Land, nicht länger mehr beschlagnahmt von denen, die es nicht bewohnen, wird bebaut und bevölkert von Jenen, welche es occupiren. Bisher brach gelegt, trägt es nun Frucht und Saat und reichlich nährt es die befreiten Geschlechter. Das Kapital, unfähig, länger sich zu mästen von dem Schweiße fremder Arbeit, sieht sich genöthigt, sich selbst aufzuzehren: ernährt es den Vater und den Sohn noch, ohne daß dieselben die Hand zu rühren brauchen, so steht doch schon der Enkel vor der Alternative, den „Ruhm der Väter" zu schänden und zu arbeiten oder zu verhungern. Denn mit dem Schwinden aller Privilegien ist die Pflicht der Selbstverantwortlichkeit auf die Schultern des Individuums gelegt. Ob es an ihr schwerer tragen wird, als an den tausend Nächstenpflichten, mit denen bis dahin der Staat seinen Bürger, die Kirche ihr Mitglied, die Moral den Gerechten belud? —

Nur eine Lösung der sozialen Frage, nur die eine gab es: sich nicht länger in gegenseitiger Abhängigkeit zu erhalten — sich und damit den Andern den Weg zur Unabhängigkeit zu öffnen! — nicht länger mehr an die Starken die lächerliche Anforderung zu stellen: „Werdet schwach!" — nein, den Schwachen endlich zuzurufen: „Werdet stark!" — nicht länger mehr der Hülfe „von oben her" zu vertrauen, sondern endlich sich ermannen zu eigener That.

Das neunzehnte Jahrhundert hat den „Vater im Himmel" abgesetzt. Es glaubt an keine göttliche Kraft mehr, der es unterthan ist.

Die Kinder des zwanzigsten Jahrhunderts aber erst würden die echten Atheisten sein. Zweifler an der göttlichen Machtvollkommenheit, mußten sie beginnen, die unerbittliche Kritik ihrer Vernunft auch an die Berechtigung jeder menschlichen Autorität zu legen.

Das Bewußtsein der eigenen Würde würde sie durchbringen. Statt wie bisher in der Unterwürfigkeit, der Hundetreue, der Hingabe ihren Stolz zu suchen, würden sie erkennen, daß Befehlen eine Anmaßung, Gehorchen ein Entäußern, beides aber eine Selbstentehrung ist, welche der Freie verachtet . . .

Das in den Uniformirungen verkrüppelte Geschlecht mochte lange Zeit brauchen, um den natürlichen Wuchs und die aufrechte Haltung des Stolzes wieder zu erlangen.

Auban war kein Träumer. Während er die Forderungen der Freiheit stellte, verlangte er von der Zeit nicht deren sofortige Einlösung. Die großen Verschiebungen der sozialen Organe würden vielleicht Jahrhunderte erfordern, ehe sie den normalen Zustand gleicher Lebensbedingungen für Alle erreicht hatten.

Desto länger würde der Prozeß der Entwicklung zur Freiheit dauern, je mächtiger und siegreicher die große Gegenströmung der Autorität werden würde.

Gewaltsame Ereignisse würden den friedlichen Gang der Entwicklung überall unterbrechen. Sie waren unvermeidlich. Zu groß waren der Haß, die Blindheit, die Unsicherheit auf beiden Seiten geworden, als daß nicht Zusammenstöße erfolgen mußten, unter welchen die Erde in Schauern erbeben würde.

Die Natur der Dinge mußte ihren Lauf nehmen.

Die Logik der Thatsachen zerstörte die Wünsche der Unmöglichkeit.

Immer müssen sämmtliche Thorheiten ihren Zoll der Erfahrung gezahlt haben, ehe sich diese an das Licht nöthigen läßt.

Der Sozialismus war die letzte Universal-Dummheit der Menschheit. Auch diese letzte Leidens-Station auf dem Wege zur Freiheit mußte zurückgelegt werden.

Dann erst konnte der Gott des Wahns an's Kreuz geschlagen werden.

Dann erst, wenn aller Glaube mit zerbrochenem Genick zu Boden lag und keiner Hoffnung mehr — um in die Himmel zu enteilen — die Flügel leihen konnte, dann erst war die Zeit gekommen für das wahre „Reich auf Erden“: das Reich des Glücks der Freude und des Lebensgefühls, welches die Freiheit war . . .

Aber die Freiheit hatte auch einen mächtigen Helfer: die Zwietracht im Lager ihrer Feinde.

Ueberall Zerrissenheit; überall Unruhe; überall Angst. Und überall der Ruf nach mehr Gewalt! Gewalt, Gewalt — sie sollte alle Schäden heilen. Und die Armeen wuchsen aus der Erde, die

Völker starrten in Waffen und die Angst vor der blutigen Zukunft scheuchte den Schlaf aus den Augen der Sehenden.

Die Gewalthaber wußten nicht mehr ein und aus. Gleich jenem Feldherrn des Alterthums riefen sie, man solle das Meer peitschen, welches mit seiner Woge das Deck überschwemmte, und Mann und Maus zu verschlingen drohte.

Kriege, mit deren Blutströmen die Inhaber der Macht die Flammen der Empörung ihrer Völker zu löschen versuchen würden, waren unvermeidlich, Kriege, wie sie die Welt nie gesehen . . .

Zu groß war die begangene Schuld geworden und furchtbare Sühne würde genommen werden!

Dann, nach dem Chaos der Revolutionen und den Metzeleien der Schlachten, wenn die verwüstete Erde in Erschöpfung zusammengebrochen war, wenn die bitterste Erfahrung den letzten Glauben an die Autorität vernichtet haben würde, dann würde vielleicht verstanden, wer sie waren und was sie wollten, sie, die Einzigen, welche ruhig und gefaßt in dem Taumel um sie her der Freiheit vertrauten, die sie nannten mit dem Namen: Anarchie! . . .

Wie es wogte und brauste, dieses London! — Wie mit dem Sinken des Abends seine Pulse schneller und schneller schlugen! — Was deuteten diese tausendfachen Stimmen?

Weiter und weiter war Auban gegangen, bis er seine Wohnung erreichte.

Nun war er wieder in der erst vor Stunden verlassenen Stille seines Zimmers.

Noch glühte das Feuer im Kamin.

Aber bevor er seine Arbeit wieder aufnahm, rückte er einen Stuhl heran und saß so eine kurze Zeit: die Hände gegen die Wärme gestreckt und, vornüber gebeugt, die Blicke in die Gluth gerichtet.

Eine große, fast gewaltige Freude überkam ihn, wie er sie nie gefühlt.

Die Mauern seines Zimmers, die Nebel Londons, das Dunkel des Abends — alles versank vor dem Bilde, welches er sah:

Eine lange Nacht ist vergangen.

Langsam erhebt sich die Sonne über die schlafenden Dächer und die ruhenden Felder.

Ein einsamer Wanderer durchschreitet die Weite.

Auf den Gräsern am Wegrande zittert noch der Thau der Nacht. Aus den Hainen am Hügelhange erklingen die ersten Stimmen der Vögel. Ueber die Gipfel der Berge kreist der erste Aar.

Allein geht der Wanderer. Aber er fühlt seine Einsamkeit nicht. Die keusche Frische der Natur theilt sich ihm mit.

Er fühlt: es ist der Morgen des neuen Tages.

Dann begegnet ihm ein zweiter Wanderer. Und ein Dritter. Und sie verstehen sich mit ihren Blicken, während sie an einander vorüberziehen.

Das Licht steigt und steigt.

Und der Morgen-Waller breitet weit die Arme und begrüßt es mit dem befreienden Schrei der Freude . . .

So war Auban.

Der Frühroth-Gänger bei Anbruch des neuen Tages war er.

Nach einer langen Nacht voll Irrthum und Wahn ging er durch einen Morgen voll Licht.

Die Sonne der Erkenntniß war ihm aufgegangen und sie stieg höher und höher.

Viele Jahrtausende mußten vergehen, ehe die Idee der Anarchie erwachen konnte.

Alle Formen der Knechtschaft mußten durchgangen werden. Immer die Freiheit suchend, um in der gewechselten Form nur die-selbe Unfreiheit zu finden, waren die Völker getaumelt.

Nur war die Wahrheit gefunden, alle Formen zu verwerfen, welche Zwang waren. Die Gewalt begann zu unterliegen.

· Die wilde Jagd nahte sich dem Ende.

Noch aber galt es zu kämpfen, zu kämpfen, zu kämpfen — nicht zu ermüden und niemals zu verzweifeln! —

Nicht um nichtige Ziele handelte es sich. Das Glück der Freiheit, welches erstritten werden wollte, war unverwelklich.

Wie der Wanderer war Aubau.

Und wie der Frühlicht-Gänger breitete auch er die Arme, grüßte die Zukunft mit dem Rufe der Freude und nannte sie mit dem unsterblichen Namen: Anarchie! . . .

Dann ging er an seine Arbeit.

Auf seinen hageren, herben Zügen lag ein ruhiges, großes, sicheres Lächeln.

Es war das Lächeln der Unbesiegbarkeit.

Ende.

Inhaltsübersicht.